# Les défis et la chance

Du même auteur

CRATÈRES EN FEU, Arthaud, 1951.
LE GOUFFRE DE LA PIERRE-SAINT-MARTIN, Arthaud, 1953.
L'EAU ET LE FEU, Arthaud, 1959 (épuisé).
LES VOLCANS, Delpire, 1954 (épuisé).
LES RENDEZ-VOUS DU DIABLE, Hachette, 1959 (épuisé).
LES VOLCANS, Delpire, 1961 (épuisé).
QUAND LA TERRE TREMBLE, Fayard et Le Livre de Poche, 1962. Réédité en 1981 (nouvelle édition revue et augmentée). Réédité en 1986.
L'ETNA ET LES VOLCANOLOGUES, Arthaud, 1972.
LES VOLCANS ET LA DÉRIVE DES CONTINENTS, Presses universitaires de France, 1972. Réédité en 1984, en 1991.
VINGT-CINQ ANS SUR LES VOLCANS DU GLOBE, Nathan, 1973, 2 volumes (épuisé).
NIRAGONGO OU LE VOLCAN INTERDIT, Flammarion, 1975.
L'ODEUR DU SOUFRE, Stock et Le Livre de Poche, 1975.
JOUER AVEC LE FEU, Le Seuil, 1976.
LA SOUFRIÈRE ET AUTRES VOLCANS (La volcanologie en danger), Flammarion, 1978.
EREBUS, VOLCAN ANTARCTIQUE, Arthaud, 1978 (épuisé).
OUVREZ DONC LES YEUX, Laffont, 1980.
ÇA SENT LE SOUFRE! Nathan, 1981.
HAROUN TAZIEFF SUR L'ETNA, Flammarion, 1983. Réédité en 1991.
LA PRÉVISION DES SÉISMES, Hachette, 1989.
LA TERRE VA-T-ELLE CESSER DE TOURNER?, Seghers, 1989.
LE VOLCANISME ET SA PRÉVENTION (avec Max Derruau), Masson, 1990.

Haroun Tazieff

# Les défis et la chance

## Ma vie

*1. De Petrograd au Niragongo*

## Première Partie

# Utiliser la chance qui passe

# 1

J'arrive dans la dernière ligne droite d'une vie suffisamment longue. Une vie, c'est un peu comme un dix mille mètres plat ou, plutôt, comme un trois mille mètres steeple, car, entre le départ et la ligne d'arrivée, il y a quelques obstacles. Cependant une fois cette dernière ligne franchie, il est trop tard pour raconter comment on a couru et pour faire la critique de sa course. Or, en sport, en science, comme en façon de vivre, l'expérience des anciens peut parfois servir aux jeunes et leur permettre d'aller plus loin, plus vite, plus haut. Pas toujours, certes, mais assez pour me donner envie avant ce sprint, réellement final, de vous raconter ma propre course à vous qui me lisez et qui allez, comme on dit, « entrer dans la vie ». Une course qui, une fois passé mes deux premières décennies, durant lesquelles je me suis bien souvent posé des questions du genre : « Mais pour qui cette course? Avec les handicaps que j'ai, à quoi bon...? », m'a enchanté des dizaines d'années durant. J'ai pu prendre un rythme acceptable et ensuite soutenir un train qui me satisfaisait plus qu'il ne me déplaisait. Et cela jusqu'en cette seconde moitié de ma septième décennie.

Cependant, malgré le plaisir réel que j'ai pris à la vie, pour rien au monde je ne voudrais la recommencer. Le paradoxe est l'un des piments de l'existence et n'est pas le moindre celui de ne point désirer revivre ce qui vous avait enchanté... D'autres piments ont donné à ma vie le goût qui me l'a fait aimer : le plaisir de l'effort – qui s'apparente parfois à celui qu'éprouve, lorsqu'il s'interrompt, le dingue qui se donne des coups de marteau sur le crâne, le plaisir un peu pervers du risque, qu'il soit physique ou non, la « joie de connaître », comme l'appelait le géologue Pierre Termier... Et celle de dire la vérité, même lorsque la dire nuit à celui qui la dit.

Tout cela, bien sûr, n'était pas évident dès la naissance, mais s'est mis en place peu à peu tout au long du parcours. Si ça peut vous intéresser, tant mieux pour moi !

Comme la plupart des enfants, des garçons en tout cas, je m'étais mis à rêver d'aventure dès l'âge de sept ou huit ans. A neuf, elle s'était solidement installée dans ma tête, essentiellement sous son avatar polaire : pôle Nord et pôle Sud s'étaient emparés de mon imagination, à un point tel qu'ils l'occupèrent de façon exclusive des années durant.

J'ai oublié comment s'est opérée cette mainmise sur mes rêves enfantins. Je ne me souviens pas de la succession des lectures qui m'y avaient conduit. Car ce sont bien elles, les lectures, qui m'ont influencé en premier, plus que les très hauts faits d'exploration polaire, lesquels ne manquaient pas à l'époque, d'Amundsen à Byrd, de Nobile à Ellsworth, qui avaient succédé à deux des plus grands de tout temps : Fritjof Nansen et Ernest Shackleton. Contemporains de mon enfance, ces événements que les journaux racontaient (la télévision n'existait pas et la TSF, comme alors on appelait la radio, mes parents n'en voulaient pas) jouaient évidemment un rôle important dans les vagabondages de mes pensées d'écolier distrait. Et souvent puni pour son manque d'attention en classe.

Laquelle parmi ces lectures, que d'ailleurs j'avais moi-même choisies et que je continuais à choisir, avait déclenché ce qui allait devenir fixation, je ne le sais pas : roman, récit plus ou moins romancé, compte rendu d'expédition authentique...? *Croc-Blanc, La Dérive du Fram, Construire un feu, Les Aventures d'Arthur Gordon Pym, Le Sphinx des glaces, Les Lettres du capitaine Scott, South in the Antarctic, The Heart of the Antartic...?* Tous ces récits, tous ces bouquins, je les ai tellement lus et relus, tout au long de ma longue enfance et durant mon adolescencc aussi, que je suis désormais dans l'impossibilité de déceler lequel, au début, a pu orienter mon esprit. Mais cette orientation était claire : dès avant mes neuf ans je voulais devenir explorateur polaire. Et, comme tous les explorateurs polaires qui constituaient mon panthéon étaient des marins, je décidai fort tôt que je serais marin.

A la question rituelle des adultes aux enfants : « Que feras-tu quand tu seras grand? », invariablement, je répondais : « marin. » Jamais « explorateur polaire ». Car ceci demeurait secret. Peut-être parce que je pressentais, plus par intuition que par raisonnement (j'étais de toute façon trop jeune pour véritablement raisonner), que je risquais fort que l'on me rie au nez si j'avouais une idée aussi saugrenue. Alors que marin, ça faisait sérieux. C'était d'ailleurs la vérité puisqu'il fallait passer par ce stade-là pour parvenir à l'objectif que je m'étais fixé.

Fascinée par les exploits stupéfiants que mes héros – Nansen, Shackleton, Amundsen entre autres – avaient accomplis et que certains accomplissaient toujours, ma petite cervelle m'imposait de me préparer, physiquement et psychiquement, à supporter les rigueurs que les espaces polaires exigent – le froid bien sûr, mais aussi la fatigue musculaire, la faim, la soif, voire l'isolement –, en même temps qu'à acquérir la connaissance aussi approfondie que possible des techniques, vitales parfois, en ce genre d'endroit – orientation, prévision du temps, et toutes les pratiques qui permettent ce que, depuis, l'on a baptisé la survie.

A l'excellente habitude que ma mère m'avait inculquée de toujours ouvrir la fenêtre, quelle que soit la température, avant de me mettre au lit et de dormir dans une chambre non chauffée – les trois premières années de ma vie s'étaient passées à Petrograd (qui allait devenir Leningrad) où les hivers sont plutôt rigoureux, et les trois suivantes au Caucase où, en matière de froid, l'altitude remplace la latitude –, à cette excellente habitude j'ajoutai celle de réduire – en hiver bien sûr – le nombre de mes « pelures » nocturnes, du pyjama à la couette en passant par les couvertures. Cela me valut certes quelques rhumes, quelques grippes, quelques otites et quelques angines, mais aussi une certaine indifférence au froid qui, depuis, me fut parfois précieuse.

Passé l'âge de trente ans, lorsque je me retrouvai à exercer le métier d'ingénieur des mines en Afrique centrale, ensuite à m'occuper de volcanologie dans des régions désertiques ou subdésertiques, je décidai de m'habituer aussi aux températures élevées. Et j'y parvins sans guère de peine : il s'agit plus, en l'occurrence, de l'attitude mentale que l'on adopte face à la chaleur que de véritable accoutumance. Au contraire du froid. Cependant le froid paraît beaucoup plus vite insupportable si l'on cède à l'inconfort qu'il représente que si, au contraire, on le décrète insignifiant.

Je me rappelle avoir réussi à convaincre la brave préposée aux postes d'une petite cité minière du bas Katanga – environ huit ou dix degrés de latitude sud et six cents mètres d'altitude, dans les vastes plaines où coule le fleuve Congo – que les trente-deux degrés Celsius dont elle souffrait de façon tellement évidente ne l'incommoderaient plus guère aussitôt qu'elle se persuaderait elle-même qu'il ne faisait pas du tout aussi chaud qu'elle le pensait jusqu'alors. Bien sûr, il fallait que ce discours, ce ne fût pas du bout des lèvres qu'elle le tienne mais du plus profond d'elle-même : la méthode Coué, tournée en ridicule souvent, est d'une efficacité rarement démentie... !

De même, m'étais-je peu à peu habitué à sauter un repas ou deux, voire trois ou quatre, afin d'être capable de bien supporter la faim. Parfois aussi je m'obligeais à ne pas boire vingt-quatre heures durant. Évidemment, cette méthode a ses limites, qu'il vaut mieux ne pas dépasser si l'on ne veut pas courir le risque de subir le triste sort de l'âne que Martin habituait à se passer progressivement de nourriture et qui y était presque parvenu lorsque l'animal mourut soudain. De faim, bien entendu. Mais, cette précaution élémentaire respectée, l'indépendance relative dont on peut, si on le veut vraiment, s'armer face aux exigences naturelles constitue un avantage inestimable dans cette longue course d'obstacles – longue de façon relative, d'ailleurs – qu'est donc notre vie.

Dans ce même genre d'ascèse préparatoire, je m'exerçai aussi à ne rien manifester, autant que possible, lorsque quelque douleur me faisait souffrir. Je découvris de la sorte qu'un mal fait incomparablement moins mal lorsqu'on réussit à le dédaigner.

Ce fut, partiellement, par l'ambition de me forger les forces et la résistance physique nécessaires à l'exploration polaire, encore à peine motorisée en ces lointaines années 20 et dès lors très exigeante, que je me mis à pratiquer les sports. Ceux-ci très vite prirent une importance majeure dans mon petit univers personnel : je n'avais pas treize ans que le foot, la course à pied, le saut en hauteur et les lancers occupaient tout le temps que je parvenais à leur consacrer; et ils me comblaient, toute motivation polaire exclue. Cette dernière mise ainsi sous le boisseau, j'abordai la compétition sportive véritable. Ce fut dans une discipline où je ne me lançai qu'à dix-huit ans, la boxe. Ce fut le moment où, aussi, je découvris coup sur coup l'escalade et l'alpinisme. A corps perdu je me jetai dans ces activités, psychiques autant que physiques, et même morales. Cela me permit de surmonter sans trop de mal la désillusion, immense, de ne pas devenir marin, donc, non plus explorateur polaire.

Avant de vous raconter cette déception et puisque, à propos de boxe et d'alpinisme, j'évoquais la morale, il me faut avouer un forfait que je commis alors que je n'avais pas encore treize années d'âge et dont le remords me tenaille toujours : pour devenir explorateur polaire, il fallait être capable de s'orienter à la boussole, même en pleine nuit, même en terrain tourmenté; il fallait aussi savoir tirer juste, que ce soit pour se nourrir de gibier ou pour se défendre des ours blancs que tant de récits montraient redoutables à l'extrême. Pour cela, j'avais besoin d'une boussole et d'un fusil : je savais en effet déjà que l'entraînement est indispensable à toute maîtrise technique. Comment me procurer cette boussole et ce fusil, quelques munitions et quelques douzaines de pipes en terre pour servir de cibles? En dérobant un billet de mille francs à mes parents. Mille francs des années 20...

La morale certes n'y avait pas trouvé son compte! Et ce fut pourquoi, après les corrections méritées qui me furent infligées à cette trop mémorable occasion et ensuite tout au long de mon âge ingrat, se révéla précieux le complément d'instruction civique que représentèrent la boxe et l'alpinisme.

Le sport, du moins lorsqu'il est pratiqué comme il est supposé devoir l'être, est école de vérité. Plus il est rude, plus il est, à cet égard, exigeant. La boxe de combat, croyez-moi, c'est rude. Rude également l'alpinisme, lorsque est respectée l'éthique qui doit le caractériser. Ce fut pourquoi, relayant les corrections maternelles, ces deux activités sportives firent échapper l'unique fils de ma mère à la délinquance vers laquelle il semblait plus ou moins s'orienter.

La fin de mes rêveries d'une marine à jamais révolue fut nette, comme tranchée par une lame bien aiguisée. Ces rêves s'étaient fort tôt cristallisés autour d'un splendide quatre-mâts-barque, *L'Avenir*, qui, entre la Première Guerre mondiale et la Seconde, fut le navire-école belge (à l'époque nous habitions Bruxelles). Je ne sais combien de fois j'ai fait, à vélo, l'aller et retour de chez moi à Anvers pour m'abreuver les yeux des proportions parfaites et des lignes très pures de l'un des plus beaux de tous les quatre-mâts à avoir jamais navigué.

Mes parents avaient dû user alternativement de la

persuation et de l'autorité pour m'obliger à terminer mes études secondaires avant de m'autoriser à me présenter, candidat-cadet, à bord de *L'Avenir*. Une fois en poche le très sacré simili-parchemin (qu'en Belgique on n'appelle pas le bac), j'enfourchai mon vélo (je faisais également de la course cycliste en ce temps-là) et à toutes pédales fonçai vers Anvers. J'ai oublié aujourd'hui le nom de la darse et le numéro du quai, mais ils demeurent nets dans ma mémoire visuelle.

En ces temps lointains on ne volait pas les bicyclettes. Je posai donc la mienne contre une bitte d'amarrage et, depuis près de cinq années que je faisais au moins deux fois l'an le pèlerinage de *L'Avenir*, je me présentai pour la première fois à la passerelle. Sans du tout me douter que c'était aussi la dernière. On m'introduisit immédiatement auprès du commandant, le capitaine Bécu. J'étais fort timide alors, mais ma mère avait déjà obtenu que je fasse l'effort de me maîtriser assez pour n'être pas trop ridicule. Aussi, dans le temple qu'était pour moi ce navire, face au « maître après Dieu » à son bord, je réussis à surmonter la lame de timidité qui me submergeait et entrepris d'expliquer pourquoi je voulais être marin. Sans toutefois avouer l'essentiel, l'attrait des pôles, et cela pour les mêmes raisons que je ne l'avais jamais encore dit à quiconque, mes propres parents inclus.

Il ne fallut guère de temps au capitaine Bécu, dont l'intelligence et les dons psychologiques étaient aussi larges que les épaules, pour comprendre que le jeune niais qu'il avait fait asseoir face à lui était mentalement aussi immature qu'il était, physiquement, baraqué. Et, avec une patience dont je lui ai depuis gardé reconnaissance, il m'expliqua que la marine marchande d'aujourd'hui (c'était en 1932), celle à laquelle on se préparait à bord de ce navire-école, n'avait plus grand-chose de commun avec celle dont je me berçais l'esprit depuis toujours, celle de Jean Bart ou celle de James Ross. Qu'elle était désormais beaucoup plus proche des corvées commerciales de toute nature que supposent le transport des marchandises et celui des passagers (à l'époque, on ne voyageait presque pas en avion) que de celle des corsaires ou celle des navigateurs de jadis. Et que les passagers, c'était très rarement drôle. Que les marchandises, ce n'était pas drôle non plus. Que le romantisme du métier, il n'existait plus guère que dans les romans. Et que, comme il n'existait pas alors de marine militaire en Belgique, il me conseillait de bien réfléchir avant de me décider à m'engager à son bord.

Les cinquante kilomètres à vélo que je dus faire ce jour-là pour rentrer chez mes parents furent les plus désespérants de mon existence : j'étais suffisamment sorti de l'enfance pour savoir que le capitaine Bécu avait raison et que s'écroulait le rêve dont je me berçais depuis près de neuf ans – la moitié de mon âge...

# 2

La fin de mon « vieux » rêve était un événement en soi insignifiant mais, à mon échelle, majeur. Il le fut d'autant plus qu'il mit un terme à mon enfance : l'attardé que somme toute j'étais demeuré se mua en adolescent.

Malgré tous les privilèges dont j'avais bénéficié durant mon âge d'enfant, je n'ai jamais regretté cette époque et n'ai jamais eu le désir d'y revenir. Il en fut de même pour l'adolescence. Comme mon enfance, celle-ci se prolongea outre mesure et ce qui y mit fin fut un événement, majeur cette fois à l'échelle planétaire : la Seconde Guerre mondiale.

Cette adolescence avait débuté par une longue hésitation. Sans doute la seule période d'hésitation de ma vie qui, à la reconsidérer, à été caractérisée par des prises de décision rapides. Trop rapides parfois mais lentes, jamais. Cette faculté de choisir dans l'instant m'a certainement sauvé de la mort à diverses reprises. Elle a également fait que j'ai, lorsque l'occasion s'en est présentée, saisi les chances qui m'ont été offertes.

Je crois qu'en l'occurrence ce trait de caractère – car c'est en vérité de cela qu'il s'agit – est inné et que

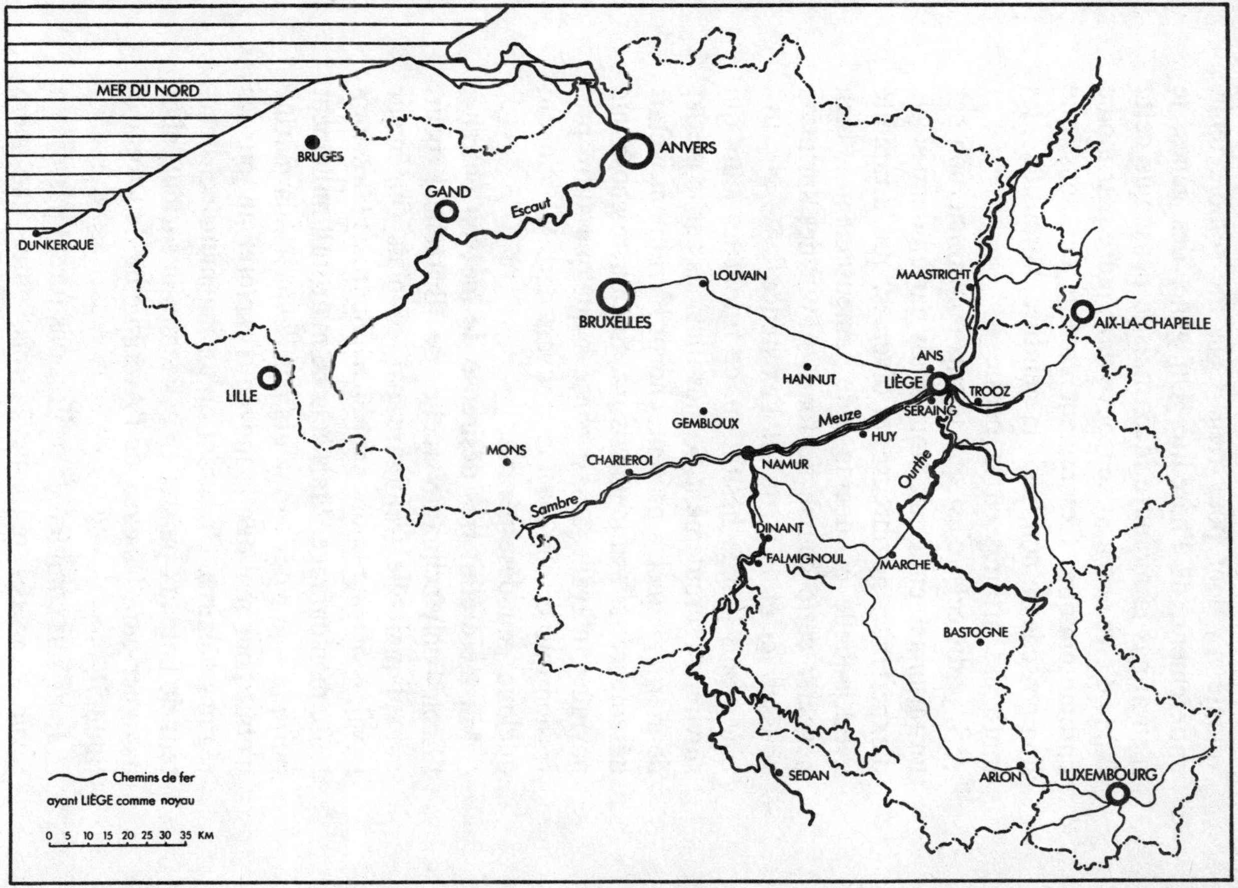
MER DU NORD
DUNKERQUE
BRUGES
GAND
Escaut
ANVERS
LILLE
BRUXELLES
LOUVAIN
MONS
CHARLEROI
Sambre
GEMBLOUX
HANNUT
NAMUR
Meuze
HUY
ANS
LIÈGE
SERAING
TROOZ
MAASTRICHT
AIX-LA-CHAPELLE
Ourthe
DINANT
FALMIGNOUL
MARCHE
BASTOGNE
SEDAN
ARLON
LUXEMBOURG
Chemins de fer
ayant LIÈGE comme noyau
0 5 10 15 20 25 30 35 KM

ni l'éducation, tellement importante par ailleurs, ni la volonté n'y sont pour rien. Cela me semble tenir, entièrement, de l'hérédité. Un gène, des gènes, je n'en ai pas la moindre idée, mais je pense que cette façon d'être et d'agir se trouve dans notre patrimoine chromosomique. Exactement comme ces dons, que l'on possède ou non, pour la peinture, la musique, les math, les affaires ou la poésie.

Si je dis cela, c'est que je suis convaincu, non par un raisonnement quelconque mais par un demi-siècle d'expériences nombreuses et diverses, que la rapidité avec laquelle on décide aide fameusement à bien négocier cette course de fond – avec des sprints à pousser ici et là – qu'est l'existence.

Ma plus longue hésitation, ce furent les jours qui suivirent l'écroulement de mes illusions sur le métier de marin : lequel, à présent, choisir? Vraiment, j'étais désemparé. N'ayant jamais imaginé autre chose que naviguer, n'ayant jamais pensé à quelque autre profession que ce soit, je me trouvais dans un vacuum quelque peu désespérant.

Ma mère était très désireuse de me voir entrer à l'École polytechnique (celle de Bruxelles) pour, m'expliquait-elle, rejoindre par ce biais (ingénieur naval, construction de navires, navigation) le rêve de toute mon enfance. Mais cela ne m'attirait nullement puisque – je n'osais toujours pas l'avouer – la marine n'était pour moi que le moyen d'explorer un jour les régions polaires. Or, avant qu'un ingénieur constructeur de bateaux puisse, en ces temps-là surtout, aller naviguer dans les eaux de l'Arctique ou de l'Antarctique...

Je ne sais combien de professions furent passées en revue dans ces réunions à trois, entre une mère chimiste, sociologue et spécialiste de la théorie de la connaissance, et un père (légalement un beau-père) poète, écrivain et prof de fac... Mais rien de ce qu'ils suggéraient ne me tentait. Un peu, sans doute, par réaction négative d'enfant vis-à-vis de ses parents : l'université ne m'attirait nullement, non plus que, malgré mon goût et mes dons pour le dessin et pour la peinture, les professions artistiques. Le complexe de réaction antiparentale me poussait plutôt vers les métiers manuels et je me voyais mieux bûcheron qu'universitaire. Il faut dire que le travail du bûcheron, en cette époque reculée, exigeait de la force et de l'endurance, la tronçonneuse n'ayant pas encore été inventée, non plus que les engins mécaniques de levage et de débardage, et que la vie des bûcherons, qu'ils passaient presque entièrement dans la forêt, était rude. Ce point attirait l'amoureux que j'étais de l'effort sportif autant que de la nature. Mais, lorsque je mentionnai timidement ce choix, mes parents s'ingénièrent à le modifier vers ce qu'ils jugeaient plus souhaitable. Et ce fut ainsi qu'ils évoquèrent l'agronomie.

Non seulement j'ignorais l'existence de cette profession, mais même le mot... Quand ils me furent définis et précisés, en un seul instant je décidai de choisir cette agro, toute nouvelle qu'elle était pour moi. D'autant que dans le même instant j'avais pensé : agro égale eaux et forêts, eaux et forêts égale taïga sibérienne, taïga égale Arctique... Et en avant, à cheval sur le vieux rêve ressuscité !

Je disais que tout s'était passé en un seul instant. Ce n'est pas une figure de mauvais style : la vitesse à laquelle, lorsque les circonstances le demandent, fonctionne la pensée est de l'ordre de celle des ordinateurs. J'ai eu plusieurs occasions d'en faire l'expérience, dont deux fois au moins me sauvèrent la vie.

La première ce fut pendant la dernière guerre mondiale, la seconde, à la fin des années 50, au volant. Ce dernier cas nous a, de surcroît, permis d'estimer la vitesse d'une succession de pensées.

C'était à Rome, que France ma femme, mon ami Bichet et moi quittions pour l'Etna. Nous traversions Cinecittà par un large boulevard à deux allées qu'un terre-plein séparait. Donc à deux sens uniques. En principe, sécurité maximale, comme une autoroute. Nous roulions à cent dix ou cent quinze kilomètres à l'heure. France était assise sur le « siège du mort », Bichet, derrière, s'accoudait à nos deux dossiers. Et nous causions. Tout à coup je vis, à quarante, peut-être cinquante mètres devant nous, un tramway obliquer soudain à partir du terre-plein médian – qui était sa voie propre, que d'ailleurs je n'avais pas identifiée – et traverser notre voie automobile...

Cent dix kilomètres à l'heure, cela signifie plus de trente mètres par seconde : nous étions donc à moins de deux secondes de cet obstacle, aussi formidable qu'inattendu. Or la manœuvre que je fis, après avoir passé en revue celles qu'éventuellement j'aurais pu faire, exigeait trente à quarante mètres pour être réussie. Ce qui signifie que, sur une dizaine de mètres, autrement dit en un, deux ou trois dixièmes de seconde au plus, mon esprit a pu passer en revue les trois réactions envisageables, constater qu'aucune n'était la bonne, admettre notre mort inéluctable, tout à coup découvrir la solution, et l'exécuter.

La première réaction, instinctive, aurait consisté à freiner à fond, tout en passant en seconde puis en première vitesse pour freiner aussi sur le moteur. Mais à cent dix à l'heure on ne s'arrête pas sur trente ou quarante mètres, et nous nous serions donc écrasés contre l'obstacle. Deuxième manœuvre, obliquer vers la gauche pour essayer de passer derrière le tramway. Mais c'était impossible, le terre-plein médian comportant une bordure de pierre haute de quinze à vingt centimètres : à cette vitesse, totalement infranchissable. Troisième manœuvre, obliquer vers la droite pour essayer de passer devant le tramway : une bordure identique la rendait également impossible. Constatation : condamnés. A ce moment, du coin des yeux, j'aperçus l'échappatoire : la bordure de droite décroissait jusqu'à disparaître et la troisième solution pouvait être tentée : obliquer vers la droite en accélérant à fond, d'une part pour ne pas risquer le « tonneau », de l'autre pour réussir à ne pas accrocher l'avant du convoi.

L'énoncé seul de ces quatre manœuvres demande quinze à vingt secondes, vous pouvez le vérifier en chronométrant la lecture de l'alinéa ci-dessus. Or nous avons échappé non seulement à la mort, mais à l'accident : seul l'enjoliveur de la roue arrière gauche fut arraché, son boulon central ayant effleuré – à plus de cent trente kilomètres à l'heure – le pare-chocs de la motrice du tram. Ce qui signifie que j'avais pu obliquer à droite trente mètres au moins avant l'obstacle, autrement dit une dizaine de mètres après avoir aperçu celui-ci, c'est-à-dire trois dixièmes de secondes au plus. Si je vous ai imposé cette longue analyse, c'est parce que l'incident que je vous raconte nous a permis d'estimer la durée de la réflexion : elle fut au moins cinquante fois plus rapide qu'elle ne l'aurait été dans des circonstances normales (peut-être même cent ou deux cents fois, car j'ai délibérément estimé distances et vitesses de façon à ne pas me taxer moi-même d'exagération).

Heureusement pour moi, quelques années plus tôt, j'avais appris les rudiments de la conduite en course (cela se passait en ces époques très, très lointaines où j'aimais encore l'automobile...). Un de mes amis, Charles de Tornaco, coureur de formule 1, comme on ne disait pas encore alors, avait accepté de me prendre comme coéquipier pour les 24 heures de Spa-Francorchamps et avait entrepris mon éducation. Il devait, hélas, se tuer quelques mois plus tard à Monza. Mais ce qu'il m'avait appris m'a sauvé plus d'une fois la vie. Notamment dans cette aventure romaine : ne pas freiner mais éviter l'obstacle imprévu par une manœuvre du volant, obligatoirement – vu la vitesse – accompagnée d'une accélération. Ce qui signifie qu'il ne faut jamais rouler au maximum de la vitesse que permet la voiture, de façon à toujours avoir sous le pied la réserve indispensable en cas de nécessité.

L'autre anecdote montrant l'accélération incroyable de la pensée (pas de la voiture!) en cas de danger remonte à 1943. C'était en Belgique, dans la ville de Liège. J'avais été envoyé là-bas deux années auparavant pour participer au sabotage des voies ferrées (Liège est un nœud ferroviaire très important entre l'Allemagne et l'ouest du continent) et à celui des lignes à haute tension : ingénieur frais émoulu de l'école, j'étais tout désigné pour ce genre de travail. Travail en principe nocturne : Wehrmacht et Gestapo expliquaient cette servitude. Mais cette fois-là l'incident se passa en plein jour.

Je devais remettre à l'un de mes camarades un pistolet de gros calibre et, plutôt que de me le glisser dans la poche, prêt à servir éventuellement, nous l'avions emballé dans une boîte de carton, avions enveloppé celle-ci d'un papier fort et ficelé le tout afin de lui donner l'aspect paisible d'un colis anodin. Je l'avais placé entre deux livres et tenais le tout serré dans la main, comme le faisait en allant aux cours l'étudiant sage que j'étais durant la journée (car j'étudiais, réellement, la géologie à l'École des mines, ce qui avait le double avantage de m'apprendre des tas de choses, de me faire oublier la guerre et de me fournir un alibi, très précieux en ces temps-là).

Je venais de m'engager sur le pont qui enjambe l'Ourthe juste en amont de son confluent avec la Meuse lorsque j'aperçus, à son autre extrémité – une cinquantaine de mètres – un feldgendarme casqué, mitraillette en main, donc en service, et qui me regardait venir. Derrière lui, parsemant la large place de Fragnée qui s'ouvre au-delà de ce pont, des policiers, les uns en civil, les autres en uniforme, contrôlaient les papiers des passants, fouillaient leurs sacs, leur palpaient les poches : le piège...

A cet instant, ma vitesse de réflexion fut multipliée par cent. Ou par cent mille. Sans que ma volonté intervienne mais sans, non plus, que mon pas ralentisse, ne fût-ce que de façon imperceptible : en une infime fraction de seconde, moins qu'il n'en faudrait pour qu'une hésitation dans mon pas eût été décelable, mes chances de salut furent passées en revue, rejetées, et fut adoptée la seule qui permît un soupçon d'espoir. Tourner les talons et repartir dans l'autre sens : désastreux, car le feldgendarme qui me regardait m'aurait, au mieux, rappelé, au pire, tiré dessus ; glisser, même discrètement, mon paquet pardessus la rambarde pour le laisser tomber dans la rivière : certitude de me faire arrêter et, que l'on repêche le gros calibre ou non, mon compte était bon. Restait : continuer comme si de rien n'était. Non, pas comme si de rien n'était, puisqu'un contrôle, fort exceptionnel tout de même, se déroulait sous mes yeux et qu'il n'aurait pas été vraisemblable du tout que je paraisse l'ignorer. Encore fallait-il la façon : ne sembler ni scandalisé ni hostile, tout en n'exagérant pas dans l'autre sens. Pas facile, mais unique espoir. Toute cette réflexion en un centième de seconde, moins peut-être même puisque mon pas ne parut perturbé en rien.

Ça a marché. Je ne saurai jamais de combien je maigris en ces quelques centaines de mètres où la peur me fouaillait et où, ayant dépassé la sentinelle du bout de pont, il me fallut traverser cette place, trop vaste, semée de petits groupes où des policiers interpellaient un passant ou un couple, très longue traversée durant laquelle il fallait avoir l'air à la fois naturel, autrement dit nullement inquiet, et plutôt compréhensif qu'hostile, mais sans excès...

La leçon que j'ai tirée de ces deux aventures, c'est qu'il faut, de façon absolue, garder son calme en cas de péril. Le sang-froid est la condition première de la sauvegarde. La condition seconde, c'est de connaître la façon la meilleure d'agir. La condition troisième, c'est d'avoir de la chance... Mais là, nous n'intervenons en rien!

Ainsi, j'étudiai l'agronomie cinq années durant, sans vocation véritable mais avec un intérêt certain : comme la marine naguère, l'agro n'était alors dans mon esprit qu'un marchepied vers les espaces polaires. Mais, d'une part, je ne pouvais décemment avouer à personne cette motivation plutôt infantile et, d'autre part, le métier d'agronome, comme celui de marin, répondait assez bien à mes nostalgies de nomade devenu citadin qui rêvait d'une vie rude et de plein air. L'éducation que j'avais reçue me faisait en effet dédaigner, mépriser presque, non seulement le luxe mais même le confort, voire la sédentarité. De surcroît, vierge ou humain, le paysage m'appelait et je ne résistais pas à cet appel ni à celui des immensités de la terre.

A l'agro je ne fus guère meilleur élève qu'au lycée : bon peut-être dans tel ou tel domaine qui m'intéressait ou dont le prof me plaisait, quasi nul en trop d'autres. Ne suivez pas mon exemple, jeunes gens qui d'aventure lisez ceci, ne le suivez pas sous prétexte que, comme on dit, j'aurais « réussi ma vie ». D'abord, comme disait ma mère, qu'est-ce que cela signifie, réussir sa vie?

Ensuite, ce que, égocentriquement, j'ai fait le mieux fut de n'avoir comme activités – très diverses – que celles qui me plaisaient et, de surcroît, n'avoir jamais eu à subir un supérieur hiérarchique abusif. Ce fut certes un privilège à nul autre pareil. Mais il ne devait rien à mes insuffisances scolaires : si j'avais, de mes écoles successives, emporté un bagage de connaissances plus fourni, j'aurais eu par la suite plus d'indépendance encore. De celle qui m'a cependant été accordée, je dirai que j'en ai bénéficié malgré ces insuffisances scolaires. Grâce, essentiellement, à la chance et à certaines caractéristiques personnelles, dont la faculté de saisir cette chance lorsqu'elle passe à portée. Grâce aussi au fait que, lorsque j'ai décidé de faire quelque chose, j'y mets la ténacité, la persévérance, voire la hargne nécessaires.

# 3

Lorsque l'on retrace le parcours d'une vie, la tentation est inévitable de justifier à postériori ce parcours en atténuant, voire en effaçant, ce qui dans cette histoire dévie de la « ligne ». Ligne sinon droite, du moins logique, rationnelle, prétendument décidée à l'avance, quasiment prévue. La mienne, de ligne, ne fut rien de cela. Le hasard y a joué un rôle important et, si la rapidité à décider l'a à diverses reprises violemment infléchie, il ne faut pas croire que cette faculté de décider ait correspondu à une quelconque confiance en moi...

Très relative, cette confiance a fini par cependant s'établir dans mon esprit, mais au terme d'un demi-siècle de doutes divers qu'éveillaient, développaient, entretenaient les inévitables complexes que mes infériorités diverses engendraient. Infériorités d'ordre physique, d'ordre intellectuel, d'ordre psychique, infériorités réelles et infériorités plus ou moins imaginaires, infériorités mal assumées et, dès lors, traduites par ces comportements complexés qui, donnant aux autres une image peu plaisante de vous-même, accroissent le sentiment d'infériorité. Cercle vicieux qu'ont disséqué, je suppose, les psychanalystes mais que, peu porté sur la psychanalyse, je n'ai fini par comprendre qu'en observant le cobaye que j'avais à ma disposition : moi-même.

Ce furent des complexes liés à un physique balourd qui me poussèrent à faire du sport. Sport non de loisir, mais de compétition, le seul, par l'entraînement épuisant qu'il exige, susceptible de quelque peu modifier un physique de ce genre. D'autre part, la compétition sportive, surtout lorsqu'elle est rude, influe sur le comportement plus encore qu'elle ne modifie le corps et, de ce fait, conforte le psychisme. Je l'ai constaté dès ma première année à l'agro. J'avais dix-huit ans lorsqu'un affront me fut infligé et que le caractère hérité de ma mère m'obligeait à laver.

En ces temps reculés, l'Institut agronomique régnait sur la petite ville qui l'hébergeait : Gembloux, cinq mille habitants. La sérénité apparente de la bourgade n'était jamais troublée que par les chahuts estudiantins. Gembloux, c'était un îlot paisible au milieu des champs, milliers et milliers d'hectares des terres les plus fertiles de Belgique, la Hesbaye. Il y a soixante ans, l'automobile et même la moto étaient des engins de prix prohibitif et aucun des quelque cinq cents étudiants que nous étions ne possédait de voiture. Cela signifiait que la vingtaine de kilomètres qui nous séparait de Namur, chef-lieu de province – en France on dit préfecture – et, davantage encore, la cinquantaine qui nous séparait de Bruxelles représentaient (à cette époque où les trains marchaient à la vapeur, produite dans une chaudière chauffée par un brasier de charbon, le tout monté sur roues et appelé locomotive) un temps tel que nous demeurions presque tous confinés la semaine durant dans notre toute petite cité.

Ceci engendrait des comportements que nous jugions intelligents, ou affections de juger tels, mais n'étaient que l'une des innombrables manifestations du complexe d'infériorité : beuveries, éternelles chansons de carabins, braillements, voire hurlements inarticulés, vacarmes nocturnes dans les rues désertes, badigeonnage de statues qui s'ennuient sur les places de la ville... et jeux de cartes. Ces comportements étaient alors beaucoup plus vivaces qu'aujourd'hui, essentiellement à cause du confinement des étudiants entre eux. Ce confinement était moins éloigné de celui des « escholiers » d'antan que de la façon de vivre des universitaires d'aujourd'hui, que l'essor quasi fantastique des moyens de transport et de télécommunication a libérés d'une façon dont ils n'imaginent pas l'ampleur. Par contre, le genre de confinement qui était le nôtre, où chacun logeait chez l'aborigène, avait quelque chose de moins négatif que celui du « campus », copié, mal d'ailleurs, sur les Américains : ce ghetto pour privilégiés n'est pas ce que notre civilisation a inventé de meilleur...

Ce soir-là, je jouais au poker. J'en avais assimilé les finesses plus rapidement que celles de la chimie minérale, de la comptabilité agricole ou de la thermodynamique. C'était dans « le » café à étudiants de la mère Sinclair, grosse femme abominablement fardée, brave néanmoins et bonne comme le pain frais, auquel elle ne ressemblait vraiment pas. La petite salle était bondée, comme chacun des soirs de la semaine. Trois ou quatre tablées de joueurs de cartes l'occupaient à un point tel que le dossier de ma chaise touchait celui du gars qui, à la table voisine, me tournait le dos. Et là où l'on pouvait se tenir debout pour assister aux parties, les copains spectateurs comblaient les vides. Tout cela à renfort de demis de bière – nous sommes en Belgique et celle-ci a de solides rémanences germaniques, dont les bizutages étudiants, très « supérieurs » à ceux des pays latins, ainsi qu'un culte très certain de la cervoise – et dans un tohu-bohu assourdi ponctué d'exclamations plus ou moins tonitruantes. Atmosphère classique en ces temps-là, peu compatible avec un développement optimal de l'intellect.

Le gars auquel par dossiers de chaise interposés je me trouvais adossé était, comme moi, d'origine russe. Il s'appelait Trofimoff, était haut de six pieds deux pouces, pesait cent dix kilos au moins et était très vieux à nos yeux de dix-huit à vingt-deux ans, puisque, vétéran des armées blanches qui avaient combattu des années durant l'armée rouge de Trotski, il en comptait plus de trente. De surcroît, il était soûl. Du moins à moitié. Ce qui se traduisit par l'ordre que soudain il m'intima. Avec son accent, russe à l'extrême, il me jeta par-dessus l'épaule : « Tazieff, fous le camp ! »

J'étais, à l'époque, un gosse plutôt gentil, à tel point que l'on m'avait surnommé Kim, d'après le Kim de Kipling, Kim, « le petit ami de tout au monde ». Cela ne signifiait nullement que, malgré mes complexes d'infériorité, j'obtempère à ce genre de provocation : sans répondre, je continuai à mener ma partie de poker. Quelques instants passèrent dans le silence tout à fait inhabituel qui s'était aussitôt établi. « Tazieff, fous le camp ! » Le ton était plus catégorique encore que celui de la première semonce. Je ne répondis rien, ne bougeai pas davantage et poursuivis mon poker. Il n'y eut pas de troisième sommation mais, imprévu, un revers de la très lourde main de Trof (nous ne l'appelions qu'ainsi) qui me frappa, je m'en souviens fort bien à plus d'un demi-siècle de distance, du cou à la joue gauche en y englobant l'oreille.

A y réfléchir aujourd'hui, ma réaction s'apparenta fort, en ce qui regarde la rapidité de la pensée dans des moments critiques, à celles que j'ai eues plus tard (l'anecdote du tram de Cinecittà et celle du feldgendarme sur le pont) : en une infime fraction de seconde, je passai en revue les solutions possibles. Obtempérer, pas question ; me colleter avec ce géant, dans cette cohue, c'était me faire écraser ; casser un verre de bière et attaquer Trof avec cette arme terrible : contraire à l'éthique. La dignité imposait de demeurer sur place et la nécessité de tirer vengeance imposait d'aller, dès le même soir, à la salle de boxe, commencer à y apprendre comment donner et esquiver les coups, cela jusqu'au jour où je réglerai son compte au monstre.

Heureusement pour moi, Trofimoff non seulement ne m'envoya pas une seconde taloche, mais ne m'intima plus d'avoir à déguerpir. Une demi-heure plus tard, j'étais à la salle de boxe. Les professeurs étaient deux frères, François et Henri Chantraine, le premier champion de Belgique professionnel à l'époque, catégorie poids plume, le second à peine moins excellent que l'autre. Vous le savez sans doute, les boxeurs, comme la plupart des sportifs, commencent comme amateurs et passent professionnels, éventuellement, lorsqu'ils sont parvenus à un niveau de compétition suffisant. Les deux Chantraine évoluaient alors au plus haut niveau national des professionnels. Je l'appris dès les minutes qui suivirent.

A peine équipé, j'étais invité dans le ring où François m'attendait. Il pesait moins de cinquante-cinq kilos (une vingtaine de moins que moi), sa taille était de près de vingt centimètres en dessous de la mienne. « Mets-toi bien en garde : pied gauche et poing gauche en avant, main droite devant le menton. Ne baisse jamais ta garde. Ne ferme jamais les yeux. Allez, on y va! »

Je n'ai pas fermé les yeux trop souvent malgré le besoin, la quasi-obligation de le faire que l'arrivée de chaque coup au visage déclenchait, mais je n'ai quasiment rien vu... Rien, ou presque, sinon l'insaisissable tourbillon qui virevoltait à longueur de bras autour de moi. Rien sinon, lorsque j'avais réussi à ne pas fermer les yeux avant, les gros gants de couleur jaune qui me frappaient. Cela dura deux minutes sans fin. Deux minutes durant lesquelles je fus trimbalé de droite et de gauche à travers le ring, mitraillé, soûlé de coups arrivant sous tous les angles. Deux minutes désespérément interminables, où j'ai souffert la douleur physique des impacts mais, plus encore, beaucoup plus, la désespérance psychique qu'avait engendrée mon impuissance face à la raclée qui, sans répit, m'était infligée.

Lorsque François mit fin à cette punition et me dit : « Bien. Mais tu fermes trop les yeux. La prochaine fois j'appuierai plus mes coups », je demeurai sans voix : c'était vrai, il n'avait pas « appuyé ses coups ». Je m'en rendais parfaitement compte malgré mon ignorance, alors totale, en matière de boxe : François n'avait fait que me « caresser ». Mais la sécheresse et la rapidité de ces caresses m'avaient transformé en simple punching-ball. De surcroît, je me sentais ridicule.

Il est ainsi des situations désespérantes. Stupidement désespérantes sans doute, mais désespérantes néanmoins, au sens premier du terme. Non seulement je n'avais pas lavé sur-le-champ l'affront infligé par Trof, mais je me trouvais apparemment incapable de le laver jamais. A ces âges d'adolescence où douter de soi est chose habituelle, cette situation éveillait en moi des idées suicidaires.

Le lendemain, cependant, je retournai à la salle. Apparemment surpris de me revoir, François Chantraine me dit de m'équiper et m'invita à le rejoindre sur le ring. J'étais décidé à non seulement m'abriter de façon plus étroite derrière mes gants, mais à essayer moi aussi de frapper, ce que, mitraillé comme je l'avais été la veille, je n'avais pu ne fût-ce qu'esquisser. La mortification que depuis je remâchais, je voulais, tout comme l'insulte de Trofimoff, en détruire l'existence.

Ma stupéfaction fut totale lorsque, au lieu de déclencher à nouveau le harcèlement aveuglant de ses coups, François m'ordonna : « Direct du gauche », « Plus sec », « Plus sec encore ». Il continuait, sans riposter, à ordonner : « Gauche. Encore, gauche, gauche... Droite maintenant. Non! C'est trop lent! Ça doit partir sec, le plus sec possible. Ça doit partir de l'épaule, pas du biceps. Allez, gauche, gauche... Droite! » François me donnait la leçon. Ma première leçon du « noble art of self-defence ». La veille (il me l'expliqua un peu plus tard) la veille, ç'avait été le préambule. Préambule à ses yeux nécessaire, qui lui permettait de juger le candidat boxeur, savoir s'il possédait cette caractéristique indispensable à tout athlète : la volonté de supporter la douleur. Car toute performance athlétique exige un entraînement qui aille jusqu'au mal.

Être revenu, après la raclée de la veille, me faire en principe rosser de nouveau signifiait que je possédais ce minimum de courage nécessaire à la pratique de ce sport et me prouvait l'immense gentillesse de ce champion et son désir de m'apprendre son métier. Chaque soir dès lors j'allai à l'entraînement. Chaque soir alternaient culture physique, sac de sable, punching-ball, saut à la corde et ce que l'on appelle les « gants ». « Allez, on met les gants. » Sur le ring, c'était soit la leçon où, inlassablement, le professeur nous apprenait comment frapper, comment esquiver, comment bloquer dans les gants les coups de l'adversaire, comment feinter, comment varier ses coups; soit un assaut, tantôt contre un camarade tantôt contre un boxeur beaucoup plus expert. Mais ces pseudo-combats se pratiquaient avec d'épais gants de douze onces qui amortissaient les chocs et qui d'autre part, par leur poids, exerçaient la musculature des bras et des épaules tout autant que les dorsaux et les pectoraux. Et un casque de cuir nous protégeait les arcades sourcilières, les tempes, les oreilles et l'arrière de la mâchoire.

Au bout d'un mois de travail – beaucoup plus acharné que celui que j'effectuais au labo ou aux cours – j'avais fait des progrès évidents, ce qui n'avait rien d'étonnant vu ma totale ignorance au départ, mais aussi j'avais à la fois pris goût à ce sport et découvert que j'étais plus doué pour celui-là que pour tous ceux dont j'avais tâté jusqu'alors. Au deuxième mois, François me fit faire mon premier combat.

L'entraînement sportif est en principe nettement plus dur que le match auquel il prépare : il doit en effet pousser à leurs limites les possibilités physiques de l'individu en sorte qu'au moment de la compétition elles soient maximales et que, au cours de cette dernière, il ne lui faille pas les utiliser à fond afin, si besoin en était, de disposer des réserves nécessaires pour finalement gagner.

Le match, par contre, constitue une épreuve psychique que l'entraînement, quelque épuisant qu'il puisse être, ne laisse même pas imaginer : j'ai livré plus de cinquante combats de boxe de 1932 à 1947 – avec de longues périodes d'« abstinence » plus ou moins forcée – et chaque fois l'émotion, voire la peur, m'envahissaient dès le réveil et allaient croissant jusqu'au premier échange, classique, de directs du gauche où, miraculeusement, elles disparaissaient dans l'instant. Ce fut évidemment le cas pour cette toute première expérience, mais cela se répéta plus de quinze années durant et plus de quatre douzaines de fois. Il m'est arrivé, tant s'était exaspérée la panique qui me torturait, de songer à fuir alors que j'étais dans les vestiaires en train de m'équiper. Car non seulement une peur viscérale me torturait, mais ma cervelle me marmottait combien était stupide la pratique d'un sport pareil, combien idiot était de recevoir des coups en public, combien inintelligent de risquer quelque grave lésion... Si je n'ai jamais déserté, ce ne fut pas par courage, mais par amour-propre et par crainte du ridicule. Ce qui est à la fois louable et stupide... Louable d'aller jusqu'au bout de ce que l'on a entrepris, stupide de tenir un tel compte du qu'en dira-t-on.

Je gagnai ce premier combat, comme j'en remportai par la suite beaucoup d'autres. J'en perdis deux, dont un par KO alors que je dominais largement, et je fis un match nul. Le KO résultait de mon excès de confiance : il ne faut jamais, en sport comme en n'importe quoi, relâcher vigilance, volonté et effort avant la ligne d'arrivée. Quant au match nul, il me reste sur l'estomac près d'un demi-siècle après : il fut proclamé à l'issue du combat qui m'opposait au champion de Belgique toutes catégories de l'époque, champion que j'avais, comme on dit en jargon sportif, dominé de bout en bout. Nous avions, mon adversaire

Willy Tynck et moi, le même manager : Fernand Prémont.

La proclamation du match nul m'avait, sur le ring, laissé stupéfait et sans voix. Ce ne fut qu'au vestiaire que je retrouvai le manager : « Monsieur Prémont, c'est scandaleux ! J'avais gagné sans forcer, non ? – Tu as raison, mais comprends : tu fais de la boxe pour ton seul plaisir, tu as toujours dit que tu resterais amateur. Alors que Tynck veut faire une carrière professionnelle. Et pour cela, tu le sais bien, un titre national c'est d'une importance énorme... » Près d'un demi-siècle plus tard, j'ai encore ce « nul » sur l'estomac... !

Soucieux de me laver de l'insulte que Trofimoff m'avait infligée, je m'étais donc mis à assimiler les rudiments de ce sport de combat. Sans Trofimoff, jamais certes je n'aurais mis les gants, surtout avec la volonté et la persévérance indispensables à l'assouvissement de ma vengeance, volonté et persévérance qui me firent franchir ce qui sépare le dilettante du professionnel.

J'y gagnai quantité de satisfactions diverses, qui allaient de celles, irremplaçables, de ce que l'on appelle la « forme » et de son corollaire, l'équilibre psychosomatique, à celles – pas reluisantes du tout – de la vanité que procurent victoires ou palmarès, en passant par la tranquille sérénité qu'engendre, au bout de quelques années de pugilisme sérieux, le sentiment de n'avoir pas grand-chose à redouter de ses congénères humains. Cela m'a diablement aidé au long des décennies qui se sont succédé depuis l'époque où j'acquis peu à peu le savoir technique et l'assurance intérieure nécessaires, grâce à François et

Henri Chantraine d'abord, puis à ce très exceptionnel champion du monde, Gustave Roth, et aux conseils judicieux de Fernand Prémont; mais aussi grâce à ces douzaines de combats, chacun précédé de dures, très dures semaines d'entraînement où mes profs en pugilisme m'apprenaient à être dur avec moi-même.

Le savoir technique tient en peu de chose : esquiver les coups de l'adversaire ou les bloquer dans les gants, frapper juste où il convient de le faire – au centimètre, mieux, au millimètre près – et frapper « sec ». Frapper sec, c'est frapper vite. L'efficacité tient dans la rapidité de délivrance incomparablement plus que dans la force, même exceptionnelle, lorsque la vitesse ne l'accompagne pas. La puissance musculaire est cependant indispensable, car la rapidité en dépend : l'énergie est fonction de la masse et du *carré* de la vitesse... Mais développer la musculature était indispensable, ne serait-ce que pour ne pas baisser sa garde au fil des rounds lorsque les épaules deviennent de plus en plus douloureuses; travailler aussi ce muscle essentiel, le cœur, dont dépend le souffle, duquel dépendent la résistance, la « longévité » nécessaires pour être, au terme du combat, plus frais, plus rapide, plus fort que l'adversaire; travailler les réflexes conditionnés, indispensables les uns à l'esquive précise et les autres à la précision et à la rapidité des coups. Tout cela s'apprend, s'améliore avec l'entraînement, toujours recommencé... Certains gars sont plus doués que d'autres, mais quels que soient les dons, beaucoup d'efforts, de travail, de volonté, sont indispensables à qui veut se retrouver parmi les meilleurs.

C'est tout aussi vrai pour la science, pour l'écriture, pour la peinture... Par la faute de Trofimoff, ou grâce à lui, je m'étais découvert des dons certains pour le pugilisme. (A propos de Trofimoff, nous nous sommes réconciliés en une énorme embrassade un soir de sortie bruyante et buvante où, tombés dans les bras l'un de l'autre, nous devînmes des amis. En 1941, il a été tué, en Lituanie, par les nazis.)

Mais j'avais un autre don, celui de la peinture. Comme tout don, il ne se suffit nullement à lui-même et n'est qu'un avantage initial, énorme cependant pour qui veut accomplir quelque chose.

Je m'étais mis à peindre, tard, après la fin de mes études d'agro. Van Gogh m'émerveillait. Un demi-siècle plus tard, il m'émerveille toujours. L'égaler était impossible. Mais suivre son exemple, son exceptionnelle intégrité intellectuelle, sa modestie, son effort surhumain pour traduire sur la toile avec des couleurs et des brosses la vérité des choses, m'inspirer de sa passion – à ses débuts passion des humbles travailleurs pour finir passion de la lumière –, imiter avec humilité Vincent Van Gogh m'avait éloigné de l'agronomie et m'avait immergé une année durant dans les doutes, les incertitudes, les anxiétés, les découragements tellement justifiés qui assaillent, je pense, tous ceux qui tentent de sincèrement créer dans le domaine de l'art et qui, de toute façon, assaillent plus ou moins les jeunes que la vie interpelle.

Cependant, ce ne furent ni ces abattements, ni ces inquiétudes, ni ces désespérances sporadiques qui me firent décider, une fois pour toutes et de façon irrévocable, d'abandonner la peinture et ses alternances d'exaltation et d'abattement, mais une analyse rationnelle de l'état de peintre : l'alternative, à mes yeux, était soit de suivre Van Gogh et sa fantastique rigueur, autrement dit m'efforcer de traduire aussi exactement que possible les sensations qu'induisaient dans mon esprit le réel, la nature, donc et surtout les paysages, autrement dit me résoudre à la misère matérielle, et cela sans aucune certitude de créer une œuvre qui vaille un choix aussi héroïque ; soit me prostituer... Prostituer ma peinture à l'acheteur, trop souvent snob, inculte mais nanti, qui place son argent dans des toiles dont la vraie valeur lui importe infiniment moins que leur valeur vénale, toiles qu'imposent à leur ignorance marchands et critiques d'art à la solde de ceux-ci.

Depuis mon adolescence, je déplore que des talents aussi évidents, aussi exceptionnels que celui de Picasso ou celui de Dali, entre autres, se soient d'une certaine façon ainsi prostitués et n'aient – à mes yeux du moins – pas produit l'œuvre dont ils étaient capables, quoi qu'en puissent dire critiques et marchands, médias et opinion publique dûment conditionnée.

La pureté de la création artistique suppose l'indépendance du créateur. Ne dépendre ni de l'acheteur éventuel, ni de l'éventuel mécène, ni du marchand de tableaux, ni du critique qui dépend du marchand, ni de la municipalité, ni de l'État dont les fonctionnaires n'ont eux-mêmes d'indépendance que relative et dont les ministres trop souvent dépendent de leurs propres ambitions. Je n'ai découvert cela que peu à peu, à mesure que s'égrenaient les décennies. Mais l'alternative entre dépendance et indépendance, je l'avais perçue très vite et, au terme des quelque vingt mois que j'avais consacrés presque uniquement à la peinture, j'en tirai les conséquences : puisque chercher à plaire au client était pour moi impossible, ne me restait comme choix que peindre et demeurer misérable, ou ne pas peindre.

Je n'ai jamais regretté d'avoir un jour décidé de ne

plus toucher ni brosses ni couleurs, malgré le plaisir sensuel que manier ces couleurs procure, tout comme me ravit le fait de les regarder pures, de les utiliser pures, et de les mélanger... Malgré surtout les émerveillements soudains dont parfois m'inonde la beauté de certains paysages, depuis les labours d'ocre rouge et les champs de colza, de tournesols ou de lavande, jusqu'aux successions de crêtes montagneuses parallèles que souligne la brume des vallées qui les séparent, ou au disque énorme du soleil qui se lève. Je sais que je ne serais jamais arrivé à fixer sur la toile cette multiple splendeur, pas plus qu'à traduire le ravissement qu'elle me donne. Pour autant qu'il soit rigoureux, un peintre qui ne vit que pour la peinture demeure éternellement tourmenté car jamais il ne peut être satisfait par ce qu'il a peint. Très dure frustration, que ne connaissent pas les peintres pour lesquels seul compte le succès.

# 4

Ma brève période de peintre se passa aux environs de mes vingt-cinq ans, entre ma relativement courte période agronomique et celle que j'ai consacrée à la géologie, laquelle me conduisit à la volcanologie, laquelle m'amena à m'occuper des tremblements de terre destructeurs, laquelle, etc. ! J'en reviens donc à mes études d'agro.

Jouer au poker, boxer, jouer aux échecs ou, découverte qui avait suivi de peu celle de la boxe, escalader les falaises calcaires qui bordent la Meuse, cela occupait certes une partie notable de mon existence, mais laissait tout de même quelque place à l'étude. Cette place, nombre de mes professeurs la jugeaient insuffisante et ils ne manquaient pas de le souligner de façon formelle lors des sessions d'examens. Par contre, elle me satisfaisait plutôt, puisqu'elle me permettait de passer, de justesse certes, d'une année académique à l'autre et que d'autre part elle m'initiait à la joie de connaître.

*La Joie de connaître*, c'était le titre d'un des trois volumes de Pierre Termier – les deux autres étant *A la gloire de la Terre* et *La Vocation de savant* – que mon prof de géologie m'avait prêtés lorsqu'il se fut rendu compte de l'intérêt que je portais à ses cours. Cet intérêt était dû pour partie à celui que la pratique de la varappe avait éveillé en moi pour les roches que j'escaladais, et pour partie à la qualité de l'enseignement de la géologie que nous prodiguait Frans Halet.

Autant j'étais élève médiocre dans les branches enseignées de médiocre façon, autant il m'arrivait d'être bon dans celles que nous expliquaient des professeurs dignes de ce nom. Lesquels sont rares. Pour bien enseigner, il faut non seulement bien connaître ce dont on parle, mais aussi avoir le don de communiquer et le désir d'être entendu. Et compris. Ici aussi intervient donc la notion du don. Mais, comme en sport ou en art, celui-ci ne suffit pas : l'effort est indispensable pour le développer et le faire évoluer jusqu'à la maîtrise. Or ce don pas plus que cette volonté ne caractérisent outre mesure les professions intellectuelles – les manuelles, à cet égard, leur sont très supérieures. Comme pour toutes les composantes de la société humaine les qualités – tout comme les défauts – se répartissent, comme disent les mathématiciens, de façon gaussienne. Une courbe de Gauss – lequel fut un grand physicien allemand du XIXe siècle – a la forme du bicorne de Napoléon. En abscisses les qualités (ou les défauts), en ordonnées le nombre d'individus, et cela donne cette courbe en chapeau de gendarme (gendarme de jadis...) : extrêmement peu d'excellents à l'une des extrémités et extrêmement peu d'odieux à l'autre, peu de fort bons et peu de fort mauvais, assez peu de bons et assez peu de mauvais, pas mal d'assez bons et pas mal d'assez mauvais. Et beaucoup de moyens. Le malheur, avec les moyens, c'est qu'ils risquent, si les circonstances les y incitent, de glisser vers la médiocrité. Or les moyens constituent la majorité, et cela explique bien des aspects de notre société...

Cela vaut pour chacune des caractéristiques de cette dernière. Entre autres, pour le courage. Non le courage physique, lequel est la moindre des choses et qui, heureusement, est assez répandu, mais le courage de ses opinions, le courage de les énoncer et de les défendre lorsqu'elles vont à contre-courant de l'opinion générale ou, surtout, de ceux dont dépend votre promotion professionnelle ou sociale. Ce courage-là n'est distribué qu'au compte-gouttes...

Mais revenons à l'art d'enseigner : ceux qui l'exercent de façon réellement satisfaisante sont une minorité. Ceux qui n'enseignent pas bien, soit ne maîtrisent pas suffisamment le savoir qu'ils sont chargés de transmettre, soit ne sont pas trop doués pour le faire, soit ont choisi cette profession à cause de la longueur des vacances scolaires, soit sont complexés par le sentiment qu'ils ont de leurs infériorités. Et leur métier les ennuie autant qu'eux-mêmes ennuient leurs élèves...

Lorsque je faisais partie de ces derniers, j'entretenais pas mal d'illusions sur les professeurs. D'autant plus d'illusions que celui que ma mère, veuve, avait épousé alors que je n'avais que sept ans et qui me fut mieux qu'un père, était professeur et, véritable saint laïc, enseignait de façon merveilleuse. Mais, manichéen jusqu'à la moelle dès le lycée, je divisais les profs en deux catégories : ceux que j'aimais et les autres... Ceux-ci étaient plus nombreux que ceux-là. Ce qui explique que je fus un bien mauvais élève.

A l'Agro, sur une vingtaine de professeurs, il y en avait deux ou trois de médiocres, une douzaine de moyens et cinq ou six excellents : outre Frans Halet qui donc nous apprenait le b, a, ba de la géologie,

Meurisse qui nous introduisait dans l'univers fascinant de la chimie analytique, Marchal qui nous enseignait la microbiologie, Arthur Poskin qui, doucement sévère, nous inculquait la sylviculture, c'est-à-dire l'art de gérer la forêt, il y avait Raymond Mayné. Raymond Mayné avait vingt-cinq ans de plus que nous, mais il nous était un camarade. Pas par démagogie, comme c'est devenu quelque peu à la mode, notamment après la « révolution » estudiantine de mai 68, mais parce que ce savant, connu des entomologistes du monde entier, avait gardé une simplicité totale, ne se prenait pas au sérieux et parlait aux gamins ignorants que nous étions comme à ses égaux. De plus, il jouait au football et, au contraire de la plupart de ses collègues, ne considérait pas les sportifs comme des sous-développés intellectuels. Ce qu'en effet ils ne sont pas davantage que les non-sportifs. *Mens sana...* De surcroît, Mayné nous passionnait tant par son cours magistral que par tout ce qu'il nous racontait, de la politique aux jeux Olympiques en passant par la signification de l'existence. Et nos bavardages, auxquels aucun autre membre du corps professoral ne daignait, ou simplement n'osait, s'abandonner avec les élèves, nous formaient mieux que les cours magistraux.

Mayné nous enseignait donc l'entomologie. Les insectes importent fort à ceux qui cultivent la terre ou qui élèvent des bêtes. Les insectes nuisibles surtout, mais aussi ceux qui sont utiles, soit qu'ils mangent les nuisibles, soit qu'ils les parasitent, en un mot, nous en débarrassent. Mais ce qui m'avait fasciné d'entrée n'était nullement cet aspect utilitaire, c'était la révélation d'un univers étrange et immense d'individus minuscules, à la fois vivants et mécaniques. Et même métalliques. Les coléoptères surtout.

A l'œil nu, déjà, certains insectes possèdent une étonnante splendeur. Sans parler des papillons ou des libellules, dont la joliesse ravit tout un chacun ou presque, les scarabées, les cétoines, les longicornes, les carabes sont d'une beauté rigoureuse de formes et de couleurs, qui restituent le cuivre, et l'or, et le bronze, et l'airain, le cobalt, l'émeraude et la jade, le rubis et le jais. A l'œil qui les regarde de près, les coléoptères sont déjà superbes, mais sous la loupe... !

Dès la première année d'agro, je me pris de passion pour les insectes et avec enthousiasme me mis à en faire collection. Les collectionner est le meilleur moyen d'apprendre à les reconnaître, retenir leurs noms – nom vernaculaire et nom latin –, de savoir à quel ordre, à quelle famille, à quel genre, à quelle espèce, à quelle variété appartient chacune des pièces que l'on récolte. Pour moi, du moins, cette récolte constituait l'épisode le plus plaisant de l'entomologie.

Certes, une telle attitude manquait du sérieux scientifique souhaitable et il eût mieux valu que je me passionne davantage pour la biologie de ces animaux que pour les joies simplettes que me procuraient, outre l'esthétique de ces bestioles, les balades sylvestres et champêtres consacrées à leur recherche, à l'inspection des écorces, des fleurs, de la terre, des bouses de vaches, du crottin de cheval (il y avait mille fois plus de chevaux alors que de tracteurs, de voitures ou de camions), à la relève des pièges divers que nous disposions en des endroits que, comme tout chasseur, nous choisissions en fonction de nos expériences passées et de ce que, peu à peu, nous apprenions sur les mœurs de ces arthropodes minuscules.

Obligatoire, cette collection était supposée se faire

en troisième année de l'Agro et comptait sérieusement dans la note d'examen d'entomologie. Sans du tout songer à des fins aussi intéressées, je me mis à la constituer dès le premier printemps de ces études dites supérieures. D'une part, puisque cet exercice me plaisait, d'autre part parce que, le faisant, je me donnais l'illusion de travailler, ce qui me soulageait la conscience. La collection que j'exhibai trois ans après me valut une note élogieuse et mon savoir progressivement accumulé fit que le professeur Mayné me proposa de devenir son assistant. Ce que j'acceptai d'enthousiasme. Ainsi je passai les deux années suivantes dans son laboratoire et m'y spécialisai en scolytes.

Les scolytes, aussi appelés bostryches, sont de tout petits coléoptères – un à trois millimètres de long – de couleur bois. Avec son rostre – pièce très dure placée en avant de la bouche –, la femelle perce l'écorce de certains arbres et, entre écorce et aubier, ce bois tendre qui entoure le cœur de bois dur, elle creuse une galerie le long de laquelle elle pond progressivement ses œufs. Lorsque, minuscules, les larves en sortent, chacune, toujours entre écorce et aubier, se met à ronger sa propre galerie, perpendiculaire à la galerie maternelle. Ces galeries filles sont très fines au début, mais deviennent de plus en plus larges à mesure que la larve grossit à force de dévorer du bois, et finissent par égaler le diamètre de la galerie maternelle au moment où la larve va se transformer en nymphe.

Les insectes ont pour particularité de passer par quatre stades successifs : celui de l'œuf, celui de larve – ainsi les chenilles de papillons, que tout le monde connaît –, celui de chrysalide ou nymphose – ainsi le cocon –, et celui d'adulte ou imago. Lorsque le scolyte arrive à ce stade ultime, il perce l'écorce mais, au contraire de sa mère, de l'intérieur vers l'extérieur. Et prend aussitôt son vol pour chercher à s'accoupler. Une fois fécondées, les femelles scolytes vont percer leur entrée dans l'écorce d'un arbre de bonne volonté, creuser leur galerie de ponte et, ce faisant, réamorcer le cycle. Bientôt, si les pondeuses sont en nombre suffisant, l'écorce se séparera du bois et l'arbre se mettra à dépérir jusqu'à ce que mort s'ensuive. Des peuplements entiers se trouvent ainsi décimés, voire anéantis.

Lutter contre les scolytes est difficile à l'extrême, essentiellement par le fait qu'ils se trouvent, de la ponte à l'âge adulte, sous la protection de l'écorce de l'arbre même que l'on voudrait protéger d'eux... Et n'imaginez pas que l'on puisse injecter un insecticide par la minuscule ouverture de pénétration forée par la maman scolyte : le nombre seul des trous à traiter – des myriades – défie ce type de lutte. Lorsque, à la fin des années 30, je travaillais au labo d'entomologie de l'Institut agronomique, nous mettions nos espoirs dans la découverte d'une maladie contagieuse inoculable aux scolytes, ou dans celle d'insectes ou d'autres animaux susceptibles soit de les parasiter, soit de les dévorer. Mais, l'un après l'autre, chacun de ces espoirs était déçu. La guerre survint là-dessus, qui me sépara à jamais du monde paisible de l'entomologie, et j'ignore si nos successeurs ont été plus futés que nous-mêmes. Ce que je sais, pour en avoir vu les dégâts après une tornade qui avait dévasté les forêts du Massif central dans les années 80, c'est que, lorsque les conditions le leur permettent, les bostryches se reproduisent par milliards.

Mais, tout entomologiste professionnel que j'étais devenu, ce n'étaient ni les questions biologiques, ni les problèmes économiques ou techniques qui motivaient la passion que, des années et des années durant, j'ai cultivée pour les insectes. C'était beaucoup plus leur beauté. Celle, du moins, de certains d'entre eux, et avant tout de certains coléoptères. Beaucoup plus que, admise par tous, celle des papillons : ceux-ci, sauf les sphinx qui me fascinent, sont à mon goût trop jolis, alors que me ravissent toujours les coléoptères, cuirassés de métal noble.

Le goût, concept d'une subjectivité quasi totale, n'est pas, comme dit l'autre, discutable : je connais des entomologistes que passionnent les blattes, les puces ou les mouches – lesquelles, toutes, me dégoûtent. Mais aucun ne m'a jamais confié que ces orthoptères noctures, ces pulicidés piqueurs ou ces diptères exaspérants leur plaisent par leurs aspects esthétiques : eux sont des entomologistes sérieux. Moi, je ne fus qu'un amateur au sens de « celui qui aime ». En l'occurrence, de celui qui cultive une science pour son seul plaisir. Et ce plaisir, pour moi, était celui des yeux. Quasi exclusivement.

Les pesticides qui ont envahi l'agriculture industrialisée dès après la Seconde Guerre mondiale ont fait disparaître l'immense majorité des insectes, sauf les plus résistants, lesquels sont parmi les plus nuisibles, tels les scolytes, les doryphores, les moustiques, les mouches, les puces. Mais ont disparu, en nos régions du moins, ces merveilles pour l'œil – surtout lorsqu'une forte loupe lui révèle les splendeurs colorées de leur armure – qu'étaient le cérambyx aux antennes cannelées aussi puissantes que des cornes d'antilope roanne, ou la cétoine dorée, au thorax de cuivre rouge et aux élytres de chrysobéryl, les carabes dorés, eux aussi cuirassés de bronze, le lucane aux énormes mandibules pareilles aux bois du cerf, ce qui l'a fait appeler cerf-volant, le bupreste de métal noble...

Il y a beaucoup plus d'un million d'espèces d'insectes et, à coup sûr, pas mal d'espèces non décrites encore. Par comparaison, il n'y a qu'une soixantaine de milliers d'espèces de mammifères. Les insectes sont la classe animale la plus abondante de toutes et celle qui, depuis les aubes des temps où la vie apparut sur terre, s'est toujours adaptée le mieux aux aléas et aux variations de leur milieu : il en est qui arrivent à vivre jusque dans la résine des pins ou dans le pétrole, et les espèces qui ont survécu et résisté au DDT d'abord, ensuite aux insecticides terrifiants d'aujourd'hui – ainsi les mouches et les moustiques, les guêpes et les frelons –, démontrent cette capacité d'adaptation stupéfiante.

# 5

Durant les cinq années que je passai à l'Agro, je ne m'occupai pas uniquement d'entomologie, de géologie, de poker, de boxe ou d'escalade. Il fallait, puisque j'étais là pour cela, assimiler une forêt de cours dont certains me semblaient offrir de l'intérêt mais d'autres, par contre, aucun. Il me faudra atteindre l'âge adulte pour comprendre combien est stupide de se refuser à apprendre parce qu'un prof ne sait pas enseigner... Avalées sans joie, certaines de ces matières, pour être assimilées, prenaient pas mal du temps que j'aurais pu consacrer à celles qui me plaisaient. Par ailleurs la politique m'intéressait fort et les filles tout autant.

Politiquement, l'époque était vraiment digne d'intérêt. Tout, ou presque, allait mal. Il n'y avait pas quinze ans que s'était achevée, par le traité de Versailles, la Première Guerre mondiale, guère davantage depuis la révolution soviétique, et déjà pointaient les prémisses de la Seconde Guerre : la « très résistible ascension » de Hitler vers le pouvoir absolu, la conquête de l'Éthiopie par l'Italie fasciste, l'invasion de la Chine par le Japon, la guerre civile d'Espagne, les procès de Moscou, ainsi que la médiocrité et l'absence de courage politique de la plupart des dirigeants des démocraties occidentales (pléonasme, car il n'y en avait pas d'autres qu'occidentales), tout annonçait le pire.

D'une mère qui avait participé à la révolution russe de 1905 et qui, après la victoire des bolcheviks, avait à leur demande dirigé de 1919 à 1920 le recensement au Caucase, j'avais reçu une éducation « de gauche », c'est-à-dire entièrement fondée sur les vieux rêves humanistes de justice. Justice juridique bien sûr, mais surtout justice distributive et justice sociale. Comme quelques millions d'autres naïfs, j'ajoutais foi à ce qu'écrivaient non seulement les journaux staliniens, mais un grand nombre d'écrivains de talent. Ce talent parfois était immense mais ceux qui le possédaient avaient l'âme aussi candide que celle du gamin que j'étais : Gorki, Romain Rolland, Edgard Snow, Panaït Istrati, Emmanuel Berl, Claude Roy, Aragon, Sartre, Roger Vailland, Bertrand Russell, cinquante autres encore... Ne pas ajouter foi à ce que disaient si bien ces personnages à coup sûr convaincus de la cause qu'ils défendaient? Ne pas les croire quand ils écrivaient dans le droit fil de ce que vous souhaitiez lire? Allons! Il n'est pire sourd... Les procès de Moscou, que dénonçaient ceux que, par contre, nous refusions d'entendre, il me faudra plus de douze années pour admettre que, très réellement, ils avaient été aussi odieux que certains l'avaient dénoncé. Voire pires...

Durant ces années 30, je militai autant que je le pus contre la montée du national-socialisme. Militantisme musclé que permettait l'assurance que m'avait donnée une maîtrise certaine dans l'art d'esquiver, d'amortir les coups, et d'en donner qui soient efficaces. Ma mère, dont l'autorité, quoi que je fisse pour y échapper, s'imposait à moi presque toujours, m'interdit en 1936 deux aventures dont l'idée seule m'exaltait : participer aux jeux Olympiques de Berlin, pour lesquels j'avais été pressenti par Fernand Prémont, grand-prêtre tout-puissant de la boxe belge en ces temps-là, et où une médaille d'or était possible; d'autre part, m'engager dans la guerre d'Espagne. Côté républicain, bien sûr. Pour les Jeux, ma mère fit appel à la raison. Pour l'Espagne, aux sentiments : sa nature inquiète à l'extrême en ce qui concernait les trop rares êtres chers qui lui restaient – dont son unique rejeton – la minerait de façon fatale si je partais pour Guadalajara, pour Teruel ou pour Guernica...

J'étais beaucoup moins faraud avec les filles qu'avec des adversaires politiques. Malgré l'intérêt considérable que je leur portais, une timidité quasi maladive me paralysait. Cela dura longtemps, trop longtemps à mon gré, et mes premières « conquêtes »... ce furent elles qui firent la mienne. L'une de ces conquérantes, qui certes avait du punch et beaucoup d'allure, me fit surmonter une autre de mes inhibitions : celle de conduire une cordée en haute montagne. Je ne m'étais pas encore aventuré au-dessus de trois mille mètres d'altitude alors que j'avais en quelques semaines acquis la technique de l'escalade sur rocher et que depuis trois années je grimpais en tête dans les falaises de la Meuse. (Il ne faut oublier que les voyages, même de quelques centaines de kilomètres seulement, étaient plutôt exceptionnels dans la première moitié des années 30, où nous ne circulions guère qu'en chemin de fer.) De ce fait et du fait de la platitude de notre bourse, les Alpes se trouvaient quasi hors de notre portée.

Denyse m'ayant demandé si je pouvais la conduire au pic Coolidge, modeste à coup sûr mais digne de quelque respect pour le débutant alpiniste que j'étais, je répondis oui sans hésiter et les emmenai, elle et un « troisième de cordée » sur ce premier de la série de sommets de l'Oisans et du massif du Mont-Blanc que nous gravîmes, inaugurant ma première année d'alpinisme véritable.

J'avais écouté les camarades expérimentés et, surtout, j'avais lu avec attention et relu les grands classiques, de Whymper à Mummery, de Young à Guido Lammer, et cela m'avait permis de me tirer honorablement de cette épreuve. Quoique à la fois juge et partie, je me décernai un satisfecit au retour de la dernière course de cet été-là et nous reprîmes le train – il fallait toute une journée pour aller du Fayet à Paris – où nous fêtâmes nos succès, tout modestes qu'ils étaient, ces succès dont Denyse avait pris l'initiative. Et le lendemain nous rentrâmes en Belgique où chacun retourna à son école ou à son travail.

Une fois le pas franchi, une fois connu les joies que donne la montagne, je me débrouillai pour retourner dans les Alpes le plus souvent possible. Ce fut souvent en auto-stop, façon de voyager encore très peu utilisée en ces temps-là, mais pratiquement la seule que permît mon porte-monnaie. Je me mis à pratiquer une forme alors assez mal considérée d'alpinisme car, disaient les sages, beaucoup trop risquée : l'alpinisme solitaire. Mais, malgré le très sincère respect que je portais aux grands classiques qui la condamnaient, je m'y adonnai par amour de l'indépendance. Aussi parce que, m'étant d'emblée mis à grimper en tête, je n'étais guère attiré par l'idée de le faire en second. Enfin parce que je ne trouvais pas toujours, pour me suivre, un second de cordée qui me plût. Ou qui acceptât de me suivre...!

Cependant, fanatique de la sécurité, je ne faisais alors en solitaire que des courses faciles. Si j'y perdais un certain nombre de satisfactions, notamment celles que procure l'orgueil (dans mon acception du terme il n'y a nul péché dans le concept d'orgueil, qui, au contraire de la vanité, est le contentement objectif que l'on tire d'un travail bien fait), j'y gagnais le plaisir aigu de la solitude dans la splendeur d'un univers à nul autre pareil et dans le vaste silence de la montagne déserte. Comme aussi, tous sens alertés, dans le contact total avec la nature. Contact que jamais je n'ai trouvé à tel point exacerbé lorsque je n'étais pas seul, quelles que soient les qualités de mon compagnon. Se trouver totalement isolé dans un monde dur et, dans sa superbe indifférence, totalement hostile, m'a toujours donné des joies inégalées, en montagne donc mais, plus tard, tout autant sur un volcan en éruption, dans le désert, en plongée profonde, dans l'Antarctique. Pour un moment fort bref ou pour des journées durant. L'acuité exceptionnelle des sensations que l'on éprouve alors provient sans doute de la perception, fortement aiguisée, des dangers éventuels. Ce piment, qu'apprécient ceux qui aiment à jouer avec le feu, est nettement plus fort lorsqu'il est savouré en solitaire.

Je finis par devenir ingénieur agronome sans avoir réussi à savoir comment ni où j'allais exercer cette profession, sans avoir de préférences pour telle ou telle région de la planète, sinon que les rémanences de mes rêveries enfantines m'orientaient vers l'infini des forêts du Nord canadien, de l'Alaska ou de la Sibérie. Mais, assez curieusement pour quelqu'un que l'indécision ne caractérisait pas, je n'avais ni recherché d'informations, ni amorcé de démarches pour aboutir à la réalisation de cette attirance. Sans doute étais-je sorti assez vite de l'enfance pour apprécier l'irréalisme relatif de ce rêve, mais encore insuffisamment adulte pour me préoccuper de l'avenir. De toute façon, la notion de « carrière » m'était étrangère. Elle me l'est toujours.

J'avais étudié dans une grande école parce que mes parents souhaitaient que je fasse des études. J'avais fait de la boxe sans me soucier d'une carrière pugilistique, en amateur ou en professionnel, et cela à un point tel que lorsque, quelques années plus tard, je m'insurgeai contre le verdict de match nul au terme du combat que je venais de remporter face au champion de Belgique en titre – ainsi que je l'ai rapporté –, je n'en tirai nulle amertume, mais tout juste une colère rentrée contre une injustice flagrante. Et je fêtai joyeusement le soir même ce combat non gagné, le principal étant d'avoir bien boxé, et non de faire carrière.

Que cette idée même de « carrière » me fut dès l'origine étrangère découle d'une constatation que je n'avais bien sûr pas pu faire à l'époque, mais qui aujourd'hui le montre à l'évidence : durant les presque deux années que je passai comme assistant du professeur Mayné – et où je travaillai avec enthousiasme, donc avec sérieux –, je n'ai pas publié la moindre note scientifique. Moins stupidement exigé des chercheurs que ce ne l'est devenu depuis, publier ses résultats sous forme de notes ou d'articles dans des revues spécialisées était, déjà alors, une condition *sine qua non* de toute carrière universitaire.

Je le savais, bien sûr, mais trois raisons m'empêchaient de me plier à cet impératif. La plus superficielle était le dédain que m'inspirait la fringale de publier affichée par les entomologistes qui m'entouraient : quelque peu indécents, leurs appétits inhibaient celui que j'aurais pu avoir. La deuxième raison tenait à l'éducation que j'avais reçue : on ne publiait de résultats que s'ils apportaient réellement quelque chose de nouveau, ce qui certes n'était pas vraiment le cas des débutants que nous étions, même si nous découvrions ici ou là un quelconque détail jusqu'alors non signalé. La troisième raison était que je faisais de l'entomologie parce que j'aimais cela, que j'étais heureux d'avoir un patron ami tel que Raymond Mayné et que ne m'effleurait même pas l'idée de carrière. Je l'ai également découvert depuis : l'un des éléments essentiel de la joie de vivre est de faire un travail qui vous plaise. Et nullement l'argent ni les satisfactions de vanité qu'il peut rapporter.

Vingt années plus tard, passé de l'entomologie à la volcanologie, mon indécrottable indifférence pour une carrière fit que, me trouvant dans l'obligation de publier pour la simple raison que je découvrais, à l'occasion de chacune des éruptions que j'étudiais, des choses inédites, je ne communiquai jamais que l'indispensable. La volcanologie, au sens étroit du terme, c'est-à-dire la spécialisation en cette science où l'on s'efforce de comprendre le pourquoi et le comment de l'activité éruptive, était en effet, à la fin des années 40, toute balbutiante encore et permettait aux trop rares chercheurs qui s'y consacraient de faire des observations et des constatations nouvelles. Mais je ne publiais que ce qui me semblait en valoir la peine et jamais ne tombai dans ces pratiques beaucoup trop répandues qui consistent à multiplier artificiellement les publications sur un même sujet.

Vous qui me lisez, si vous vous destinez à la recherche, qui certes peut être l'un des métiers les plus passionnants, mais où la concurrence est de plus en plus féroce et où le souci, ô combien légitime, d'être reconnu par ses pairs et de progresser dans la hiérarchie, nationale d'abord, internationale ensuite, exige de publier, ne cédez pas à la fringale de la publication et ne faites imprimer que ce qui en vaut la peine. Du moins si vous tenez à l'estime de ceux, parmi vos confrères, qui obéissent à une éthique. Mais aussi, mais surtout, si vous tenez à la vôtre propre.

Comment j'en suis arrivé à étudier l'activité éruptive alors que je m'étais spécialisé en entomologie est une histoire longue d'une dizine d'années : 1939 à 1948. Cette histoire a débuté avec la déclaration de guerre que l'Angleterre et la France se trouvèrent dans l'obligation de faire à l'Allemagne, et s'est achevée en mars 1948 par le choc que j'éprouvai à voir ma première éruption.

Comme toujours dans ma vie, le hasard a joué là un rôle essentiel. Selon les canons classiques, une vie exemplaire se devrait d'être programmée. Et c'est bien à la programmer que l'on s'efforce, au travers des cursus scolaires, des examens, des concours qui se succèdent de la maternelle à l'Académie. S'y efforceront d'abord les parents, responsables de l'avenir de leur progéniture ; puis les professionnels de l'instruction (d'éducation, pour le moment, il n'y a plus guère que le mot) ; enfin, à partir d'un âge de plus en plus jeune, s'y efforcent les individus eux-mêmes, devenus conscients des avantages que peut assurer une programmation bien structurée et intelligemment suivie. Et s'en félicitent, tout au long de leur existence, les gens auxquels cette prévoyance bien contrôlée assure ce qui, pour la plupart, représente l'essentiel : la sécurité.

Le souci de sécurité est peut-être le premier dont l'être humain se préoccupe, comme, sans doute, l'animal. Plus s'est développée l'intelligence et plus s'est imposée à chacun la certitude que sa mort est inéluctable : « L'homme est mortel... », « Tu es poussière et retourneras en poussière », etc. Certains ne se le formulent que du bout des lèvres, d'autres, leur vie durant, s'immergent dans cette peu plaisante constatation, la plupart naviguent entre ces extrêmes, mais tous ont la conscience, nette ou diffuse, de leur précarité. D'où le désir, le besoin de se rassurer. D'une part sur le caractère non irrémédiable de la mort par la conception d'une vie future, quelle que soit la forme envisagée, de la métempsychose à la résurrection en passant par toutes les autres. D'autre part sur le déroulement plus ou moins incertain de l'existence, par une programmation de cette dernière aussi rassurante que possible. Autrement dit, pour beaucoup : la carrière.

Normale, cette quête de sécurité explique le comportement de la plupart. Il n'y a que certains individus, pas très normaux il faut le reconnaître, certains farfelus, certains peu respectables, certains poètes, certains aventuriers à ne pas s'y conformer. Et beaucoup, aux yeux des bien-pensants du moins, ratent plus ou moins leur vie. Pour ces mêmes esprits peu amènes, quelques-uns néanmoins la réussissent – au sens de la réussite sociale, celle qui satisfait la vanité. Et pourtant nombreux, parmi ces prétendus ratés, connaissent à vivre hors programmation davantage de joie que n'en ont jamais eu bien des « programmés » prétendument comblés. Tout ceci est question de choix, donc de goûts.

Si j'essaie d'analyser cette alternative, c'est que Laurence Pernoud m'a demandé d'écrire ce livre et qu'elle l'a fait sur la sollicitation de jeunes; que c'est pour aider ceux-ci à bien ouvrir les yeux que je leur raconte ma propre expérience; que, ce faisant, j'espère leur faciliter les choix qui s'offrent à eux afin qu'ils fassent le leur en connaissance aussi claire que possible de cause. Car, quel que puisse être le degré de programmation initial, les choix se succèdent de la naissance à la mort. Au gré du hasard.

Le concept du « hasard » contient ce qui, justement, ne doit rien à aucune programmation. C'est-à-dire tout événement que non seulement l'on n'a pas prévu, mais qui est imprévisible, tout événement indépendant de la volonté de celui qui le rencontre. Lorsque je dis que dans ma vie le hasard a joué un rôle essentiel, j'entends que chacun des virages qui l'ont caractérisée, multiples et très aigus parfois, a été pris lorsque le hasard, et le hasard seul, me proposait un choix. Qu'à cette occasion ma propre décision intervienne, et généralement dans l'instant, est une autre histoire. Mais le hasard, c'est-à-dire la conjoncture imprévisible sur laquelle la volonté n'a pas eu une ombre d'influence, a présidé à chacun de mes changements d'orientation, tout comme pour le skieur qui, en haute montagne, descend une pente qu'il n'a pas reconnue et opère ses virages en fonction des variations de cette pente et des qualités de la neige qui se présente devant ses spatules : son ignorance de ces variations introduit le facteur essentiel du hasard; par contre, ne doit rien au hasard la rapidité de son appréciation de chacune des conjonctures locales qui se succèdent, de l'analyse qu'en font ses yeux et son cerveau et de la décision que, dans l'instant même, il prend.

Ainsi ma décision d'abandonner le rêve maritime qui m'avait bercé depuis que j'étais sorti de l'état larvaire : le hasard avait été personnifié par cet homme d'expérience, le commandant du navire-école, qui avait eu la patience de m'expliquer que mon projet ne correspondait guère aux réalités du XXe siècle. Eût-il été moins soucieux de l'avenir d'un quelconque gamin qu'il voyait pour la première fois – et la dernière –, cet avenir eût été totalement différent. Ainsi de ma reconversion de l'agro à la géologie : le hasard, cette fois, ce fut la guerre. Quoiqu'elle fût prévisible, quoique n'y fût bien évidemment pour rien – et même la souhaitât, paradoxe, le pacifiste affirmé que j'étais, nourri de Barbusse, d'Erich Maria Remarque, d'Aristide Briand et autres rêveurs rousseauistes.

Pacifiste, j'avais été ulcéré par la lâcheté de nos hommes d'État lorsqu'ils avaient capitulé à Munich. Et lorsque, une année plus tard, cette guerre fut enfin déclarée, je n'y fis aucune objection de conscience. Au contraire. Elle fut cependant, comme toute guerre, ignoble. Elle mit fin à des dizaines de millions de vies humaines et elle changea le cours de centaines de millions d'autres, dont la mienne. Mais, pour moi, la chance voulut que ce changement fût bénéfique. Une fois sorti de ce gigantesque brassage guerrier, un jeune homme sérieux aurait repris aussitôt, et si possible, la piste qu'il s'était auparavant tracée ou que l'on avait tracée pour lui. Mais je n'étais pas un jeune homme sérieux. Et les changements qui se présentèrent entre 1939 et 1945 firent que d'Anvers, port d'où, durant cette guerre, avait appareillé à jamais le splendide quatre-mâts barque *L'Avenir*, disparu en haute mer, j'embarquai non pour des terres subarctiques mais pour les régions équatoriales, non comme agronome mais comme ingénieur chargé de prospecter du minerai d'étain et d'en exploiter les gisements. Le hasard m'y avait conduit et rien que le hasard. Si j'y fis correctement ce que j'eus à y faire n'était par contre pas dû au hasard, mais aux gènes dont j'avais hérité et à l'éducation que j'avais reçue.

# 6

La déclaration de guerre de septembre 1939 imposait au pacifiste communiste que j'étais alors des choix qui n'étaient pas faciles. La signature du pacte germano-soviétique m'avait atterré et, n'aurais-je été aussi fondamentalement convaincu que le communisme représentait, seul, l'espoir d'une société de justice, j'aurais condamné, comme tous les démocrates le firent, l'Union soviétique. Si j'avalai cette colossale couleuvre, ce fut parce que l'Urss, à mon esprit abusé et délibérément obtus en la matière, représentait l'espoir fallacieux de « lendemains qui chantent », ces lendemains perpétuels où les hommes ne seraient plus exploités par les hommes, ces lendemains que l'on nous promettait sans cesse, mais toujours pour le lendemain... L'une des excuses qui protégeaient mon absence de sens critique, et de révolte autre qu'intérieure, c'était le répit que le « génial » Staline avait ainsi obtenu, répit qui allait lui permettre de prendre toutes les dispositions voulues pour interdire à Hitler d'envahir la Russie (car, pour l'émigré que j'étais, et quoique communiste, il s'agissait toujours de Russie...). Une autre était la trahison que la France et la Grande-Bretagne avaient commise contre la Tchécoslovaquie : la lâcheté – tellement normale pour des politiciens – de Chamberlain et de Daladier « s'écrasant » devant Hitler à Munich avait largement valu, en termes d'ignominie, le pacte germano-soviétique...

J'avais, à vingt-cinq ans, obtenu la naturalisation belge et lorsque commença cette triste « drôle » de guerre je venais de rejoindre la compagnie école des chasseurs ardennais. L'on y dressait à devenir officiers les jeunes gens qui avaient eu la chance de faire des études. Et il n'était pas question de refuser ce privilège, sauf en devenant objecteur de conscience – ce dont, vu la conjoncture internationale d'une part et de l'autre mon désir d'en découdre avec les nazis, il ne pouvait être question. Je souffrais d'ailleurs toujours du complexe de culpabilité de n'avoir pas rejoint les républicains espagnols. Et je m'engageai, comme volontaire, dans l'armée belge.

Les huit mois qui précédèrent le 10 mai 1940 firent de moi un militaire qui, par ses propos, ses attitudes et son interprétation très personnelle de la discipline, agaçait la plupart des gradés qui nous commandaient et nous instruisaient. Mais j'eus la chance, ô combien précieuse, d'être au contraire apprécié par le patron de cette compagnie école, le lieutenant Hoek (prononcez Houc). J'avais de trois à quatre années de plus que mes compagnons de relative infortune, ma naturalisation ayant reporté mon engagement militaire. C'était à la fois un avantage et un handicap. Handicap parce que, à vingt-cinq ans passés, j'avais le caractère trop marqué déjà pour accepter les aspects infantilisants de la stricte discipline de ce « corps d'élite », et que mon manque de souplesse face à des gradés que je n'estimais pas outre mesure me retombait sur le crâne sous forme de punitions et de vexations diverses. Par contre, me furent fort utiles les années d'alpinisme que j'avais vécues intensément jusqu'à la veille même du matin où je rejoignis mon unité : utiliser en professionnel boussole, carte et altimètre, s'orienter au soleil, aux étoiles, au vent, à la topographie, ce m'était aussi familier que possible, alors que les gradés qui nous enseignaient ces mêmes choses en avaient beaucoup moins l'expérience que le montagnard que j'étais devenu. Certains de nos profs ne le prenaient pas tellement bien, mais ne pouvaient guère, décemment, m'en châtier, cependant que quelques autres, dont le principal, s'en montraient enchantés. Ce qui me facilita fameusement l'existence ! D'autant que je me révélai le meilleur tireur de la compagnie. Je bénéficiais aussi de l'avantage, toujours appréciable dans un groupe d'hommes, d'être costaud et de savoir, le cas échéant, me servir de mes poings mieux que mes camarades.

Dès la « drôle de guerre » déclarée, notre formation fut activée et chacun de nous rejoignit son régiment respectif dans les premiers jours de mai 1940. J'étais affecté au 2e chasseurs ardennais, à Bastogne, grosse bourgade assise au milieu de vastes forêts – hêtres et épicéas surtout – situées à quelques kilomètres à peine de la frontière avec le Luxembourg. Bastogne devait devenir célèbre quatre années plus tard, en décembre 1944, lorsque y fut encerclée et assiégée par la contre-offensive du général von Rundstedt l'unité américaine qui l'avait reconquise, et qui la défendit victorieusement. Héroïquement aussi, parce que ces soldats, commandés par des officiers courageux, ont bien fait leur métier. Victorieusement parce que les chars allemands, qui entre-temps fonçaient vers la Meuse, tombèrent l'un après l'autre en panne d'essence. De ce fait, le siège dut être levé. La

Wehrmacht et la Luftwaffe manquaient d'essence parce que, de l'ouest, les escadres de bombardiers, américaines et anglaises, avaient deux années durant pilonné réservoirs et usines d'essence synthétique ; et qu'à l'est l'avance de l'Armée rouge avait privé le IIIe Reich des champs de pétrole, soviétiques d'abord et roumains ensuite. Comme le disait de Gaulle, « il faut que l'intendance suive », ce que les héros ont tendance à négliger. Voir, entre autres, Napoléon.

Lorsque j'y arrivai en mai 1940 pour prendre le commandement d'un peloton cycliste de quarante-cinq hommes, Bastogne n'était qu'une petite cité discrète, rurale et forestière. Je me suis souvent gaussé, depuis, de nos montures d'alors : des vélos... En 1940, à l'époque des chars d'assaut, des avions de combat, des parachutes et des canons à tir rapide, nous roulions à bicyclette ! Et lesquelles : sans dérailleur pour changer de braquet, et pesant de seize à dix-huit kilos je crois (ma mémoire se souvient que le coureur cycliste que j'avais été une dizaine d'années auparavant trouvait ces engins mal conçus, mal proportionnés et lourds !).

Cinquante années plus tard, je me demande si des troupes cyclistes chevauchant des *moutain-bikes* d'aujourd'hui ne constitueraient pas des unités fort redoutables, beaucoup plus efficaces en diverses circonstances que celles que toutes les armées du monde aujourd'hui transportent mécaniquement. De fait, les troupes cyclistes que nous fûmes ont finalement assez aisément contenu toutes les attaques qui nous furent livrées par la Wehrmacht, ultramotorisée cependant, de surcroît aidée par une Luftwaffe reine absolue de l'air durant toute la campagne de 40 : d'avant l'aube du 10 mai où, à l'est de Bastogne, nous avions bloqué les avant-gardes blindées, jusqu'à l'armistice demandé dix-huit jours plus tard par l'armée belge alors que nous nous trouvions au sud-est de Bruges, nous n'avions pas, au combat, cédé un seul pouce de terrain. Ce pourrait être un début de démonstration de la non-supériorité des troupes transportées sur de modestes et archaïques unités cyclistes.

Nous étions « en couverture » d'armée, c'est-à-dire au contact continuel avec les avant-gardes allemandes et le bataillon auquel j'appartenais eut à livrer une demi-douzaine d'affrontements. Il n'en a perdu aucun. Je ne dis pas que nous les ayons gagnés, car jamais nous n'avons contre-attaqué, ni avancé, ni donc repris du terrain – nos instructions étaient à cet égard formelles et nous ne disposions ni du matériel, ni des effectifs, ni de la logistique indispensables à une contre-attaque –, mais jamais nous n'avons été contraints de reculer : de bout en bout, la Wehrmacht s'est trouvée obligée de contourner le verrou défensif que notre régiment, voire notre division, représentait.

De nos contournements, je n'ai jamais connu le détail (il faut dire que je n'ai pas fait, après la guerre, l'effort de savoir comment s'étaient déroulées la percée de Sedan, la ruée des panzerdivisionens et la progression de la Wehrmacht), mais je sais combien nous avons mal vécu, tout du long, les ordres de repli qui jour après jour nous furent adressés par notre haut commandement. L'avance quotidienne des « Chleuhs », que notre retraite chaque jour facilitait, nous l'avions chaque jour stoppée, chaque jour espérant vainement instructions et ordres pour contre-attaquer. Mais les seules instructions qui nous arrivaient étaient de battre en retraite...

Même les officiers supérieurs se trouvaient dans l'ignorance de la situation générale. Je m'en étais rendu compte lorsque j'eus à assumer deux jours durant le rôle de capitaine de compagnie et à me rendre à l'état-major du bataillon. L'absence d'informations sur l'ensemble stratégique que constituaient l'offensive allemande et la défense alliée ne faisait que correspondre aux stupéfiantes carences du commandement de ces armées alliées, dont personne ne pouvait se rendre compte alors et que personne ne pouvait imaginer, sauf les responsables de la trahison de fait, sinon – peut-être – d'intention, que ces carences signifiaient.

Nous avions fini par savoir que Guderian et ses blindés fonçaient vers la Marne et que cette percée servait d'excuse à la retraite des armées alliées, mais je demeurais persuadé que ce repli n'était que tactique délibérée, piège destiné à attirer ces blindés aussi loin que possible de leurs bases pour, soudain, les en couper par une attaque en tenaille, du nord vers le sud et du sud vers le nord. Je t'en fiche...!

Seul le colonel de Gaulle, comme on l'apprit après la déroute, avait tenté pareille opération – contre l'avis des généraux, Gamelin, Weygand et autres, que l'âge, aggravé par la routine et par les idées préconçues, avait rendus incapables de réagir. Un Weygand, généralissime, un Pétain, maréchal de France, étaient aussi délibérément obtus, refusaient tout autant de voir les choses telles qu'elles étaient depuis que Hitler avait pris le pouvoir en Allemagne, que le jeune sous-lieutenant que j'étais frais émoulu de l'école, et encore communiste, qui niait l'évidence de la mauvaise foi stalinienne. Mais l'aveuglement en pleine guerre des plus hauts responsables de la défense nationale est d'une autre importance que celle d'un obscur militant, officier subalterne. L'aveuglement de ces chefs les a conduits à trahir leur pays pour faire triompher leurs idées politiques.

Ce que l'on sait moins c'est que, dès la première semaine de l'offensive allemande, le 17 mai, Pétain, ambassadeur de France à Madrid, avait dit au général Franco, dictateur de l'Espagne : « Mon pays a été battu et ils me demandent de revenir pour faire la paix et signer l'armistice... C'est le travail de trente années de marxisme. Ils me rappellent pour prendre soin de la nation [1]. » Quant à Weygand, il déclara, après la déroute : « Je n'ai pas eu les Boches, mais j'ai eu le régime. »

Le complexe des émigrés de Coblence – qui contribuèrent à l'alliance montée contre la jeune République, première du nom – animait certains des plus hauts responsables de la défense nationale de la Troisième face aux armées nazies : « avoir le régime » était à leurs yeux plus important que préserver la France de la déroute et de l'occupation.

Depuis mai 1940, l'expérience m'a montré que les hauts personnages, qu'ils soient militaires ou civils, sont loin d'avoir toujours les qualités que leur situation élevée suppose. Les généraux pas plus que les ministres ne sont à l'abri ni des erreurs d'interprétation, ni des prises de décision regrettables, ni de la myopie, ni du manque de courage, et l'autorité qui leur est conférée n'est, parfois, guère justifiée. Au grand dam des citoyens. Et de la nation.

Les erreurs du haut commandement allié lors de la campagne désastreuse de 1940 ont trouvé leur pendant dans l'erreur stratégique monumentale de Hitler et des siens lorsqu'ils lancèrent leurs armées dans les immensités de la Russie. La stupidité ou la lâcheté qui ont caractérisé trop de décisions politiques,

1. Citées par William L. Shirer dans *La Chute de la Troisième République*, ces paroles ont été rapportées par le général Pierre Héring dans sa *Vie exemplaire de Philippe Pétain*.

économiques ou militaires au long de ce siècle ainsi qu'au long des siècles passés, montrent que les princes qui gouvernent, quel que soit le processus qui les a amenés au pouvoir, ne possèdent que trop rarement les qualités requises. Avant tout, le courage. Le courage de dire des vérités déplaisantes et le courage de faire ce qu'il convient de faire. Celui, aussi, de tenir ses promesses. Un Churchill, un de Gaulle, un Mendès France, un Juan Carlos, un Gorbatchev sont, hélas, de trop rares exceptions.

La courte campagne de mai 1940, je l'ai, si l'on peut dire, plutôt bien vécue et plutôt convenablement conduite. Ce qui peut sembler paradoxal pour un pacifiste aussi convaincu que moi. Mais j'avais délibérément mis ce pacifisme sous le boisseau. A cause d'une part de mon engagement antinazi; d'autre part, du goût très marqué que j'avais (que j'ai toujours) pour la compétition sportive, c'est-à-dire pour l'excitation intellectuelle qu'éveille tout défi, tout challenge comme on dit en jargon des stades, et ce goût m'incitait d'autant plus à relever ce défi que celui-ci était d'envergure. Entre un match et une bataille, l'un comme l'autre appelés rencontre, la différence ne tient que dans le niveau de l'objectif : dans le sport, marquer des points, inscrire des buts ou, extrême des extrêmes, gagner par KO; dans la guerre, anéantir. Troisième motivation : j'aime faire aussi bien que possible ce que j'ai à faire. Malgré tout le respect que je porte au courage qui est le leur, je ne faisais pas partie des objecteurs de conscience et j'avais accepté l'état militaire. Dès lors, je me devais de faire la guerre correctement. Ce qui, je m'en aperçus quand nous fûmes confrontés à ses horreurs, me fut d'une aide immense. Parce que la stupidité et les abominations de la guerre sont à tel point révoltantes que pour n'en pas souffrir inutilement il faut se protéger l'âme. Le blindage dont je m'étais enveloppé l'esprit, c'était de prendre cette monstruosité comme si elle n'était qu'un jeu. Quelque grand jeu de boy-scouts attardés.

Ce fut d'une étrange efficacité. Une efficacité qui permet de voir à côté de soi, homme torche sur le bord de la route, un motocycliste brûler vif et ne pas vomir, ne pas penser à sa mère à lui, à sa bien-aimée... Qui vous permet de vous précipiter, en vain bien sûr, pour chercher à sauver un de vos camarades dont la calotte crânienne vient d'être tranchée par un large éclat d'obus, et aussitôt après de retourner au combat, encore une fois sans réfléchir à tout ce que cette mort signifie de désespoirs. Qui vous permet de froidement viser, et puisque vous êtes un « tireur d'élite », de tuer un ennemi qui rampe vers le couvert. Qui vous permet de supporter la souffrance des autres. Tout comme, d'ailleurs, la vôtre propre.

L'une des raisons qui m'avaient fait prendre la guerre sinon avec plaisir, du moins sans déplaisir, était le goût que j'avais pour le risque. Lequel, pour les gens qui le possèdent, est pareil dans la vie à ce qu'est le piment dans la nourriture : il donne un goût fort à ce qui pourrait sembler fade. Les rêves d'enfant qui me transportaient vers les pôles avaient pour motivation au moins autant les dangers que ces régions représentaient alors que les difficultés qu'elles opposent à ceux qui les affrontent : la récompense tenait bien plus de ces risques esquivés que des découvertes éventuelles qui mobilisent les explorateurs.

Ces dangers je ne les avais jamais, bien sûr, vécus que dans l'imaginaire mais, dès l'âge de dix-huit ans j'avais choisi deux activités d'ordre sportif auxquelles je consacrai dès lors beaucoup trop de mon temps (du moins selon l'avis de la plupart de mes profs et celui de mes parents) : la boxe, donc, et l'alpinisme dont la caractéristique commune est le risque physique que, par choix délibéré, l'on se plaît à prendre. Un combat d'où le risque d'un « coup dur », voire d'un KO, serait exclu ne serait plus qu'un simulacre dénué de sel, de même que perdrait de son charme une ascension où l'on n'aurait pas à franchir au moins un passage à la limite de ses moyens physiques et de son habileté. Non que l'on ne prenne plaisir à une belle balade en montagne, ne serait-ce que pour la joie sans cesse recommencée de se soûler les yeux de ses splendeurs. Non qu'il ne soit pas plaisant de croiser de gros gants de douze onces, casque de protection abritant arcades et mâchoire. Mais ce n'est alors qu'aimable exercice du corps où fait défaut ce qui pour nous est essentiel : le risque.

Ce goût avait joué un rôle certain dans l'attitude qui fut la mienne dès l'aube du 10 mai 1940 et qui me permit de passer sans guère m'en soucier au travers de quelques-uns des dangers que le métier de guerrier suppose. Sans m'en soucier, donc sans guère éprouver de craintes. Ou, lorsque crainte il y avait, elle était de l'ordre de celles que me donnaient telle pente avalancheuse à traverser, ou tel passage en surplomb à escalader, ou tel adversaire au punch redoutable. C'est-à-dire vigilance maximale, attention exacerbée, préparations intellectuelle et physique, suffisantes pour jouer le jeu aussi bien que possible.

Je n'ai pas eu peur lorsque les stukas piquaient sur nous en hurlant, ni lorsqu'on me cherchait à la mitrailleuse lourde tandis que je courais à quatre pattes (deux paumes et deux genoux) dans un champ de blé de deux pieds de haut en direction du somptueux disque rouge du soleil couchant, ni lorsque des obus nous tombaient dessus, ajustés avec une précision qui me stupéfia – jusqu'au moment où nous aperçûmes, derrière nos lignes, des éclairs lumineux dans l'embrasure supérieure du clocher du village et y fîmes prisonniers deux jeunes Allemands souriants : depuis une quinzaine d'heures ils réglaient, à l'alphabet morse, le tir des canons d'en face...

L'une des rares peurs paniques de ma vie, je l'ai vécue par une matinée sereine, ensoleillée, paisible, de cette fin de l'un des plus beaux mois de mai que j'aie connus. Ni canons, ni avions, ni même tirs lointains de fusils ou de mitrailleuses. Un soleil chaud sur le visage, une campagne fertile et riche, bruissant des blés sous la brise, bruissant d'oiseaux et d'insectes.

J'avais disposé mes gars sur le terrain que l'état-major m'avait chargé de défendre. Ils avaient creusé les trous, profonds d'un mètre et demi, dans lesquels ils étaient maintenant nichés, attendant l'attaque ennemie. Attendant Godot. J'avais fait et refait le tour des positions. La cuisine roulante nous avait ravitaillés. Assis jambes pendantes dans leur « trou d'homme », les gars laissaient couler le temps. Une paix adorable. En pleine guerre.

Je marchais le long d'un chemin pavé qui traversait les vastes champs de la plaine flamande. Ce chemin était bordé par un large fossé de drainage. Le calme était total. Civilisée et douce, la nature semblait sourire. Il y avait des siècles – en fait moins de trois semaines – que je n'avais connu sérénité pareille. Et tout à coup, sans que rien, rigoureusement rien d'extérieur ne la provoque, une peur colossale m'envahit. Tout entier, âme, esprit, ventre. Une peur aussi irraisonnée que certaines paniques de la petite enfance.

Sans réfléchir, je me suis jeté à plat ventre dans le fossé, visage enfoui dans les avant-bras repliés. Quelques instants plus tard, craintivement j'ai levé la tête et ai aperçu un peu plus loin le trou noir et rond d'une large buse de béton servant de pont à un chemin de traverse. Je me mis à ramper vers cette gueule béante et sombre pour m'y réfugier. Mais, les épaules n'y pouvant pénétrer, je demeurai finalement coincé à l'entrée, immobile, terrorisé, la tête dans ce tuyau, le corps collé au sol dans lequel j'aurais voulu m'enfoncer, m'immerger comme dans un fluide qui m'aurait dissimulé.

Cette peur viscérale s'évanouit comme elle était venue quelques minutes plus tard. Combien de minutes, je ne sais, mais qui me furent une éternité. Je n'avais jamais connu cela depuis ma petite enfance. J'avais vingt-six ans, j'en ai soixante-seize et n'ai plus rien ressenti de semblable depuis. Pourtant, souvent, j'ai cru que c'en était fini, et ressenti, fatalement, une certaine émotion, chaque fois différente, mais jamais la peur, jamais la panique. Celle-ci, irraisonnée parce que sans raison, surgit peut-être en cette fin du mois de mai 1940 de la suppression des tensions, extrêmes, que je subissais depuis tant de jours et, paradoxe, du calme miraculeux de cette matinée de printemps idéale...

Le lendemain je fus blessé au côté par un éclat d'obus. Au terme de quelques péripéties, de quelques semaines d'hôpital et de quelques jours dans un camp de prisonniers en transit vers l'Allemagne, je me retrouvai en civil, militaire non démobilisé. Cette illégalité devait se prolonger plus de quatre années, durée de la guerre désormais lancée sur ses rails fous. Personne, pas moi en tout cas, n'imaginait qu'elle allait se poursuivre.

# 7

Je n'avais pas entendu l'appel du général de Gaulle car j'étais, le 18 juin 1940, soigné dans un hôpital militaire d'Anvers où, à cause des sentinelles de la Wehrmacht qui en contrôlaient les issues, l'on n'écoutait pas la radio de Londres. Ce ne fut qu'au camp qu'un collègue prisonnier me raconta les grandes lignes de ce discours. Je dois reconnaître que si je me suis réjouis d'apprendre que les rescapés de l'armée française qui avaient réussi à gagner l'Angleterre en passant par Dunkerque, continuaient derrière de Gaulle la guerre contre les nazis, je n'accordai alors à cette nouvelle guère d'importance stratégique.

Mon estime en effet était tombée à peu de chose pour la valeur d'une armée que ses chefs – politiques comme militaires – avaient maintenue huit mois durant dans un état de stagnation qui ne pouvait qu'émousser son efficacité. Ces chefs, au cours de ces huit mois, n'avaient fait montre d'aucune initiative dans la conduite de la guerre et pour finir se laissèrent surprendre, candidement pour les uns, sans candeur aucune pour quelques autres, par l'offensive allemande. Ces chefs capitulèrent tristement après avoir regardé une colonne blindée éviter la prétendument infranchissable ligne Maginot, interrompue au sud de Sedan, et laissé l'ennemi traverser la France en trois semaines. Me semblait dès lors d'importance mineure le fait qu'un général français eût déclaré qu'il poursuivait la guerre. Il fallait autre chose pour la gagner. Car, malgré notre déroute à nous, je n'imaginais pas qu'elle ne serait pas finalement gagnée.

J'étais à la fois ulcéré par la défaite et, d'une certaine façon, plutôt indifférent. Ulcéré un peu en tant que sportif, plus habitué à gagner les compétitions, pour modestes qu'elles fussent, qu'à les perdre, mais ulcéré surtout par la victoire des nazis. Ils représentaient pour moi le mal absolu. Ils le représentent d'ailleurs toujours, quelle que soit leur appellation, quelles que soient la nation, la race, la religion, la philosophie à laquelle ils appartiennent.

J'avais vingt-six ans, j'étais plein d'illusions encore (cinquante années plus tard, il m'en demeure trop...), mais j'avais quand même acquis une maturité minimale. Le militantisme politique d'abord, les cours de stratégie élémentaire reçus à l'école d'officiers de réserve ensuite, sans parler des discussions que nous avions eues à l'infini, au long de cette attristante décennie des années 30 qui nous offrit pas mal de sujets de réflexion – l'incendie du Reichstag, la prise du pouvoir par Hitler, février 1934 à Paris, la guerre fasciste en Éthiopie, la guerre japonaise en Chine, la guerre fasciste-nazie en Espagne, l'Anschluss, Munich... Qu'allait devenir notre univers, à présent que les nazis occupaient les démocraties d'Europe occidentale? Excellente question, comme on dit aujourd'hui, surtout lorsqu'on se propose de répondre à côté, pratique usuelle des politiciens madrés.

Les Allemands n'avaient pas pu traverser la

Manche dans la foulée de l'armée anglaise en retraite. Cela mettait dans mes pensées le brin d'espoir qu'ils ne pourraient jamais envahir l'Angleterre et que, dès lors, celle-ci ne capitulerait pas. J'avais confiance en Churchill. Pour diverses raisons, mais surtout parce qu'au lieu de promettre des « lendemains qui chantent » il avait prédit du sang et des larmes. Ce brin d'espoir dans la Grande-Bretagne, je le cultivais avec tant de ferveur qu'en peu de jours, rendu à une vie civile cependant tout à fait déboussolée, j'étais convaincu que l'Allemagne perdrait la guerre. Exemple de l'attristante naïveté dont peut faire preuve un soi-disant intellectuel, politiquement engagé, breveté d'une école d'officiers, de surcroît sorti d'une « grande école », comme on dit...

Car si l'Allemagne en effet devait être finalement vaincue, rien, mais vraiment rien en juillet 1940 ne permettait de le prévoir. Ma certitude n'était qu'un acte de foi. C'est-à-dire entièrement irrationnelle. Et si cette foi aveugle (comme l'est par essence toute foi) se vit vérifiée par les faits, ce fut affaire de hasard. Le hasard, autrement dit des événements en principe imprévisibles, en tout cas imprévus. En l'occurrence, ils se succédèrent d'une façon aussi imprévue que ceux dont Gorbatchev a permis l'éclosion à partir de l'an 1985 et qui, moins d'une demi-douzaine d'années plus tard, sont toujours en train de transformer le monde. Quel que soit, en fin de compte, le bilan...

Ce fut tout d'abord la tentative de Hitler, stratégiquement stupide, d'envahir l'Angleterre. Elle fut sa première défaite et représenta pour le moral de son armée un désastre, donc un affaiblissement grave de son potentiel offensif. Ce fut ensuite une deuxième erreur stratégique de Hitler : l'invasion de l'immense

Russie, preuve éclatante que le titre dont on se pare – roi, président, Führer, duce, ministre, professeur, chef d'institut scientifique ou chef de bureau – n'est pas automatiquement synonyme de compétence, voire parfois d'intelligence. (N'oubliez jamais cela, jeunes qui d'aventure me lisez, et ayez l'œil critique sur le grade de toutes les Excellences.) Le troisième événement difficilement prévisible, et ceci est une litote, ce fut Pearl Harbor et tout ce qu'il engendra.

A ce propos encore, les insuffisances des « décideurs » furent aussi criantes que celles que tous les jours l'on constate tant dans la vie politique courante que dans la vie quotidienne tout court : décider, comme le firent les dirigeants nippons, d'attaquer la plus grande puissance industrielle et militaire parce que l'on s'imaginait invincible (malgré les revers subis en Chine) ressortissait d'un manque de sérieux analytique digne de Hitler et de ses courtisans ; imaginer que l'on pourrait débarquer un jour sur le territoire américain – car il n'est pas de victoire militaire sans occupation du terrain – alors que la toute-puissante Wehrmacht aidée de la Kriegsmarine et de la Luftwaffe n'avait pu franchir le modeste détroit de la Manche, ressortissait de la présomption, donc de l'inintelligence ; compter sur une victoire en Russie des armées allemandes, choquées par le revers que leur avait infligé Churchill, alors qu'en 1812 la Grande Armée, jusque-là victorieuse sur à peu près tous les fronts, était allée s'y casser les reins, c'était faire preuve d'infantilisme stratégique...

Quoi qu'il en fût, j'avais dans la cervelle le grain d'espoir semé par Churchill et cela suffit à me maintenir à flot. En attendant de voir ce qu'il y aurait moyen de faire pour participer de nouveau à cette guerre, décidément différente de toutes celles qui l'avaient précédée, de celle de Troie à celle d'Espagne en passant par celles d'Alexandre, Hannibal, César, celle de Cent Ans, celle de Trente ans, celles d'Attila, de Gengis Khan, de Tamerlan, de Frédéric II, de Napoléon et celle de 1914-1918 – entre autres –, je me préoccupai d'abord de ceux que j'aimais : ma mère, son époux qui m'était plus qu'un père, et la jeune fille que j'avais rencontrée au pied du mont Blanc en août 1939 et à laquelle un mois plus tard, lorsque les génies qui nous gouvernaient déclarèrent la « drôle de guerre » à l'Allemagne, j'écrivis pour lui demander de m'épouser. Elle s'appelait France et nous nous sommes mariés. Mais dix-huit années plus tard seulement...

Ma mère, qui était aussi peintre, avait été surprise par le déclenchement de la vraie guerre alors qu'elle était à peindre une fois de plus son très aimé cap Canaille à Cassis, alors village authentique encore. En juillet 1940 traverser entièrement la France n'était pas simple, mais je n'étais pas manchot. France et sa famille avaient quitté Paris juste avant que les Allemands n'y entrent et je finis par la retrouver dans la campagne limousine, où du même coup je retrouvai ma mère, dont je ne savais plus rien mais qui, elle aussi, avait réussi à localiser ma belle fiancée dans l'incroyable gâchis, dans le tohu-bohu qu'était devenu le pays tout entier. Vous le savez, il était théoriquement coupé en deux, une moitié occupée par les Allemands, armée et nazis mélangés, et l'autre moitié non occupée, dite « zone non-o », sur laquelle régnait Pétain, fondé de pouvoir français de Hitler. Nous ne faisions guère de différence entre ces deux zones et la suite montra que nous avions raison.

La future belle-mère de France avait vraiment beaucoup de caractère et le futur beau-père du fiancé de France tout autant. L'un comme l'autre étaient jaloux de leur progéniture et, comme ils nous avaient élevés d'une façon telle que, d'une part, leur autorité ne pouvait guère être défiée, d'autre part, nous ne voulions leur causer aucune peine, notre mariage se trouva reporté d'une quinzaine d'années. Nous en avons souffert tous les six, les deux paires de parents comme les deux enfants.

Malgré mon quart de siècle d'âge, j'obéis donc à ma mère et la ramenai à Bruxelles. Nous fîmes le voyage dans un train de marchandises. Sur notre wagon était inscrit « Chevaux en long 8, hommes 40. » Nous n'étions pas quarante, heureusement, et il n'y avait guère que des femmes, rapatriées vers la Belgique d'où l'offensive allemande les avait chassées. Le voyage dura trois longues journées. Donc trois nuits. Le jour nous regardions par le portail grand ouvert défiler le paysage, les blés non moissonnés, les bois, les campagnes grillées de soleil, des villages, des cités, tantôt indemnes, tantôt en ruine. La nuit, nous dormions, fort bien en ce qui me concernait, sur la paille dont était jonché le plancher du wagon.

J'étais sûr que devaient peu à peu s'organiser des actions antiallemandes. Dès mon retour à Bruxelles, fin août 1940, je cherchai à retrouver des amis, des camarades qui, pensais-je, avaient dû amorcer quelque chose en ce sens. Un « quelque chose » que je n'imaginais guère que sous la forme d'actions ponctuelles, menées par des partisans prenant la fuite aussitôt le coup de main effectué. Harcèlement diffus, menace perpétuelle pesant sur le moral de l'occupant. Un occupant, ce n'est jamais qu'un troufion comme vous et moi, qui non seulement connaît à coup sûr la crainte mais aussi, voire davantage, la nostalgie de celle qu'il aime, de son bled à lui où non seulement il n'est pas dépaysé mais où l'on parle une langue compréhensible, la sienne...

Je me disais cela pour me remonter le mien, de moral. Car plus je cherchais et moins je trouvais. A croire que tout le monde avait accepté le fait accompli. Vaincus nous avions été, vaincus nous restions. Accepter, subir les ordres d'un occupant, jugé d'ailleurs incroyablement plus sympathique que le souvenir de l'occupation de 1914-1918 ne le laissait espérer. « Ils sont corrects, ils sont gentils avec les gosses » était une opinion très répandue alors. Mais en moi, cela ne passait pas, hélas, et je ne digérais pas mieux l'affront que nous avions essuyé en ce printemps 1940 que je n'avais digéré celui que m'avait infligé mon futur copain Trofimoff et qui m'avait amené à devenir boxeur.

La première contribution qu'enfin je pus apporter à ce que plus tard on appela la Résistance, je la dus à mon patron et néanmoins ami, le professeur Mayné. Il me demanda en effet de m'occuper d'un groupe de jeunes Juifs que l'on cherchait à mettre à l'abri des déportations qui semblaient, malgré la correction et la gentillesse des occupants, devenir imminentes. L'idée des responsables de la communauté israélite était de louer quelque bâtiment perdu dans quelque campagne et d'en faire une sorte d'école d'agriculture dont les élèves seraient ces jeunes citadins. J'acceptai sur-le-champ, bien sûr, tant pour agir contre les nazis que pour essayer de sauver ceux que, depuis plus de sept années déjà, en Allemagne et en Autriche, ils cherchaient à éliminer.

Notre « institut », ce fut un château début du

siècle, du nom de « La Ramée ». Il se trouvait niché dans un parc et de grands arbres le dissimulaient aux très rares passants qui empruntaient la petite route pavée allant de Jodoigne, bourgade agricole voisine, à un village dont j'ai oublié le nom. Guerre terminée semblait-il à l'ouest, calme militaire général, occupants n'ayant guère de soucis majeurs avec les occupés, cette demeure discrète promettait à ce moment-là une sécurité suffisante. Et elle tint sa promesse.

Nous emménageâmes en fin d'automne et j'organisai aussitôt le pseudo-enseignement agricole en mettant tout le monde à bêcher les quelques ares de terre arable dont nous disposions afin d'y planter dès le pré-printemps de quoi nous nourrir. Car le problème primordial, après celui de la discrétion vis-à-vis des autorités d'occupation, c'était de ne pas mourir de faim, ces occupants si corrects ayant déjà vidé ce pays en expédiant outre-Rhin la presque totalité de ce qu'ils ne consommaient pas sur place, si bien que la disette s'était installée. Et je me demandais comment, avec le peu d'argent que la communauté israélite nous allouait, j'arriverais à nourrir ma vingtaine de jeunes...

D'une lettre que j'avais écrite à ma mère en novembre 1940 et qu'elle avait bien sûr conservée, j'extrais ces quelques lignes :

« Brodsky [c'était le responsable de la communauté juive de Belgique] est venu aujourd'hui avec un début de crédits (sic) : 15 000 francs. C'est toujours ça et il espère atteindre avant peu mon minimum sine qua non de 60 000. Je lui fais acheter à Bruxelles 2 tonnes de choux, profitant de leur bas prix et, s'il en trouve, 1 ou 2 tonnes de carottes. Ici, avec le solde de 5 000 francs qui me reste, je cherche 200 à 250 kilos de froment. Le travail avance, mais il y a beaucoup à faire à la fois. Trois hommes sont occupés, toute la journée, à nettoyer les betteraves, base de notre alimentation, un homme aide à la cuisine, un en moyenne est plus ou moins hors service pour mal de ventre ou de tête, un fait des courses, ce qui n'en laisse qu'une demi-douzaine pour le travail agricole. Comme dans celui-ci intervient actuellement le ramassage des châtaignes, le " vrai " travail, labour et fabrication du compost, en pâtit quelque peu. Mais la bonne volonté est évidente. Évidemment, certains sont plus fainéants et d'autres plus travailleurs, mais j'espère que le plan sera rempli. Quand j'en ai le temps, je travaille avec eux, soit aux châtaignes, soit au compost, soit au bois (ah! j'oubliais qu'il y a toujours deux gars à couper et débiter le bois de chauffage) et alors le boulot avance. Je me suis découvert des capacités de travail insoupçonnées! Qui l'eût cru? Malheureusement, je ne puis être partout à la fois...

« L'un des garçons, Broer de son surnom, marié et anversois, est petit, maigre, vif, bricoleur, luron, fort travailleur. Un autre, Max Ochotnicki, est polonais, vingt-cinq ans, ex-ouvrier diamantaire. Il est bon, lui aussi. Les autres, tout bons garçons qu'ils sont, ont tendance à la paresse. Ah non! J'oubliais Izrak Glogowski, polonais, dix-neuf ans, le plus cultivé et très " eager ". Les plus enthousiastes et les plus travailleurs sont les sionistes qui, tous, ont pour idéal d'aller fonder une véritable nation juive.

« Les femmes, comme toujours, sont celles qui travaillent le plus! Pauline Ochotnicka est la cuisinière attitrée, Jeanne Berchovicz et Sarah Landau s'occupent du linge et de l'entretien de la maison.

Elles ont un fameux turbin pour maintenir la propreté dans une maisonnée de dix ouvriers agricoles... »

Des vivres, il en restait certains, et même beaucoup parfois, mais le marché noir s'était développé aussi rapidement que l'exportation de la nourriture. Et je ne disposais pas de l'argent nécessaire pour affronter ce très patriotique type de négoce. Le ravitaillement officiel non seulement ne procurait déjà que du pain à peine comestible, un chouia de margarine, un autre chouia de sucre – je songeais avec nostalgie aux automnes passés, où je travaillais comme ingénieur dans une sucrerie, douze heures par jour durant les deux mois de la campagne sucrière : nous vivions là au milieu de « montagnes » de sucre –, quelques pommes de terre, quelques carottes et un semblant de viande. Comme j'avais un appétit peu ordinaire, je me trouvais fort en manque. Et mes « élèves » également.

Le plus jeune avait dans les quatorze ans, les plus vieux étaient de mon âge. Les garçons comme les filles étaient sympathiques. Les gens le sont d'autant plus qu'ils se trouvent dans une situation moins confortable. Les enfants gâtés, les plus odieux bipèdes que je connaisse même lorsqu'ils sont devenus adultes, n'existent pas chez les déshérités, ceux qui vraiment ne possèdent rien. Au cours des quelques mois que dura cet épisode, je n'eus qu'une seule occasion d'impatiente colère. Ce fut le jour où, parmi bien des efforts de nature diverse, je poussai durant quatre heures le vieux vélo sur lequel j'avais arrimé le demi-cochon que j'avais fini par pouvoir acheter dans une ferme à quinze kilomètres de chez nous. Et ce fut long, long, non seulement parce que c'est dur de pousser une centaine de kilos sur des pavés ronds, mais aussi parce que ces heures semblent plus interminables encore lorsqu'on se sent menacé d'un quelconque contrôle par une quelconque autorité, en uniforme ou en civil, occupante ou collaborant avec l'occupant. Ce fut donc ce jour-là où, parvenu au havre et plein de joie à l'idée de la fête que tant de viande savoureuse allait engendrer chez mes jeunes affamés, je me heurtai au refus, hautain jusqu'à en être insultant, de deux des garçons et de l'une des filles : manger du porc, jamais!

C'était mon premier contact avec l'intégrisme religieux. J'en connaissais l'existence par ce que j'avais eu l'occasion d'en lire, mais n'avais pas encore buté contre le front bovin, épais, stupide, du refus de réfléchir : j'ai oublié la durée, cette fois-là, de mes tentatives répétées pour faire comprendre à ces cerveaux, que je savais par ailleurs intelligents mais qui étaient, en l'occurrence, délibérément obtus, que l'interdiction de consommer du cochon avait sans doute eu des raisons sérieuses, d'ordre prophylactique entre autres, dans les temps et dans les régions bibliques, mais n'en avait vraiment plus de nos jours et en climat tempéré, et aussi que la sous-alimentation, à leur âge, pouvait avoir des conséquences graves et irréversibles. Rien n'y fit.

Au fil de ma vie mon allergie aux intégristes ne fit que croître, que leur intégrisme soit religieux ou politique, voire scientifique. L'intégrisme constitue une nuisance grave. Jadis j'avais tendance à le considérer comme un avatar extrême du conformisme, contre-qualité des plus répandues. A y mieux réfléchir, j'en arrive cependant à croire que ce vice majeur peut appartenir parfois à des caractères forts et, de ce fait, dignes d'estime, alors que le conformisme ne mérite guère que le mépris. Malraux parlait du « temps du mépris ». Ce temps, hélas, s'éternise...

Nous avons passé dans notre « château » de La Ramée un hiver très rude. Dur à cause de la faim et du froid rigoureux. Nous n'avions que du bois mort pour faire bouillir l'eau de nos soupes maigres et de notre ersatz de café, mais pas de quoi chauffer vraiment cette vaste demeure glaciale. Quant à la nourriture, à l'exception du porc succulent dont nous nous étions quinze jours durant régalé (tous sauf nos trois intégristes), nous n'avons pas mangé de viande du tout. Ni de beurre. Ni d'huile. Ni, ni...

Le gel fut tel cet hiver-là que nous ne réussîmes pas à retourner la terre. Lorsque enfin, en mars, le sol perdit sa dureté de roc, nous plantâmes le peu de pommes de terre dont nous disposions. Pour en obtenir un rendement maximal, nous avions coupé chaque tubercule en autant de morceaux qu'il présentait d'yeux. Quelques jours plus tard à peine, je reçus la visite de M. Brodsky, le directeur de l'organisme israélite dont nous relevions. Il venait nous dire, donnant à chacun de mes « élèves » une adresse où se rendre, de nous disperser au plus vite car sa crainte d'un coup de filet de l'occupant sur notre phalanstère venait de se préciser soudain, les informations qui lui étaient parvenues étant inquiétantes.

# 8

Plusieurs mois de persévérance me furent nécessaires pour trouver le contact avec ceux qui « travaillaient ». Les mots « résistance » et « résister », je ne les entendis utiliser que beaucoup plus tard. Les gens avec lesquels ce sujet pouvait être évoqué utilisaient le terme « travail ».

Parler de ce travail était quelque peu délicat et de retrouver des camarades susceptibles d'y être engagés n'était pas tellement simple. Les quelques-uns que je connaissais, ou bien n'habitaient plus à leur adresse d'avant-guerre, ou bien ignoraient – tout comme moi – comment et par qui rejoindre une filière. Ou ils me disaient l'ignorer : j'appris par la suite que le principe de base, fondamental, de la sécurité minimale du clandestin était de ne rien confier à personne à ce sujet, même à la femme qu'il aime, même à sa mère. Trop des nôtres sont morts, durant ces longues années, pour n'avoir pas scrupuleusement respecté cette précaution. Et parmi eux Léon Laisné, le gars qui, sans barguigner, m'introduisit dans la filière.

Laisné avait été l'un de mes meilleurs copains au lycée. Il était râblé, solide de corps et d'esprit, à la fois beaucoup plus mûr qu'aucun de nous et beaucoup plus joyeux. Cette force de la nature avait le type espagnol, cheveux aile de corbeau comme on dit, mèche très noire retombant sans cesse sur son épais sourcil de jais, teint mat, prunelles sombres, luisantes, brillantes, toujours quelque peu goguenardes. Durant nos six années de classe, il nous avait tous et toujours intellectuellement surpassés. Physiquement aussi, d'ailleurs, puisque, en une époque où cela semblait – et même était – impensable, il avait, dès ses quinze ans, une petite amie attitrée. La plupart des garçons de cet âge étaient puceaux et plus ou moins complexés. Lui, vraiment pas!

Laisné était un militant communiste vigoureux qu'aucun contradicteur ne pouvait mater. Une fois le lycée terminé, nous ne nous étions plus vus souvent car il était entré à l'École des mines à Bruxelles, alors que j'étudiais l'agro à Gembloux. Mais nous nous aimions bien, à cause de nos différences au moins autant qu'à cause de nos convictions politiques communes, et avions toujours eu plaisir à nous retrouver. Il y avait plus de deux ans que cela ne nous était pas arrivé lorsque nous butâmes quasiment l'un contre l'autre dans l'une des rues très passantes de la ville.

« Cacahuète! Comment tu vas? »

Il m'avait baptisé Cacahuète dès notre première rencontre, en sixième, près de vingt ans auparavant. Car Haroun, c'est Haroun al-Rachid et arachide, c'est cacahuète! Avec Laisné, pas trace de ce qu'on a depuis lors appelé la langue de bois. Cinq minutes ne s'étaient pas écoulées qu'il me disait que, dès que je recevrais, par la poste ou autrement, un mot me donnant rendez-vous, celui-ci ne se tiendrait pas du tout à l'endroit qui m'y serait indiqué mais à Seraing, à l'angle de telle et de telle rue. « Retiens ça dans ta petite tête et ne l'écris nulle part. Et ne le dis à personne. »

Seraing est sur la Meuse une grosse bourgade industrielle de la grande banlieue de Liège. Quelques jours plus tard, je reçus une lettre d'un soi-disant collègue me fixant, ailleurs, la date et l'heure réelles de la rencontre. Et je me rendis donc à Seraing, ce qui prenait alors plusieurs heures – les trains étant ce qu'ils étaient, c'est-à-dire ni rapides, ni fréquents, ni exacts, ce qui gêne les correspondances. La nuit était tombée lorsque je sortis de la gare et que je me fis indiquer l'adresse convenue. C'était vers les hauts de la ville, à une demi-heure de marche. Les rues étaient quasi désertes. Les corons de brique noircis par la poussière de ce pays minier, par les fumées du charbon qui brûlait alors dans tous les foyers, par celles des hauts-fourneaux et des laminoirs, composaient un univers triste dans la lueur des lampadaires au gaz dont les vitres étaient badigeonnées de bleu pour échapper à l'œil des éventuels avions de la RAF.

Je passai une heure au carrefour à attendre quelqu'un que je ne connaissais pas et qui ne vint pas. Je n'étais guère colérique encore et seul m'envahissait une sorte de non espoir, désespérant comme ces murs de brique sale, ces becs de gaz, cette solitude pauvre au milieu de laquelle j'errais, quelques pas d'un côté, quelques-uns de l'autre... Je finis par renoncer et je redescendis à la gare, y passai la nuit étendu sur une banquette de bois, et enfin repris le train. Ou plutôt les trains successifs car, à l'époque, il fallait en changer bien plus souvent qu'aujourd'hui. Rentré à Bruxelles, il me fallut retrouver Léon Laisné et attendre un nouveau rendez-vous...

J'y trouvai cette fois-là, m'y attendant, le camarade idoine. Un peu plus jeune que moi, un large sourire de sympathie et de franchise, une poignée de main ferme. Plaisant. Il s'appelait Jean Hansen et étudiait la médecine. Troisième année. Il commandait la section Liège-Seraing de l'armée belge des Partisans, ou Partisans armés du Front de l'indépendance. C'était la première fois que j'entendais ces appellations et ces sigles, P.A., F.I... Il me dit que l'organisation était communiste mais que les non-communistes y étaient assez nombreux. « Nombreux, entendons-nous ! Nous sommes une quinzaine pour toute la section et ils ne sont guère plus aux P.A. de la section Ardennes. Remarque, continua-t-il, ça ne commence à bien fonctionner que maintenant, car au début, c'était pas facile : faut tellement se méfier, faut tellement être prudent... »

C'était ce souci de prudence qui m'avait valu le déplaisant rendez-vous « manqué » précédant celui-ci : manqué, il l'avait été délibérément. D'une part pour m'observer, ce que Jean Hansen avait soigneusement fait, et très discrètement, de la fenêtre d'une maison amie, d'autre part pour juger un peu ma patience et la solidité de mon souhait de « travailler »... J'étais un peu vexé d'avoir été joué et même soupçonné. Mais je ne pouvais qu'être d'accord avec cette procédure.

L'une des premières recommandations que d'ailleurs Jean Hansen me fit fut de me méfier : « De tout le monde et de tout, ne parle à personne de *rien* qui concerne le " travail ", ni à ta mère, ni à ta femme, à fortiori à ton meilleur ami, ni à un copain : si toi-même ne parviens pas à tenir ta langue alors qu'il s'agit de ta propre sécurité à toi, partisan, comment veux-tu que celui à qui tu auras confié un secret ne le confie pas à un autre ami, " tout à fait sûr " ? Et cet ami-là à un autre et cet autre à la Gestapo... ? »

Je quittai donc la maison paternelle. J'aurais plutôt tendance à dire « maternelle », car ma mère était sans conteste le chef du ménage et mon adorable beau-père, poète avant toute autre chose, bienveillance incarnée, était une antithèse du concept d'autorité. Je savais que ma mère serait l'objet d'affres certaines, sans cesse renouvelées car elle était l'inquiétude personnifiée. Et mon départ, littéralement sans laisser d'adresse et pour des activités sur lesquelles je ne lui avais donné que des indications fort vagues, allait être pour elle une torture sans fin. Mais, outre que je n'avais pas digéré d'avoir dû renoncer à la guerre d'Espagne, je ne pouvais m'imaginer passif dans la conjoncture où se trouvait l'Europe et ma décision était aussi ferme qu'était profond, quoique jamais exprimé ou presque, mon attachement à ma mère.

Le téléphone interurbain, à l'époque, c'était, en pire, « le 22 à Asnières », mais la poste, par bonheur, marchait bien et je promis aux miens de leur donner souvent de mes nouvelles. (Si vous ignorez ce que fut « le 22 à Asnières », écoutez le sketch de Fernand Raynaud : non seulement il en vaut la peine tellement il est drôle mais il vous instruira, vous qui croyez que le téléphone a toujours été ce qu'il est aujourd'hui.)

On m'apprit que j'avais été affecté à Liège parce que j'étais ingénieur et qu'un ingénieur, c'est supposé compétent en sabotage de chemins de fer. Somme toute, il y a un peu de vrai là-dedans. Car s'il ne l'est pas au départ, il est en tout cas assez bien préparé pour le devenir en peu de temps. Liège était un endroit stratégiquement important du point de vue ferroviaire. Il ne faut pas oublier qu'en ces temps lointains, l'essentiel des transports se faisait par voies ferrée et fluviale, la route n'occupant qu'une modeste troisième place, celle dont elle n'aurait jamais dû sortir. D'abord, parce qu'elle tue et blesse grièvement dix mille fois plus de monde que tous les autres types de transports réunis, aérien inclus. Ensuite, parce que les accidents, graves ou bénins, coûtent en argent incomparablement plus. Troisièmement, parce que par la route le kilogramme-kilomètre coûte beaucoup plus cher que par le rail et, davantage encore, que par voie d'eau. Quatrièmement, parce que la pollution engendrée par les millions de moteurs, à explosion ou à combustion, est des centaines de milliers de fois plus importante que celle des locomotives et des péniches Diesel et infiniment plus grave que celle des trains marchant à l'électricité. Mais le formidable lobby des industries du pétrole, de l'automobile, du pneu et de la construction des routes, groupe de pression peut-être le plus puissant qui soit, a réussi à imposer à l'humanité entière la sacro-sainte automobile, à deux roues, à quatre roues, à six, huit ou dix roues, mais toujours à essence ou à mazout.

En 1941, l'essentiel des transports cependant se faisait encore par le rail. Tant le transport des hommes que celui des marchandises, tant le matériel de guerre que les militaires et les policiers nazis. Il convenait dès lors d'entraver ces transports autant que faire se pouvait. Ce à quoi nous nous sommes efforcés quatre années durant au long de ce que l'on a, plus tard, appelé la « bataille du rail ».

Personne, moi-même en premier, n'imaginait alors que cette guerre durerait aussi longtemps. La guerre nouvelle, inaugurée par la Wehrmacht avec le succès que l'on connaît, s'appelait *Blitzkrieg*, guerre éclair. Mais même les personnes au tempérament moins résolument optimiste que ne l'était le mien n'envisageaient un éclair d'une telle durée. Sauf une infime proportion d'initiés appartenant au haut commandement politique et militaire allemand, personne en effet ne savait que le pacte germano-soviétique qui, grâce à l'absence de courage des politiciens qui dirigeaient alors la France et l'Angleterre, avait permis l'invasion et le partage de la Pologne, allait voler en éclats avec l'offensive des armées brunes contre les armées rouges.

Avant que Hitler n'attaque l'Union soviétique, je pensais que la paix se ferait dans le courant de l'été 1941, aussitôt que se manifesterait avec assez d'évidence l'impossibilité d'un débarquement des Allemands dans les îles Britanniques, tout comme était impossible pour les Anglais la reconquête de l'Europe occidentale : les deux adversaires se trouveraient alors dans l'obligation de traiter.

L'offensive de la Wehrmacht vers l'est me soulagea tout d'abord de l'inacceptable alliance de Hitler et de Staline – Staline que je croyais encore personnifier l'espoir pour la société humaine. Ensuite, elle me fit reporter la fin de la guerre au printemps 1942 : ma certitude était que l'envahisseur nazi serait aussi rapidement et irrémédiablement mis en déroute par l'Armée rouge et, comme Napoléon, par l'hiver russe, qu'il l'avait été par la Manche, par Churchill, par la RAF et par le courage britannique associés. Je me trompais de trois années et cela eut pour effet de transformer l'agronome que j'étais en géologue.

En effet, le travail auquel nous nous étions donc consacrés dans la région liégeoise était presque exclusivement nocturne, quoique certaines de nos réussites, tels le sabotage de la cabine d'aiguillage la plus importante des gares de la région, celle de Liège-Guillemins, ou le remplissage d'un camion de cinq tonnes à l'entrepôt principal des douanes – deux actions menées de surcroît en pleine ville –, l'eussent été en plein jour. Mais ordinairement le travail était nocturne – sectionnement de rails, abattage de pylônes électriques, tantôt ici, tantôt là, selon la tactique universelle des guérilleros, soucieux de harceler et d'exaspérer l'ennemi afin de le déstabiliser peu à peu. Nocturnes aussi mais beaucoup moins fréquentes, car plus difficiles et plus rarement couronnées de succès, les tentatives de faire dérailler des trains de marchandises. Nocturnes toujours mais réussis une fois seulement dans les deux cas, nos essais de faire sauter un pont de chemin de fer ou de provoquer le déraillement d'un train de minerai dans un tunnel, ce qui bloquait toute la ligne, dans les deux sens, pour des semaines...

Essentiellement nocturnes donc, ces occupations clandestines laissaient la partie diurne des jours libre de toute obligation. Cela me donna l'idée, sevré que j'étais de montagne et d'escalade, de suivre des cours de géologie, ce qui présentait deux aspects positifs : celui de mieux comprendre la montagne et celui de me trouver possesseur d'une authentique carte d'étudiant, qui représentait un sérieux avantage lors des vérifications d'identité par l'une ou l'autre des trop multiples polices, d'occupation ou indigènes, militaires ou civiles, qui sévissaient alors.

# 9

A Liège, haut lieu de l'industrie charbonnière, s'était développée en un siècle une École des mines dont la réputation, que justifiait la qualité des ingénieurs qui en sortaient, était devenue mondiale. École dans l'École, celle de géologie était d'un niveau tout aussi élevé. Je fus passionné d'emblée. Par la tectonique d'une part, cette discipline qui explique la genèse des montagnes, et de l'autre par la pétrographie. La pétro, c'est l'étude microscopique et chimique des roches. Le prof de tectonique s'appelait Paul Fourmarier, alors célèbre dans le monde pour ses découvertes et pour ses hypothèses scientifiques. C'était un monsieur aux cheveux et à la barbiche blancs, petit de taille mais non d'autorité, depuis plus de trente ans surnommé par les étudiants « six heures moins cinq », une déviation du cou lui faisant porter la tête inclinée sur le côté droit. Très disert mais, pour mon goût du moins, trop porté sur le discours magistral, il était ce qu'on appelle une encyclopédie vivante et un adversaire redoutable dans les discussions scientifiques. J'en fis l'expérience à diverses reprises et toujours à mes dépens.

Le prof de pétrographie était aussi un homme de

petite taille, plus jeune d'une vingtaine d'années que le « patron », très connu internationalement lui aussi pour ses recherches sur le métamorphisme des roches de Norvège, et qui s'exprimait presque aussi difficilement que Fourmarier le faisait avec brio. Mais, paradoxalement, malgré l'habitude qu'il avait de ne pas achever ses phrases, malgré son refus de tout lyrisme, lequel caractérisait le discours mandarinal de Fourmarier, malgré l'absence totale de romantisme qui, au contraire de la tectonique, marque la pétro où tout tourne autour d'équilibres chimiques, de températures, de pressions lithostatiques, de contraintes orientées, de la loi des phases, etc., Paul Michot nous fascinait par l'intelligence profonde de sa démarche scientifique, par sa rigueur, par sa passion, très contenue, peu expansive, pour les problèmes complexes que pose la lente transformation des sédiments originels à mesure que croissent les contraintes latérales lorsque ces strates, empilées sur des kilomètres d'épaisseur, se trouvent comprimées dans le gigantesque étau des forces orogéniques et que de ce fait augmentent la pression et la température ambiantes.

Au bout d'un an, le professeur Michot et l'élève Tazieff se découvrirent des opinions politiques très semblables et s'aperçurent qu'ils « travaillaient » tous les deux contre le tout-puissant pouvoir nazi. Mais, d'une part la stricte réserve qu'exigeait la plus élémentaire des sécurités, d'autre part un autre type de réserve, celle qui empêche certaines personnes de s'épancher dans le giron d'autrui, avaient fait que cette communauté d'attitude et d'action nous était demeurée secrète et que par la suite nous avons fort bien gardé nos secrets respectifs, cependant que nos relations demeuraient celles de maître à disciple, imperceptiblement modifiées par cette complicité politique, alors inavouable.

Je garde de toute cette période un souvenir très vague. D'une part parce que, vivant presque exclusivement dans le futur, ou dans le présent lorsque celui-ci en vaut le coup, je ne me plonge jamais dans le passé ; d'autre part parce que ne demeurent dans ma mauvaise mémoire que les épisodes plutôt rares que cette mémoire, Dieu sait pourquoi, sélectionne. Parmi ceux-ci, la journée où nous avions reçu pour mission, trois camarades et moi, de descendre des hauteurs d'Ans, bourg de la banlieue ouest de Liège, dans un camion de cinq tonnes. Ce qui n'était pas très régulier, le camion en question étant de couleur feldgrau et immatriculé WH, c'est-à-dire « Wehrmacht Heeres », à laquelle il appartenait jusqu'à ce que nous le lui eussions volé. Nous l'avions caché dans la grange qu'un camarade, agriculteur sur le plateau, avait mise à notre disposition. Cela représentait une grosse demi-douzaine de kilomètres de cité à traverser pour arriver à notre objectif, l'entrepôt des douanes, situé dans le quartier de la gare de Liège-Guillemins. Il nous faudrait ensuite pénétrer dans cet entrepôt, y faire nos quelques tonnes d'emplettes et en revenir, toujours traversant la ville et ses contrôles policiers éventuels. Le tout en plein jour.

Le cliché « sueurs froides » répondrait bien aux sentiments qui étaient les miens ce matin-là, dès le réveil, sauf que sueurs il n'y avait point. Mais peur, certes il y avait. Peur d'avoir à m'habiller en civil de la Gestapo, dont les vêtements, moins identiques entre eux que ceux d'un uniforme, n'en étaient pas moins très reconnaissables. Peur de cette équipée au travers de la ville. Peur d'une résistance imprévue de la part des douaniers gardiens de l'entrepôt. Peur de la durée de l'opération : mieux vaut, à priori, courir un risque plus élevé mais moins long que l'inverse...

Le premier problème était de trouver un endroit où me déguiser. Dans une valise, j'avais apporté au labo de pétrographie où, ce matin-là, le cours était important, le costume vert-de-gris, le trench-coat et le feutre. Je pensais utiliser les toilettes pour me changer, mais j'éprouvais quelque inquiétude à l'idée de devoir redescendre du deuxième étage et de traverser, habillé comme j'allais l'être, le hall d'entrée de l'université : dans la rue les risques étaient assez faibles de croiser quelqu'un susceptible de me reconnaître et de s'étonner, mais dans l'école ces risques étaient vraiment très élevés...

Il peut sembler irrationnel que cette crainte me tourmentât alors que les dangers ultérieurs étaient autrement plus redoutables, mais la raison a parfois bien du mal à maîtriser une cervelle qui a eu la faiblesse de laisser l'imagination se débrider : l'imagination, comme la langue d'Ésope, comme tout ce qui est humain, c'est la meilleure et la pire des choses ! Et, ce matin-là, je m'étais réveillé la tête farcie de tout ce qui était susceptible d'arriver au long de la trop longue journée qui commençait. Le même type de peur que celui que j'éprouvais toujours, également dès le réveil et jusqu'au premier échange de directs du gauche, le matin d'un combat de boxe.

Il y avait aussi la peur du qu'en dira-t-on. Aujourd'hui, un demi-siècle plus tard, je me suis relativement cuirassé contre cette crainte, cette faiblesse qui caractérise l'espèce humaine entière. Je dis bien « relativement » cuirassé, car je pense que l'on ne peut s'en libérer totalement sans tomber dans la misanthropie et l'agressivité vis-à-vis de ses congénères. Faisant partie de la communauté humaine, nous dépendons en effet d'elle et, dès lors, de ses jugements. Cette fois-là, l'idée me consternait que les personnes qui me reconnaîtraient sous l'aspect d'un membre de la Gestapo, et que je ne pourrais détromper, me classeraient parmi ceux que nous appelions les Kollabos. Pire : des Kollabos policiers.

Aussi, malgré les consignes de silence, malgré la réserve réciproque que nous cultivions entre nous, je demandai conseil au professeur Michot. Non sur la façon de résoudre le problème qu'il m'avait posé à propos de l'évolution des minéraux constituant les schistes métamorphiques d'Egersund dont il donnait à mes camarades et moi, ses élèves, des coupes minces à étudier, mais bien sur l'endroit où je pourrais me déguiser sans accroître les risques de l'après-midi à venir. Non seulement, d'ailleurs, me déguiser mais aussi me rhabiller une fois l'opération achevée. Pour autant, me soufflaient des amorces de panique, pour autant qu'elle s'achève bien. « Venez vous changer chez moi, me répondit Michot. Cela vous fera aussi moins de chemin pour monter à Ans. » Le soulagement que j'éprouvai, non seulement à cette excellente solution du premier de mes problèmes mais aussi du fait de ne plus être seul avec mon secret, me fut précieux. Surtout, peut-être, il m'aida à garder le calme nécessaire tout au long de l'aventure.

La partie la plus déplaisante fut la demi-heure de trolleybus de Liège jusqu'à Ans : seul là aussi, mais seul face à l'hostilité, voire à la haine que j'inspirais aux autres passagers, debout comme moi sur la plateforme et dont aucun, heureusement, ne me connaissait : insupportable de ne pouvoir leur dire : « Non, non, je ne suis pas du tout ce que vous croyez, un policier nazi en civil », insupportable de me sentir comme couvert de crachats.

Je retrouvai le hangar, le camion et trois camarades. Je ne me souviens plus aujourd'hui que de l'un d'entre eux, Zali. Mais c'est parce qu'il fut, plus de deux années durant, de presque chacun des coups que nous élaborions, alors que les deux autres, appartenant à une équipe différente de notre groupe « Liège-Seraing », ne venaient nous renforcer que très exceptionnellement. Zali Flinker (j'ai oublié son pseudonyme du moment comme ceux d'avant et d'après, comme tous ceux que j'ai moi-même successivement été amené à porter), Zali Flinker était un Juif allemand qui, avec ses parents, avait fui Berlin dès l'arrivée au pouvoir de Hitler. Comme tous les gosses, il avait rapidement parlé sa langue nouvelle, le français, aussi bien que s'il était né ici. C'est-à-dire avec l'accent wallon, ce qui constituait, à cette époque-là, un atout de survie pour un communiste allemand, de surcroît de « race » juive. Et, comme son allemand était impeccable, il était non seulement précieux à notre groupe, mais parfois indispensable. Comme cette fois-ci.

Cette fois-ci, Zali aussi s'était déguisé. Mais lui, c'était en SS à uniforme noir. Avec son visage aigu, son regard intelligent, ses sourcils sombres, il était l'antithèse du grand Aryen blond célébré par la propagande de Goebbels. Mais ce visage dans cet uniforme et sous ce calot rendait le personnage plus inquiétant encore, du moins à mes yeux. Beaucoup plus inquiétant – donc plus efficace – que je ne l'aurais été, si ç'avait été à moi de me vêtir en SS, tout rouquin aux yeux bleus – prétendues caractéristiques aryennes – que j'étais.

L'un des camarades s'enferma dans la benne du camion, l'autre prit le volant, Zali s'assit à la fenêtre de gauche et moi entre les deux. Aujourd'hui que j'essaie de décrire cette action, je m'aperçois d'un détail, sans importance aucune en lui-même, mais exemplaire pour mesurer la confiance que l'on peut accorder à un témoignage. A *tout témoignage.*

Dans mon souvenir, qui est essentiellement visuel, Zali était assis à gauche. Ce qui signifierait que le camion avait la conduite à droite. Or, que je sache, les véhicules allemands ont, et avaient, la conduite à gauche. Dès lors, ou bien il s'agissait d'un camion « anormal », ou bien ma mémoire visuelle, généralement bonne et digne de confiance, me trompe. A y réfléchir, je crains fort que la deuxième hypothèse ne soit la bonne. Vous rendez-vous compte de la gravité extrême que représente le fait de se fier à un témoignage ? Témoignage qui permet aussi bien de condamner, éventuellement à mort, que d'absoudre ? Et je n'entends ici par témoignages que les témoignages rigoureusement honnêtes. N'oubliez jamais que trop d'entre eux, beaucoup beaucoup trop, ne le sont pas.

L'opération se passa sans la moindre histoire, tant la traversée de la ville que le « braquage » des douaniers, le chargement du camion et le retour à la cache. La peur qui m'avait travaillé de l'aube jusqu'au milieu de l'après-midi s'était évaporée dès que, trônant dans la cabine haute de notre véhicule, nous avions pris la rue pavée et pentue qui descendait dans Liège. Et le pseudo-gestapiste que j'étais avait aboyé en pseudo-allemand (« *Kartoffelsup, Schweinehund, Parademarsch, nicht rauchen, achtung!* ») avec l'accent et l'autorité suffisants pour terroriser les braves fonctionnaires wallons auxquels le troisième des trois larrons que nous étions, Zali (le quatrième se trouvant donc caché à l'intérieur du camion), « traduisait » mon discours. Avant cela, durant la traversée de la ville, Zali n'avait eu qu'une seule fois à répondre, en allemand véritable, à un feldgendarme qui lui posait, cordialement d'ailleurs, une question anodine.

# 10

Je vous l'ai déjà dit, j'étais de ceux qui, en cette guerre, avaient foi en la victoire finale. Foi, c'est-à-dire croyance absolue où la raison ne l'emporte pas sur le non-rationnel. Car, en dehors du précédent de 1812 – où les conditions logistiques étaient bien différentes de celles de 1941 – rien, sinon la foi, ne permettait de croire que les armées allemandes, qui s'enfonçaient dans l'immense Russie aussi aisément qu'elles l'avaient fait en mai et juin 1940 dans l'Ouest européen, se trouveraient arrêtées sans avoir conquis ni Leningrad, ni Moscou, ni les champs de pétrole de la Caspienne. Ce qui aurait signifié la réduction de l'Union soviétique à une situation marginale semblable à celle où se trouvait réduite l'Angleterre, certes capable d'empêcher tout débarquement dans ses îles mais incapable, elle, de reprendre pied sur le continent : une fois les Soviétiques rejetés au-delà de l'Oural, Hitler n'aurait plus eu qu'à attendre paisiblement d'eux une offre de paix à l'Est comme il ne pouvait, à terme, qu'en recevoir, une autre à l'Ouest de la part des Anglais. Mon rationalisme n'avait qu'une seule prise à laquelle s'agripper : c'était la vanité de Hitler et l'intelligence apparemment très modeste de certains de ses conseillers : il avait commis l'erreur monumentale d'envahir l'Urss alors qu'il avait partie gagnée à l'Ouest. Il ferait donc d'autres erreurs stratégiques et, coincé entre la menace d'une tentative de débarquement britannique à l'Ouest et celle d'une contre-offensive soviétique à l'Est, même d'au-delà de l'Oural, il ne pourrait échapper à une faute supplémentaire.

Je n'espérais guère alors que les États-Unis se lanceraient dans la guerre. D'une part, à cause de la puissance chez eux du lobby allemand, et même hitlérien – l'un des très purs héros de mon adolescence, Charles Lindbergh, qui avait réussi, seul, la première traversée de l'Atlantique en avion, n'affirmait-il pas son penchant pour le national-socialisme? D'autre part, parce que l'Amérique entière, États-Unis en tête, tirait des profits énormes de sa situation géographique et de sa relative neutralité. Relative, puisque les USA, dès le début des hostilités, vendaient à l'Angleterre toutes les armes possibles. Mais cela ne les empêchait pas de profiter des avantages que la neutralité assure : affluence, en provenance des pays belligérants, des richesses de toute nature, depuis l'or, les pierres précieuses et les devises jusqu'à la matière grise – ce que les Américains eux-mêmes appelèrent *brain drain* : drainage de cerveaux vers les États-Unis.

A l'époque, conserver un moral solide n'allait pas nécessairement de soi. D'autant que n'incitaient pas à l'optimisme les nouvelles des différents fronts. De l'Est tout d'abord, de celui de Libye ensuite où Rommel progressait aussi vite que Guderian l'avait fait dans le nord de la France et que le faisaient en ce moment même les panzerdivisionen au travers de la Russie et de l'Ukraine.

Je ne lisais guère les journaux publiés sous contrôle de l'occupant, car si la recherche de la vérité objective constitue déjà une gageure lorsque la presse est supposée libre, elle relève de l'impossible lorsque à l'évidence elle est asservie. Je savais que les informations que diffusait la radio anglaise étaient elles aussi biaisées, mais à un degré incomparablement moindre que celles distribuées par les Allemands et, surtout, que celles diffusées par l'obséquieuse presse de la collaboration, laquelle amplifiait exagérément les aspects favorables à l'Axe.

Le moment était opaque. L'on avait dû prendre la triste habitude de la méfiance. Se méfier de tous ceux que l'on ne connaissait pas ou guère, se méfier même de ceux que l'on connaissait. A mesure que le temps passait la leçon devenait de plus en plus cruelle, de plus en plus limpide : si tu tiens à ta peau et à celle de tes copains, ne dis rien à qui que ce soit. Cela peut sembler évident et cela peut paraître facile. Ça ne l'est pas, sauf peut-être pour quelques rares individus au caractère suffisamment fort, capables de ne rien dire, à personne, jamais. D'autant que sur chacun de nous pesait parfois le besoin de se confier, parfois le besoin de parler à cœur ouvert, parfois le besoin de se débarrasser de ce poids qu'engendrent clandestinité, inquiétudes diverses, questions auxquelles on ne parvient pas soi-même à répondre. Et même besoin, tout simplement, de raconter. De « se raconter »...

Chacun de nous menait une existence pour le moins double : celle, illégale mais diantrement excitante, de partisan et celle, quotidienne, du métier réellement ou prétendument pratiqué. J'avais la chance d'en exercer un – celui d'étudiant – qui m'intéressait à tel point qu'à peine terminée une de ces « actions » – en général nocturnes – je m'absorbais dans cette géologie qui m'était enseignée et qui me plaisait d'autant plus que me manquaient les Alpes. En me les faisant comprendre mieux, cet enseignement apaisait la nostalgie que j'en avais et, en même temps, l'exacerbait. Mais de toute façon mes études m'occupaient suffisamment l'esprit pour que les journées me semblent courtes. Ce qui, finalement, rend plus plaisante la vie. Plus vite semble passer le temps – donc se rapprocher la mort –, plus l'existence semble agréable : drôle de paradoxe !

Ce que j'appréciais dans la pétrographie, outre la passion sourde que Paul Michot mettait à nous faire comprendre la loi des phases physiques et les processus chimiques qui transformaient tel minéral en tel autre selon les températures et selon les pressions que la roche avait subies au long de son histoire dans les profondeurs de l'écorce terrestre, selon les apports chimiques des eaux thermales ou des gaz montés du magma profond, c'était l'émerveillement que connaissait, rivé à l'oculaire du microscope, mon œil de peintre refoulé. Car les couleurs sont somptueuses qu'engendre la réfraction de la lumière passant au travers de la lame, mince de quelques centièmes de millimètre à peine et donc transparente, que nous avions patiemment taillée à partir de l'échantillon de roc. En outre, ces couleurs changent dès que l'on fait tourner la platine du microscope. Cela rend comme vivant le spectacle de ces bleus, de ces rouges, de ces jaunes, de ces verts, lumineux comme d'un puissant arc-en-ciel, couleurs qui passent de l'une à l'autre à mesure que tourne la platine. Je me laissais d'autant plus fasciner que cette beauté minérale quasiment parfaite me permettait, de surcroît, d'accéder au pourquoi et au comment de la genèse de la roche soumise à ce genre d'analyse : joie de l'esprit aussi gratifiante que celle des yeux...

J'éprouvais les mêmes satisfactions cérébrales mais un plaisir esthétique moindre, au cours de métallurgie où, toujours au microscope, l'on nous apprenait à comprendre la structure des aciers, des fontes, des alliages. Ici, le ravissement des couleurs n'existait pas car, au contraire des minéraux silicatés qui constituent les roches et qui sont transparents en lame suffisamment mince – ce qui permet le phénomène de réfraction de la lumière –, sont opaques les cristaux de métal – comme aussi le sont les oxydes. On ne peut dès lors les étudier par transparence, mais uniquement par réflexion de la lumière du microscope sur la surface polie de l'échantillon.

Cette existence à deux faces était assez exaltante pour le gamin attardé que j'étais encore à pas loin de trente ans déjà, mais j'éprouvais parfois, au bout de quelques semaines, le besoin de m'en échapper. J'allais alors passer deux jours ou trois tantôt chez mes parents, près de Bruxelles, tantôt chez une amie, Betty, qui menait de front, et avec une sérénité qui me stupéfiait, la gestion exemplaire d'une « école nouvelle » et une activité de résistance étonnamment efficace. Puis, à mesure que la guerre se prolongeait – au contraire de mes illusions –, je me remis à l'escalade. L'état d'exception, exception majeure s'il en est, que représente la guerre m'avait tout d'abord interdit ces plaisirs dits futiles, les sports, qui avaient jusque-là tellement occupé mon existence. Futiles du moins aux yeux des gens que l'on dit sérieux, pour lesquels, en l'occurrence, n'étaient sérieux que la guerre, le travail, les études ou la carrière.

Mais l'habitude avait fini par éroder la gravité de la guerre, laquelle devint simple réalité quotidienne. On lui accordait une partie plus ou moins importante de son temps, mais elle avait perdu, à cause de cette habitude même, le caractère quelque peu sacré qu'on lui reconnaissait (moi en tout cas), et cela autorisait à ne plus lui consacrer l'essentiel de ses pensées. Je me permis dès lors des fugues jusqu'aux falaises qui dominent la Meuse en amont de la petite ville de Dinant. L'escalade était pour moi un retour, gratifiant à l'extrême, tant à l'activité du corps qu'à la nature, lesquelles me manquaient fort durant mes autres occupations, celle d'étudiant comme celle de saboteur. (Ou, comme nous qualifiait la propagande nationale-socialiste, de terroriste.)

Notre alpinodrome, les rochers de Freyr (prononcez Fré-ïr), était une succession de falaises calcaires d'un gris très clair, presque blanc, qui dominaient le fleuve de leurs quatre-vingts à cent vingt mètres de hauteur. Un pré, étroit, séparait leur pied de la berge et ce qui n'était pas de roc nu était boisé. Ne faisait exception – bien regrettable à mon goût, vu mon allergie aux jardins à la française – que, sur l'autre rive le château de Freyr. A part lui, aucune construction humaine, sinon, toujours sur la rive gauche, la route, quasiment déserte à l'époque, et le chemin de fer.

Au-dessus de nos falaises s'étendait à l'infini ce que l'on appelle là-bas le « plateau », déroulement de champs, de haies et de pâturages, alternances de larges croupes bombées et de vallées boisées. Quelques villages, quelques fermes isolées, belles de leurs matériaux, pierres de taille claires, ardoises bleu sombre et madriers de bois, belles aussi de leur simplicité architecturale.

Je passais la nuit dans la grange de la ferme Herbiet, en bordure du village de Falmignoul, car mieux valait pour quelqu'un qui n'était pas tellement en règle avec les autorités, celles d'occupation comme celles de l'État occupé, ne pas loger sous la tente, les contrôles de police constituant une épreuve peu plaisante pour les nerfs de celui qui détient de faux papiers d'identité. De surcroît, le père Herbiet m'avait bien vite proposé, vu les épaules et les bras de boxeur que j'avais à l'époque, de pétrir la pâte des quelque cinquante kilos de pain que lui, sa femme, sa superbe fille, Rose, et ses deux ouvriers consommaient chaque quinzaine. Ma rétribution, outre l'hospitalité dans le foin de la grange, était, tous les quinze jours environ, une miche de deux kilos. Pour autant, bien sûr, que je réussisse à me rendre à Falmignoul, ce qui n'était jamais une certitude vu mes occupations et les aléas que tout déplacement représentait à une époque où les trains étaient lents, rares et par trop surveillés.

J'appris ainsi non seulement à bien pétrir à la seule force des bras, ce qui est assez athlétique et « enrichit » la pâte de sueur, mais aussi à bien préparer et doser le levain, à chauffer à point le four à fagots, à façonner les grosses miches, à les enfourner, une fois levées, rapidement sous la voûte incandescente du four, à les en retirer dorées à point. Je le répète, j'aime le travail manuel et j'ai pour lui l'estime la plus grande. Il est la base même de la vie. L'humanité pourrait se passer des sciences, des arts, du négoce et de la finance. Entre autres. Mais ni de nourriture ni des instruments qui permettent de la produire. Ni, ou guère davantage, de ce qui permet de s'abriter, tissus, vêtements, maisons, de ce qui permet de transporter, ni bien sûr, de tous les outils nécessaires à ces nécessités. Le travail manuel est indispensable à notre vie même, et c'est le travail le moins bien rétribué. Celui du commerce ou de l'argent, pour important qu'il puisse être, reste néanmoins d'importance seconde. C'est celui cependant que l'on paie, et qui se paie, le plus cher...

Le dédain que trop d'intellectuels ressentent pour les manuels, même lorsqu'ils ont la pudeur de ne pas l'afficher, m'irrite. Il ne serait pas impossible que ces manifestations de prétendue supériorité relèvent d'un complexe d'infériorité. Étant, en bout de course, devenu moi-même un intellectuel, je l'éprouve, ce complexe, depuis que je ne suis plus comme jadis capable de démonter et remonter un moteur, de labourer un champ, de raboter une planche, de tailler tenons et mortaises, ou de bien faire le pain. Et cela ne me console guère d'avoir en revanche appris à émettre un diagnostic juste sur le déroulement d'une éruption, à interpréter d'une façon que j'estime correcte tel ou tel phénomène naturel ou à élaborer une stratégie qui rende efficaces les secours après une catastrophe d'envergure...

Je rapportais à la ville ma grosse miche de pain frais pour la partager avec ma grand-mère. Cette vieille dame était d'une dignité, d'une distinction et d'une discrétion rares. Mère de l'époux de ma mère, elle était plutôt ma « grand-belle-mère » et me montrait beaucoup d'affection, quoique les sentiments entre elle-même et ma propre mère ne fussent pas des meilleurs.

Ce que l'on vendait officiellement en ces temps-là sous le nom de pain était une pâte brune, triste, collante et difficile à digérer. Comme les pommes de terre, elles aussi confisquées par l'occupant, étaient remplacées par des rutabagas, la ration de farineux, base de notre alimentation, se trouvait désagréablement appauvrie, d'autant que beurre, huile, fromages et viandes étaient également réquisitionnés au bénéfice de la Wehrmacht, des adeptes du national-socialisme et des privilégiés du marché noir. Né dès le début de l'occupation, ce marché s'était puissamment développé. Il représentait le seul moyen de ne pas dépérir sauf pour ceux, dont j'étais, qui avaient l'occasion d'acheter de la nourriture aux paysans mêmes qui la produisaient. Beaucoup, parmi ceux-ci, vendaient au marché noir. Quelques-uns, très rares, s'y refusaient. La plupart vendaient à gros prix aux intermédiaires de ce marché noir, mais à prix coûtant aux amis et aux amis d'amis. Heureusement pour moi, j'avais gardé de bonnes relations avec un de mes anciens du régiment qui, blessé lui aussi sur le front de mai 1940, avait passé, hasard étonnant, quelques semaines dans le même hôpital militaire que moi. J'arrivais à faire deux ou trois fois par trimestre le voyage jusqu'à sa ferme, près de Bastogne, et en rapportais ces merveilles véritables que sont les pommes de terre, le jambon, le beurre, le lard, le pain... Et, du pain, à partir de 1942, j'en rapportais donc aussi de Freyr, jusqu'à une fois par quinzaine.

J'avais un cousin par alliance, Jean-Pierre Vivier, étudiant en chimie, qui, politisé en diable, me harcelait pour que je le fasse entrer aux Partisans armés. Il « travaillait » d'ailleurs déjà, mais seulement comme courrier. J'avais beau lui dire que ce rôle de courrier était aussi important que les « actions », il ne voulait pas en démordre. Je finis donc par le faire entrer dans la section Liège-Seraing de notre armée belge des Partisans. Deux années plus tard, il fut arrêté par la Gestapo, en même temps qu'une dizaine de camarades. Ils furent jugés dans un procès à grand spectacle. La plupart, dont Robert Lejour, un avocat qui commandait les partisans de toute la province, furent condamnés à mort et exécutés ; les autres, dont Jean-Pierre, furent envoyés en camps de concentration. Aucun n'en revint.

Le « travail » que Jean-Pierre avait fait durant les deux années qu'il passa aux P.A. fut énorme. Il était volontaire pour chaque opération, qu'elle fût nocturne, ce qui présentait des avantages certains mais aussi des effets pervers, ou diurne. L'une d'entre elles dura trente-six heures : ce fut sa tentative, finalement manquée, de faire exploser une bombe dissimulée sous la table du conseil municipal, Kollabo, dans l'antique hôtel de ville de Liège.

Pour y parvenir, Jean-Pierre et un certain Dubois, qui travaillait à l'hôtel de ville, avaient mené tout d'abord une enquête longue et patiente afin de connaître les habitudes des collaborateurs qu'ils avaient décidé de supprimer. Puis, Jean Hansen (qu'on appelait alors Éric) Jean-Pierre et Ernest travaillèrent à fabriquer une bombe à retardement. Ensuite, une fin d'après-midi, j'aidai Jean-Pierre à la porter jusqu'à l'hôtel de ville. Ses mallettes contenaient de la dynamite et des détonateurs, et il portait sous l'aisselle un pistolet de gros calibre, cran de sûreté en place, mais armé. On risquait une fouille à l'entrée, mais moins que dans la rue au hasard des contrôles de police habituels. Car des attentats aussi audacieux que celui que Jean-Pierre et ses copains cherchaient à commettre étaient exceptionnels. Peut-être même était-ce le premier, précurseur du fameux – et lui aussi malheureusement raté – mis au point par von Stauffenberg et ses amis contre Hitler et son grand état-major...

Jean-Pierre se trouva dans l'obligation, j'ai oublié pourquoi et je crains qu'il n'y ait plus de survivants de notre groupe pour le raconter, de passer non seulement la nuit mais toute la journée qui suivit et encore la nuit d'après dissimulé sous l'immense table du conseil, recouverte d'un large tapis retombant jusqu'au sol. Il ne put sortir qu'à l'ouverture des bureaux du matin suivant. Et, si ma mauvaise mémoire – mauvaise surtout pour les événements que l'on m'a racontés mais que je n'ai pas vécus – ne me trompe pas, l'explosion, commandée par un système d'horlogerie, en fait un réveille-matin, se produisit à un moment où personne ne se trouvait dans la pièce...

Ce fut encore Jean-Pierre, avec Jean Hansen et un autre, qui, en plein jour, incendia un vaste garage relevant des autorités allemandes. Il s'y trouvait plus de cent véhicules automobiles. Jean-Pierre nous a accompagnés aussi quand nous avons, en plein jour également, dynamité les postes d'aiguillage des grandes gares de Liège-Guillemins d'abord et d'Angleur quelques semaines plus tard. Il était à mon côté lorsque nous sommes allés à Andenne, trente kilomètres en amont sur la Meuse, prétendument « braquer » la fille du maire et réquisitionner les tickets de ravitaillement mensuel de la commune. Prétendument, car la jeune fille était des nôtres et nous ne risquions pas grand-chose, sinon une mauvaise rencontre. Mais il fallait simuler une attaque afin d'innocenter notre courageuse camarade ainsi que son père.

Les tickets de rationnement nous étaient nécessaires pour obtenir des repas – médiocres certes mais indispensables – dans les restaurants et pour acheter ce que l'on pouvait trouver dans les boutiques. Il nous en fallait non seulement pour nous-mêmes, qui étions presque tous illégaux, c'est-à-dire pourvus de « vraies-fausses » cartes d'identité et, de ce fait, non inscrits sur les listes des citoyens bénéficiaires de ces tickets, mais encore pour les « maquisards », de plus en plus nombreux à se cacher dans les forêts ardennaises.

Parmi ces maquisards, il y avait des prisonniers de guerre soviétiques, échappés des mines de charbon où les Allemands les faisaient travailler. Ce furent ces évadés qui, l'un après l'autre, chaque fois que j'allais en « prendre livraison » dans le Nord-Pas-de-Calais ou le Borinage pour les amener jusqu'à leurs maquis respectifs, m'ouvrirent sur la réalité stalinienne des yeux que j'avais maintenus obstinément fermés, et sur les célèbres procès de Moscou en 1937, et sur le pacte germano-soviétique, et sur la guerre de Finlande...

J'avais refusé de parler le russe dès mes sept ans. Dès que, en fait, nous étions arrivés en Occident. Les moqueries à propos de mon nom, de mon prénom, de mon accent, dont m'abreuvaient les petits camarades d'école, tant à Paris qu'à Asnières, puis à Neuilly, puis à Bruxelles m'étaient insupportables. Méchantes et bêtes comme le sont plus souvent qu'on ne le pense celles que les enfants se décochent, ces railleries me blessaient d'autant plus que j'étais le seul « immigré » de la classe. (A l'époque, on disait « émigré ».) Et rien ne vexe plus un enfant qu'être différent des autres. Rien d'ailleurs ne gêne plus un adulte moyen. A moins qu'il n'ait le caractère suffisamment solide pour préférer la singularité au conformisme grégaire.

J'avais ainsi oublié ma langue maternelle aussi rapidement que j'avais appris le français. Malgré tous les efforts de ma mère pour que je continue à parler russe avec elle, j'en avais perdu l'usage sans pour autant perdre le roulement des r qui caractérise mes compatriotes originels. Mais j'en avais cependant gardé une connaissance suffisante pour être, dans notre compagnie de partisans, le mieux à même d'aller chercher un Soviétique évadé et de l'amener en lieu sûr. Ces voyages étaient lents et longs, puisque étaient bien lents en ces temps-là les transports en commun. Il nous fallait deux jours et une nuit, en moyenne, pour couvrir les quelque deux cents kilomètres qui séparent le Nord ou le Pas-de-Calais des Ardennes. Deux journées durant lesquelles, pour autant que nous ne fussions pas astreints au silence que la prudence élémentaire imposait, nous devisions. Fatalement en russe, puisque tous les gars que j'eus ainsi à escorter ne parlaient que le russe, chacun étant un moujik, un paysan, tiré de son kolkhoze ou de son sovkhoze par l'Armée rouge et fait prisonnier de guerre. Et, sans exception aucune, chacun redoutait avant tout une chose : être un jour remis à l'Armée rouge... Dans cette Armée rouge que nous, ici, vénérions et admirions à l'extrême pour sa vaillance et pour ses exploits, cette Armée rouge qu'au travers des communiqués allcmands comme de la radio anglaise nous considérions comme la force essentielle de la future défaite allemande.

La raison de cette terreur à l'idée de se trouver remis aux autorités soviétiques venait du fait que, dès le début de la guerre, ces autorités avaient fait savoir aux soldats et aux officiers qu'il fallait se battre jusqu'à la victoire ou jusqu'à la mort. Que se laisser prendre était une trahison que punirait, tôt ou tard, la fusillade.

Lorsque je leur disais que de telles menaces, formulées pour empêcher des redditions trop hâtives, ne seraient à coup sûr pas mises à exécution, ne serait-ce qu'à cause du nombre beaucoup trop élevé des militaires soviétiques capturés au cours de cette première année de conflit armé, mes moujiks répondaient que la quantité de « coupables de désertion » n'empêcherait pas leur fusillade et que les menaces du gouvernement serait exécutées, puisque elles l'avaient toujours été.

Ces certitudes de paysans jeunes, qui n'avaient rien d'opposants politiques ni d'intellectuels critiques, firent plus pour m'ouvrir les yeux sur une réalité que je ne voulais pas voir que ce à quoi s'appliquait depuis tant d'années la propagande antisoviétique, la presse non communiste et certains témoignages cependant dignes de foi. Les paroles simples de ces hommes simples, l'opinion non partisane de ces agriculteurs qui jamais de leur vie n'avaient discuté du régime sous lequel ils vivaient et jamais ne l'avaient critiqué, me firent progressivement prendre conscience de ce que l'avenir devait rendre évident à tous : la réalité de l'univers stalinien. A mesure que, à quelques mois d'intervalle, se répétaient ces dialogues peu ordinaires entre moi-même et le paysan qui m'accompagnait – paysan prétendument flamand afin de justifier son incapacité à répondre aux éventuelles interpellations en langue française –, s'effritaient les idées reçues qui m'avaient conditionné jusque-là. Le résultat en fut qu'à la Libération je pris mes distances d'avec le parti communiste.

Je commençai alors à me rendre compte que les promesses politiciennes, celles de justice en tout premier, quel que soit le parti politique qui les formule, n'étaient jamais que vent électoraliste. Cette évidence me fut, au long des décennies qui se succédèrent depuis, une désillusion, désespérante et toujours recommencée. De quoi devenir misanthrope, égocentrique et apolitique. Heureusement pour moi (ou malheureusement ?), l'apolitisme étant un abandon des responsabilités, donc acceptation d'être sujet et non citoyen, je n'y succombai pas et échappai à cette fin peu gratifiante. Mais une certaine misanthropie me guette!

Quant à l'apolitisme, quiconque en effet se refuse à la politique, ne serait-ce que par dégoût pour ses arrivismes, ses lâchetés et ses corruptions multiples – lesquelles d'ailleurs ne sont pas plus répandues là que dans aucune autre corporation, y compris les plus respectées sinon toujours respectables – quiconque se refuse à la politique se condamne à subir ce que les politiciens décideront de lui faire subir. Se condamne à devenir, comme je l'ai dit, sujet. Sujet qui ne peut qu'obéir ou être puni pour ne pas l'avoir fait. La condition de sujet me semble dégradante, voire méprisable. Pour ne se mépriser point, il faut prendre part, d'une façon ou d'une autre, à la gestion de la chose publique. C'est-à-dire, d'une façon ou d'une autre, faire de la politique, s'intéresser, réfléchir aux diverses façons de conduire la cité, de le faire le moins mal possible, de le faire en ayant le souci de l'intérêt général avant le sien propre (propre n'étant peut-être pas le terme le plus approprié en l'occurrence...).

C'est pourquoi, malgré les déceptions qui se sont succédé et se succèdent toujours, malgré la fréquence des contre-vérités dont usent certains politiciens, malgré leur manque de courage, malgré les trahisons que certains semblent ne jamais hésiter à commettre, je ne me suis jamais détourné de la politique. Ne serait-ce que pour coopérer avec ceux d'entre eux qui ont le sens de l'État, c'est-à-dire le sens du bien public, et qui s'efforcent de préserver la démocratie. Laquelle, on ne le répétera jamais assez, est, comme le disait Churchill, le pire des systèmes de gouvernement à avoir été essayés, excepté tous les autres... ».

# 11

Sauf pour les rares opérations que nous avons effectuées en plein jour, je menais une existence somme toute fort régulière, dans laquelle une activité nocturne relativement brève – il ne nous fallait en général guère plus de deux heures pour les menus sabotages quasi quotidiens de voies ferrées ou de lignes électriques – alternait avec les cours de géologie, d'exploitation des mines, de métallurgie, cours qui pour la plupart m'intéressaient de plus en plus à mesure que passait le temps.

Il passait vite et lentement à la fois. La fin de la guerre s'éloignait, comme l'horizon qui recule autant que l'on avance. Les six mois qu'au lendemain de notre défaite à l'Ouest j'avais accordés à la durée de la guerre étaient à peine écoulés que je pronostiquais un rab d'une petite demi-année à peine pour une réédition de la Berezina. Je me trompai une deuxième fois puisqu'il fallut quatorze mois de plus pour que l'armée du maréchal von Paulus, forte de deux cent cinquante mille officiers et soldats, capitule à Stalingrad, défendue par moins de cent quatre-vingt-dix mille hommes. Cette Berezina d'ailleurs ne mit pas fin à cette gigantesque absurdité, la Seconde Guerre mondiale. Jour après jour, il devenait évident qu'il s'en faudrait de deux années encore : mon optimisme et mes prévisions temporelles n'étaient guère meilleurs que ceux des grands états-majors...

Je bénéficiais d'une chance que je ne sous-estimais pas, celle d'aller à l'école, d'y entendre des choses qui m'intéressaient toujours et parfois me passionnaient, qui m'occupaient fort plaisamment l'esprit durant toute la journée. Nos sorties nocturnes, à vélo, évitaient à nos jambes de se rouiller et à notre amour-propre de se ratatiner. J'apprenais peu à peu comment s'étaient engendrées les roches qui forment l'écorce de la terre, comment s'étaient soulevées ces montagnes qui avaient incité l'alpiniste enthousiaste que j'étais à redevenir étudiant, comment étaient nés les gisements de minerais métalliques, ceux de charbon, ceux de pétrole, comment on faisait pour les découvrir et pour bien les exploiter... Mais j'apprenais aussi, révélation stupéfiante pour le fils d'universitaires candides que j'étais, que ce que disent et écrivent les savants (comme on les appelait encore à l'époque) n'est pas nécessairement vérité révélée, mais que des non-vérités, des interprétations erronées ou, pire, des contre-vérités délibérées peuvent aussi, hélas, s'entendre et se lire...

Jusque-là, j'avais vécu dans l'illusion que les gens de science étaient des êtres désintéressés, esprits voués à la recherche de la vérité. Car qu'est-ce que la science sinon cela même : la recherche de la vérité? Scientifique rigoureuse, ma mère, tout au long de l'éducation qu'elle m'avait imposée, m'en avait convaincu. Et mon « père », professeur de littérature romane comparée mais surtout poète très pur, aussi pétri de modestie que ma mère l'était d'orgueil démesuré, m'avait donné de l'université une image idyllique. Et dix années d'expérience, comme étudiant d'abord, comme assistant prof ensuite, puis de nouveau comme élève, n'avaient guère modifié cette idée très profondément enracinée. Du moins en ce qui concerne les qualités morales, sinon la compétence, que la fonction professorale suppose.

Les illusions que j'entretenais à ce propos commencèrent à vaciller – et ce fut pure coïncidence – à la même époque où vacillèrent celles qu'avaient engendrées en moi les théories de Marx. Une fois appliquées, une fois passées de l'idéal à la réalité, ces théories sont trop souvent trahies et utilisées non pour une répartition moins injuste des richesses de ce monde, mais pour la prolifération de nomenklaturas... Depuis, j'ai vécu le démantèlement des illusions de ma jeunesse : en politique, après le stalinisme ce fut, en France, le molletisme, puis les espérances de 1981 déçues par le congrès de Rennes en 1990 et ses médiocrités politiciennes; dans le domaine des sciences, ce fut Lyssenko en Urss et, partout, une proportion, faible certes mais nocive à l'extrême et inacceptable, de chercheurs et d'universitaires dont l'arrivisme utilise les pires méthodes, celles de la contre-vérité, du pillage des résultats d'autrui, du plagiat. Et la majorité, réellement honnête elle, est caractérisée par une insuffisance de courage qui, crainte de déplaire, lui fait courber l'échine et se taire, en public sinon en privé – crainte de déplaire aux émules de Lyssenko lesquels, grâce à l'absence d'éthique qui les caractérise, occupent trop souvent les postes clefs où les décisions se prennent.

Ma toute première désillusion universitaire me fut donc infligée en 1942. Elle vint de mon grand patron lui-même : il refusait de reconnaître les conclusions que certains esprits audacieux avaient tirées de faits d'observation irréfutables. Pire, comme le plus célèbre de ces innovateurs n'était pas géologue mais « seulement » (ceci énoncé avec une once de dédain) météorologiste (il s'agissait d'Alfred Wegener et de son hypothèse – géniale au sens premier de ce mot, aujourd'hui abâtardi – de la dérive des continents), il était sous-entendu qu'il se mêlait de choses qu'il ne connaissait pas assez pour se permettre d'en parler.

J'avais découvert le petit livre de Wegener, publié en 1930, dans la bibliothèque de l'école et je l'avais, comme on dit, dévoré. Les arguments qu'il donnait sur sa théorie m'avait semblé irréfutables : tous les continents avaient été jadis soudés en un supercontinent unique – la pangée – entouré d'un immense océan – la panthalassa –, arguments qui étaient tant géologiques et pétrographiques que paléontologiques. Or mon patron, très vénéré, les réfutait... Et les réfutait avec une foi qui n'était guère honnête. Ce fut alors que je découvris, d'une part que le patron était tellement convaincu de la permanence, aux lieux où ils se trouvent, des océans et des continents qu'il avait écrit un livre à ce propos, d'autre part qu'un disciple est impardonnable d'ignorer les convictions de son maître et surtout d'afficher, en public de surcroît, son enthousiasme pour un credo diamétralement opposé.

Deux années durant, chaque fois que le vieux professeur m'invitait à plancher, d'abord sur la théorie de Wegener – que j'étais bien le seul à défendre parmi la vingtaine de profs, d'assistants et d'élèves impliqués dans cet enseignement – et plus tard sur la magistrale *Tectonique de l'Eurasie* du grand géologue suisse Émile Argand – dont les idées, à la suite de celles de Wegener, étaient « mobilistes » –, je me trouvais inévitablement confronté à des arguments que Fourmarier, savant expérimenté et quasi omniscient, opposait au blanc-bec ignare que j'étais. Je ne savais pas en général les réfuter et regagnais ma place mortifié tant par les objections, tendancieuses mais percutantes, du professeur que par les ricanements quelque peu courtisans de certains de mes copains de promotion.

Il me fallut une trentaine d'années pour reconnaître que, dans notre microcosme scientifique et universitaire, le simple courage de formuler une opinion, voire une vérité, lorsqu'elle risque de déplaire à ceux dont dépend la carrière, est rare. Le conformisme au contraire est de règle. La crainte de s'engager règne sur ces esprits qui, cependant, sont capables d'intelligence.

# 12

Notre premier coup très dur, nous l'avons reçu en 1942. Ç'avait été l'arrestation de Jean Hansen, dit Éric, de « Ruisseau » et de « Gendarme ». Ruisseau était le nom de guerre de Gérard Ruysen et Gendarme celui de Ludovic Jacobs... Jean Hansen, vous vous souvenez, était le commandant de la section Liège-Seraing de notre compagnie de partisans. Ruisseau et Gendarme étaient d'une autre équipe que celle dont j'assumais alors la responsabilité, mais à diverses reprises ils avaient participé à nos coups de main, tantôt en remplacement d'un titulaire empêché, tantôt en renfort. Ruisseau était un garçon timide, gentil et courageux. Tout aussi courageux et tout aussi gentil, Jean Hansen était de surcroît un chef. C'est-à-dire qu'il savait prendre des décisions rapides, qu'il savait se faire obéir tout en demeurant cordial et aimable, et qu'il assumait ses responsabilités sans jamais chercher de bouc émissaire lorsque l'objectif espéré n'avait pas été atteint. Il étudiait la médecine et habitait chez ses parents, à Seraing, car il n'avait pas été obligé d'entrer dans la clandestinité. Tous trois furent jugés rapidement, condamnés à mort et exécutés.

Leur mort nous avait fait mal, très profondément mal. Tellement mal que le désir de les venger, de nous venger, croissant jour après jour en nous, nous amena à décider de tuer un Kollabo. Pour calmer notre désarroi et notre fureur, pour nous donner cette illusion de justice qu'est la vengeance. Un Kollabo mais pas un Allemand. Avant tout parce que si ç'avait bien été ces derniers qui avaient jugé et fusillé nos amis, c'était un traître qui les avait donnés. Qui, nous n'arrivions pas à le savoir, sinon nous l'aurions abattu. A défaut, nous décidâmes de descendre n'importe quel collaborateur, le plus important possible.

Ce jour-là, Jean-Pierre était venu me trouver à l'université, dans la petite pièce où je travaillais. Par la large fenêtre qui occupait presque tout un des murs, nous voyions la Meuse, grise, large, encore élargie par la courbe qu'elle dessine. Sur le vaste quai, à l'avant-plan, les maraîchers s'affairaient pour le marché du matin. Derrière nos vitres, nous étions hors de portée de leur brouhaha et cette agitation en apparence silencieuse avait quelque chose d'étrange.

Les mains enfouies dans les poches de son pardessus, Jean-Pierre, légèrement voûté, se tenait adossé à l'armoire. Il souriait un peu, comme d'habitude, de ses lèvres proéminentes aux minces commissures.

« J'ai vu “ Ernest ”. On essaie ce soir ?

– Ce soir ? »

J'éprouvai un instant d'hésitation. Un peu comme on hésite avant de plonger dans une eau froide.

« Oui, d'accord. A 6 heures aux Terrasses, ça te va ? »

Le reste de la journée s'écoula dans l'attente vague du soir. Tout avait acquis cette irréalité qui précède les épreuves. Car toute action, même la plus anodine comme faire sauter un rail, était une épreuve. A fortiori abattre quelqu'un.

De derrière une poutre du grenier poussiéreux où je le cachais, je sortis le pistolet 7.65 dont je disposais à ce moment-là, Je le vérifiai, l'armai et le glissai dans la poche droite de ma veste. Je l'y caressais parfois, comme un petit animal parfait et net.

La nuit était tombée. Nous marchions côte à côte, tous les trois. Il gelait un peu et les pas résonnaient.

Nous avions décidé d'abattre, si possible, un officier de la garde wallonne ou de la légion Wallonie. Encore fallait-il en trouver un. Nous déambulions dans le quartier de la gare, espérant avoir davantage de chances d'en rencontrer là qu'ailleurs dans la ville.

Des civils, ombres hâtives, nous croisaient ou nous dépassaient. Par-ci, par-là, un peu de lumière filtrait jaunâtre, par un coin de fenêtre mal occulté.

Le bruit lourd et sonore de bottes ferrées, allemandes, soudain nous tendit les nerfs. Nos regards fouillent l'obscurité. Nous croisons l'homme et nos yeux scrutent son uniforme, le collet, les épaulettes : ce n'est pas un Belge. Or c'est un traître belge que nous voulons.

Nous marchons, nous marchons, les heures passent, la fatigue nous gagne. Nous fatiguent aussi nos revolvers inutiles. Il se fait tard, la chasse semble vaine.

« Henri, dis-je, allons à la Gestapo et descendons le premier qui en sort, Boche ou pas. Jean-Pierre, d'accord ? »

Jean-Pierre réfléchit. Je ne sais ce qu'il pense. « Oh oui ! » répond-il doucement.

Enfin un but précis, enfin marcher en sachant où l'on va, enfin ne plus errer au petit bonheur la malchance. Il se fait tard, les rues sont désertes. Nous suivons le boulevard d'Avroy, l'immeuble de la Gestapo s'y trouve. Soudain, à une cinquantaine de mètres, une porte s'ouvre, de la lumière jaune coule sur le trottoir.

« C'est là ! C'est la Gestapo ! Il y a un type qui sort. Vite ! »

Nous courons, mes deux camarades sur la chaussée, moi sur le trottoir, à la poursuite de l'uniforme qui s'éloigne d'un pas décidé. Ne pas le perdre dans la nuit... !

Nous avons couru trop vite car l'homme tout à coup se cabre et se retourne. J'ai tout juste le temps de me mettre au pas. J'en suis à trois ou quatre mètres. Il jette un coup d'œil sur moi, tourne la tête et observe Jean-Pierre et Ernest, à hauteur sur sa droite. Il sent le danger ou, du moins, il perçoit l'« anormal ». Il traverse brusquement la rue. C'est un arrêt de tramways. Deux civils, silhouettes dans l'ombre, attendent. L'un bat de la semelle.

Jean-Pierre et Ernest ont dépassé ce petit groupe et se sont arrêtés, feignant eux aussi d'attendre le tram. L'Allemand a fait de même. Je le perçois attentif, tendu. Mes deux amis, en devisant, reviennent paisiblement sur leurs pas. L'Allemand leur jette un bref coup d'œil, mais aussitôt se fixe de nouveau sur moi.

Pourquoi ne tiré-je pas, même s'il me regarde, même s'il se méfie ? C'est comme si sa vigilance m'empêchait de l'abattre... Ma seule préoccupation : endormir cette vigilance, rendre à nouveau cet homme vulnérable, parce que non méfiant. On le tuera après.

Je m'éloigne à petits pas. Je reviens et le dépasse. Je fais demi-tour et repasse devant lui. Et je sens sa tension se relâcher peu à peu. Le voici enfin rentré dans la quiétude. Je me suis arrêté derrière lui, et il ne se retourne pas. Jambes écartées, mains croisées derrière le dos, il attend son tram. Je regarde ce dos géométrique, les lignes nettes de l'uniforme, la casquette plate, ronde, les bottes qui luisent faiblement.

J'ai abattu le cran de sûreté. Je vais tirer à travers le tissu de ma poche. Je serre doucement la crosse chaude du 7.65, je lève le canon. Il n'y a plus qu'une légère pression à exercer sur la détente. Une petite pièce d'acier à déplacer de deux millimètres et un homme tombera, mort.

J'attends. Je ne tire pas.

Je répugne à tuer tout seul, à tuer dans le dos. Ma pensée s'égare un instant sur la mère de cet homme. Je souhaiterais l'anonymat d'un triple coup de feu : je comprends que l'on fasse fusiller les condamnés par un peloton d'exécution.

Des yeux, je cherche mes camarades : pas à gauche, pas à droite, où sont-ils donc ? Pourquoi ont-ils disparu ? Je me parle : « Vas-y, Jim » (on m'appelait alors « Jim le partisan »), « tire et tire-toi ! »

Je ne tire pas. Je ne parviens pas à accomplir ce menu geste de deux millimètres. C'est dur, de tuer un homme... « Ce n'est pas le premier, mon vieux, qu'est-ce qui te prend ? » Oui, mais le premier dans le dos. « Et quand il guettait et te regardait, tu ne l'as pas tué ? » C'est vrai, j'aurais dû... Tuer un homme dans le dos... – Mais ce n'est pas un homme, ça, c'est un gestapiste, un bourreau ! »

Où sont donc les deux autres ? Il faut cependant que je tire, il faut venger Éric, et Ruisseau, et Gendarme, il faut montrer que la Résistance ne baisse pas les bras. Il ne faut pas que toutes ces heures de recherche soient perdues. Qu'est-ce qui me retient, qu'est-ce qui retient mon index à deux millimètres de cette exécution libératrice ?

## *Utiliser la chance qui passe*

« Enfin, ne saurais-tu plus te décider ? » J'ai honte, mais je ne tire pas.

Au bout du boulevard, une lueur apparaît et approche, ferraillante. Le tram. Dans quelques secondes il sera trop tard. Le tram a stoppé et ses portières se sont ouvertes. Les deux civils montent, l'Allemand monte. Sa silhouette, son uniforme odieusement net et sanglé se découpent dans la lumière jaune. Il est temps encore... La portière s'est refermée, le tram est parti. Je suis rentré chez moi épuisé, vidé...

# 13

Malgré notre contentieux : « dérive des continents » contre « permanence des océans et des continents », malgré la désillusion que j'avais éprouvée à l'égard du patron de notre école de géologie, je conservais pour lui, pour l'immensité de son savoir et pour la disponibilité qu'il montrait à notre égard, nous les blancs-becs désireux d'apprendre, une déférence que ne désavouait pas le sobriquet « six heures moins cinq » que génération après génération se transmettaient les étudiants. Au contraire, alors qu'il avait presque atteint l'âge de la retraite, que le petit rectangle allongé de sa barbe était aussi blanc que ses cheveux, nous admirions sur le terrain son pas rapide et léger. Il semblait infatigable, tant son enthousiasme pour la géologie le soulevait toujours. Au retour des excursions, à part deux ou trois jeunes sportifs – Brégy, champion au lancement du poids, par exemple –, tous étaient nettement plus las que le vieux professeur Fourmarier.

Il m'avait suggéré quelques sujets de thèse de doctorat, mais je lui avais demandé s'il n'en voyait pas d'autre, quel qu'il soit du point de vue scientifique, mais dont le terrain se situe près des falaises calcaires ou dolomitiques qui bordent la Meuse depuis l'amont de Dinant jusqu'à l'aval de Namur : ma passion pour l'escalade, mon besoin d'activité physique, mon besoin de nature, sans parler de la ferme Herbiet et des grandes miches de vrai pain que j'y préparais lorsque je trouvais l'occasion de passer un ou deux jours à Freyr, étaient les motivations, nullement dissimulées d'ailleurs, au contraire même, qui m'avaient donné l'audace de solliciter un sujet aussi précisément localisé et dénué de prétexte scientifique.

Le patron se montra compréhensif et généreux. La thèse qu'il me suggéra eut pour titre *L'Influence des récifs waulsortiens sur la tectonique du synclinorium de Dinant...* Ce jargon fait très sérieux, peut-être, mais le sujet n'avait vraiment pas grande importance géologique et ma thèse ne fut pas plus intéressante que la triste moyenne de la plupart des thèses de doctorat. Mais la gentillesse de ce professeur était presque paradoxale, lui qui avait pris l'habitude de me faire faire au tableau l'exposé de mes lectures de Wegener et d'Argand pour m'y confondre sous l'avalanche de son érudition et l'évidence de mes ignorances, et ainsi toujours me ridiculiser. Cette gentillesse consista à trouver un prétexte pour me permettre de passer de plus en plus de temps dans cette région de Waulsort où se dressent les rochers de Freyr.

Les récifs mentionnés dans la thèse étaient ces puissants noyaux durs dont j'ai parlé plus haut, faits de coraux vivant dans les mers chaudes qui s'étendaient là il y a quelque trois cent cinquante millions d'années (c'est-à-dire aux époques dites carbonifères parce qu'elles « portent » – fère – les gisements de charbon – carbone – de l'Europe où, grâce à ce combustible, naquirent au siècle dernier non seulement l'industrie moderne, mais aussi la géologie). Trois ou quatre millions de siècles avant l'apparition de l'homme, nos latitudes non seulement étaient marines, mais avaient un climat tropical. Les dépôts qui s'accumulèrent alors en bordure des continents, après avoir été des millions d'années durant des alternances d'argiles, de sables et parfois de galets, étaient devenus calcaires, débris de milliards de milliards de coquillages ou, lorsque les conditions de pureté des eaux et de température le permettaient, récifs de corail.

Les coraux sont des animaux de la même famille que les méduses – celle des cnidaires ou cœlentérés –, mais, au contraire des méduses, ce sont des animaux fixés, comme des plantes. Ils vivent en colonies d'individus innombrables, dont la chair translucide et gélatineuse recouvre un dur squelette de carbonate de calcium. On les appelle aussi polypiers ou encore madrépores. Leur progéniture de larves microscopiques est transportée par les courants jusque tout près ou jusqu'au diable vauvert. Lorsque les larves atteignent l'adolescence, elles se fixent, soit sur un roc bien ensoleillé où le bris des vagues oxygène fortement l'eau soit, le plus souvent car le voyage est plus court, sur un récif de corail existant, en général celui-là même où elles ont été engendrées.

Ce cycle se poursuit aussi longtemps que l'eau demeure pure et oxygénée et la température suffisante. Pour autant qu'ils n'aient pas servi de pâturage ou, plutôt, de surpâturage aux poissons amateurs de ce mets, notamment les poissons-perroquets qui broutent les récifs vivants, spectacle fascinant s'il en fut que je devais contempler pour la première fois en 1950-1951 en mer Rouge lors de la toute première croisière de la *Calypso*. Une fois trépassés, les coraux servent, comme tous les êtres vivants, nous-mêmes inclus, de nourriture aux diverses espèces qui s'en repaissent, dont, toujours, des micro-organismes. N'en demeure finalement que le squelette de calcaire. Génération après génération, le récif fait de roc d'origine vivante croît ainsi aussi longtemps que le lui permettent la pureté, l'oxygénation et la température de l'eau marine.

Durant toute la vie du récif, ce qui peut représenter des dizaines ou des centaines de millénaires, les poissons brouteurs de corail produisent en quantités incroyables des sédiments calcaires contemporains des polypiers vivants. Je vous disais que les regarder pâturer ainsi est fascinant. A double titre. D'abord par le spectacle du troupeau de poissons multicolores qui font face au tombant du récif, l'un après l'autre foncent dessus pour le frapper de leur puissant bec de perroquet, reculent aussitôt de quelques centimètres et dans l'instant qui suit foncent à nouveau sur leur pâture. Ensuite, parce que en même temps, et quasi sans interruption, les poissons déversent par l'anus le sable blanc qui résulte du broyage du squelette corallien qu'ils ont avalé. Ce ne sont pas à proprement parler des excréments, puisque l'on appelle ainsi les résidus de la digestion, mais des rejets comme les noyaux de cerise que nous crachons nous-mêmes. Eux, ayant retenu dans leur tube digestif la protéine vivante des coraux, crachent par le derrière le sable résiduel.

Je ne sais si des géologues ou des zoologistes marins avaient trouvé ou non, avant que je n'aie la chance, fin 1950, de plonger dessus, l'occasion d'observer ce phénomène zoogéologique, la genèse pratiquement instantanée de sables calcaires, mais le géologue que j'étais demeurait confondu à contempler le débit de ces innombrables poissons broyeurs de madrépores : un semblant de calcul me disait que des millions de tonnes de cet étonnant sédiment biogénique se déposaient chaque année au pied des puissants massifs de corail épars dans les mers chaudes du globe.

Lorsque finalement les conditions changent, soit parce que change le climat, soit parce que les fleuves viennent déverser à proximité des vases argileuses, le récif meurt, au terme d'une existence extrêmement longue – longue parce que les conditions climatiques mettent d'habitude des millénaires pour évoluer de façon notable, de même que les conditions géologiques et géomorphologiques qui déterminent la pureté des eaux. Et, peu à peu, des sédiments continentaux apportés par les fleuves puis par les courants marins viennent ensevelir le récif. Sédiments qui peuvent être eux aussi calcaires, mais également argileux ou sableux, voire, longtemps, très longtemps après, caillouteux.

Plus tard, au terme de quelques autres millions d'années, les sédiments empilés sur les milliers de mètres dans les fonds marins s'ils ont pu atteindre sans émerger de telles épaisseurs, c'est que, sous leur poids, ces fonds s'enfoncent (ce qui constitue l'une des raisons de croire que, sous l'écorce terrestre, le magma est fluide), ces sédiments sont peu à peu transformés en roches dures – schistes, grès, poudingues – à cause, d'une part, des pressions colossales qu'exercent sur eux les couches peu à peu accumulées par-dessus, d'autre part de la chaleur, laquelle croît de quelques dizaines de degrés pour chaque kilomètre de profondeur sous la surface : quand il s'agit d'une dizaine de kilomètres ou plus, le métamorphisme passe du simple compactage et de l'induration des sédiments à la genèse de minéraux nouveaux formés aux dépens des ions existants et, donc, à la naissance de roches nouvelles, micaschistes, cipolins, gneiss, voire granites : ce métamorphisme qu'étudiait le chercheur Paul Michot et que Paul Michot professeur nous enseignait si bien...

Mais, pendant que ces phénomènes se poursuivent, s'en développent d'autres, d'importance majeure : les plissements. On le sait depuis la fin des années 50 ou plus exactement on le pense : plissement et surrection des chaînes de montagnes résultent de l'affrontement de deux plaques tectoniques que des courants de convection du magma entraînent l'un vers l'autre : ainsi la Cordillère des Andes est née de la subduction de la plaque sud-orientale de l'océan Pacifique sous la plaque continentale de l'Amérique du Sud, de même que la chaîne du Zagros résulte de la subduction de la plaque continentale arabique sous celle, continentale aussi, de l'Eurasie, autrement dit de l'Arabie sous l'Iran. Or, lorsque mon maître Fourmarier me proposa mon sujet de thèse, non seulement le « mobilisme » était rejeté et même ridiculisé par 99 pour cent de géologues, mais le « fixisme » était un credo dont mon patron était le pape...

On ne savait guère quels mécanismes président aux plissements, mais on connaissait excellemment les caractéristiques de ces derniers. Fourmarier le tout premier. La thèse qu'il m'avait proposée avait pour objet la recherche des effets qu'ont eus ces noyaux, durs dès l'origine, sur le comportement des strates, elles meubles à l'origine, au milieu desquelles se trouvaient ces récifs de corail.

Comparé à la tectonique d'ordre planétaire dont traitaient mes dieux scientifiques, Wegener et Argand, ce que j'avais à étudier était quasiment du domaine de la microtectonique. De même que notre bien modeste contribution à la guerre en cours, que je comparais au championnat de division inférieure par rapport au championnat de division nationale que disputaient les armées, la géologie que je pratiquais sur les récifs waulsortiens – et sur ceux, paléontologiquement superbes, de l'époque géologique famennienne – était d'intérêt très mineur comparée à la surrection des Alpes ou des Himalayas. Mais, tout comme disputer un championnat, même secondaire, est pour moi incomparablement plus passionnant qu'en suivre un de très haut niveau en simple spectateur, de même ai-je pris bien plus de plaisir à mes très modestes recherches qu'à mes joutes, toujours perdues de surcroît, avec le professeur Fourmarier. De plus, cela me permit, dans la seconde moitié de 1943 et durant les six premiers mois de 1944, d'être presque aussi souvent dans les rochers, les carrières et la ferme Herbiet que dans Liège où, comme dans toutes les villes, l'atmosphère s'appesantissait de façon déplaisante.

Je n'ai jamais relu ma thèse et je suppose qu'en dehors de mon jury, personne jamais ne l'a lue.

# 14

Quelques semaines après la non-exécution d'un Allemand pour venger Éric, Ruisseau et Gendarme, le bruit circula parmi nous que Jean Hansen, Ruisseau et Gendarme avaient été dénoncés par l'un des nôtres, Matagne, ce qu'aucun de nous n'aurait imaginé. Matagne était depuis l'enfance un copain de Jean Hansen, ils avaient été à l'école ensemble, ils étaient presque voisins et Jean avait embauché son ami dès le départ de ce que l'on allait finalement appeler la Résistance. Dans le civil, il était dessinateur industriel chez Cockerill, importante entreprise métallurgique de cette grande banlieue industrielle.

Que Matagne eût trahi me semblait impossible. Sur la dizaine de gars à nous connaître pour avoir « travaillé » ensemble, régulièrement ou occasionnellement, il n'y en avait que quelques-uns à le croire. J'ai appris depuis que le vieux dicton est, hélas, trop souvent vérifié : « Protégez-moi de mes amis, mes ennemis, je m'en charge. » Nous avons discuté, « coupable ou pas ? ». La majorité le déclara finalement tel et une nouvelle discussion s'ouvrit : « On le descend, ou on l'enlève pour l'interroger d'abord ? » En attendant que notre hiérarchie désignât quelqu'un, c'était moi qui avait succédé à Jean Hansen au commandement de la compagnie et j'obtins que l'on passât par l'interrogatoire préalable.

Notre vieille Buick fut sortie du garage où elle était d'ordinaire dissimulée (circuler en voiture exposait à des contrôles supplémentaires) et nous allâmes prendre livraison de Matagne dans la rue en pente, plutôt déserte, par laquelle il passait au retour de son travail. Nous avions immobilisé la Buick le long du trottoir, son avant tourné vers le haut en direction de la route que nous devions prendre pour gagner, à une trentaine de kilomètres de là, la maisonnette forestière où l'interrogatoire allait être mené.

Nous étions quatre, mon cousin Jean-Pierre, le gars responsable de l'automobile, Roger exécuteur des hautes œuvres et moi. Je m'étais attribué la mission d'assommer Matagne d'un coup de poing, à Jean-Pierre et au tueur j'avais confié celle de l'embarquer et au conducteur de démarrer sans ratés, lesquels n'étaient pas exceptionnels du tout en ces temps-là étant donné la vétusté des véhicules et la qualité de l'essence.

Pour ne pas soulever la suspicion des voisins – partout et toujours présents derrière les rideaux de leurs fenêtres – ou celle des rares passants, nous avions feint la panne : capot du moteur soulevé, Roger et Jean-Pierre s'étaient plongés dans ses relents d'essence, cependant que le chauffeur et moi demeurions assis, lui à son volant, moi à l'arrière. L'atmosphère était très « gangster », très Al Capone, atmosphère que déjà alors les films avaient rendue familière. Et peu plaisante. Surtout lorsqu'il ne s'agit plus de cinéma.

Les minutes d'attente étaient d'une désespérante longueur. Nous avions l'impression que toutes les fenêtres, des douzaines de fenêtres, nous observaient.

Insidieuse, la crainte croissait que de derrière l'une de ces fenêtres un coup de téléphone à la police ne déchaîne ce qui ne pouvait se terminer que très mal : un coup de filet, qu'il s'agisse de la gendarmerie belge, de la Feldgendarmerie ou de la Gestapo. Nos pistolets, tout gros calibres qu'ils étaient, ne pourraient jamais servir qu'à une vengeance préalable avant que nous n'y passions nous-mêmes. C'est ce genre de réflexion, inspirée par l'inaction, qui fait paraître interminables les minutes.

Matagne tourna le coin et descendit dans notre direction. Long et mince, il marchait à grands pas, mais sans hâte aucune, un large carton à dessin sous le bras droit, sa gabardine sur le bras gauche. Le chauffeur alerta discrètement les deux pseudo-dépanneurs. Le scénario était que je jaillirais de la voiture au moment où Matagne arriverait à hauteur et que je lui décocherais un direct du droit, cependant que Roger et Jean-Pierre rabattraient le capot et parachèveraient d'un coup de maillet sur le crâne les effets du coup de poing à la mâchoire.

Cela se déroula comme prévu, sauf que le maillet n'eut pas à être utilisé. Matagne eut les incisives brisées et la base du nez presque décollée. Pas drôle pour lui et fort déplaisant pour moi. Tout d'abord parce que l'éthique – autant celle du citoyen lambda que j'étais que celle du boxeur que j'étais également – s'opposait au fait de frapper quelqu'un sans l'alerter. Ensuite parce que l'impression de sentir sous l'impact de mon poing le visage s'enfoncer me fut très désagréable. Moins qu'à lui, me direz-vous...

Matagne reprit peu à peu ses sens une demi-douzaine de minutes après que nous eussions démarré à l'arraché, remonté la rue, tourné à droite, puis à gauche et retrouvé la route d'Esneux et des Ardennes.

Il était sur le siège arrière, coincé entre Jean-Pierre et Roger, inerte, complètement KO au début puis, ses esprits lui revenant, hébété d'abord et les yeux vagues, enfin, au bout d'un petit quart d'heure, conscient de ce qui lui arrivait.

Et ce qui lui arrivait n'était pas drôle. Outre la commotion initiale, il y avait la sensation déplaisante de la bouche tuméfiée, du nez écrasé, des dents brisées. Je ne parle pas de douleur parce que ces contusions et ces plaies ne font pas tellement mal : je puis affirmer que les dents cassées accidentellement ne font guère souffrir. Rien de comparable à un mal de dents ni, parfois, à la simple intervention de la fraise du dentiste...

Était au contraire incomparablement plus grave la situation dans laquelle notre prisonnier se trouvait et, à l'évidence, il en était conscient. Ne l'aurait-il pas été que les propos qu'entreprit de lui tenir Roger aussitôt qu'il jugea Matagne capable de les entendre l'auraient mis au fait : « Tu le sais, ce qu'on va faire de toi ? » Un silence. « On va te faire la peau. » Un silence. « Comment ? Ça va dépendre. » Un silence. « Y en a qui veulent te pendre. Ça économise une balle. » Un silence. « Moi, Roger, moi je suis pas avare, mais te voir te balancer et crever bien doucement, ça me consolera de ce que tu as fait à Ruisseau et à Jean. » Et ainsi de suite. Il était intarissable.

Matagne ne répondait rien, au début parce qu'il était encore un peu sonné, ensuite parce que ses lèvres tuméfiées et ses incisives brisées ne lui facilitaient guère la parole. Sans doute aussi parce qu'il n'est pas facile d'alimenter ce genre de dialogue. A moitié retourné, assis sur la fesse gauche, j'assistais à la scène avec, en mon for intérieur, des réactions contradictoires. D'une part, un certain genre de satisfaction, celle d'avoir réussi l'enlèvement, celle d'un peu venger nos camarades fusillés, celle d'un règlement de comptes, donc d'un acte de justice. D'autre part, un sentiment de culpabilité pour avoir frappé sans mise en garde; un sentiment de gêne à constater combien nous abusions de notre supériorité, supériorité du nombre alliée à celle, pour au moins deux d'entre nous, de la simple force physique, sans parler de la supériorité que nous conféraient nos armes. Enfin un sentiment de pitié, non seulement parce que je n'étais pas convaincu de la culpabilité de Matagne – et c'était bien ce qui nous avait déterminés à l'enlever pour l'interroger au lieu de simplement l'abattre dans la rue –, non seulement parce que me mettaient mal à l'aise ce que Roger disait et le ton sur lequel il le disait, mais aussi parce que l'une de mes faiblesses est d'éprouver facilement de la pitié.

Le seul passage redoutable de l'itinéraire que nous suivions était la traversée de l'Ourthe. Nous savions le pont gardé par deux sentinelles de la Wehrmacht. Le risque que ces soldats nous arrêtent était faible, mais pas nul, et donc nous titillait quelque peu. Nous avions décidé, si d'aventure cela se produisait, de foncer (nous savions qu'il y avait ni barrage ni chicane). Même armé d'un fusil ou d'une mitraillette, un homme ne peut arrêter une voiture lancée. Le risque était léger qu'ils réussissent à nous crever un pneu avant le virage salvateur. Par contre la fusillade, si donc fusillade il y avait, engendrait la menace d'obstacles aussitôt dressés dans la grand-rue par la Feldgendarmerie. Et là, lancés comme nous le serions s'il nous avait fallu forcer le passage du pont, nous serions piégés, car il n'aurait été possible ni de faire demi-tour ni de tourner brusquement dans quelque rue perpendiculaire. Mais cette éventualité désastreuse était peu probable. Elle résultait de nos cogitations, lesquelles doivent prendre en considération le plus grand nombre de situations envisageables et surtout les pires, afin de réagir de la meilleure façon quelles que soient les circonstances.

Les deux sentinelles nous regardèrent passer avec la placidité habituelle du troupier qui accomplit la corvée que le sergent lui a imposée et nous traversâmes le pont d'abord, la bourgade ensuite tout tranquillement, à moins de quarante à l'heure. Dès la descente vers la rive gauche de l'Ourthe, Roger avait intimé à Matagne de s'accroupir aussi bas que possible. Il lui avait, de surcroît, passé des menottes. Et lui poussait le canon de son pistolet dans les côtes : aucun risque que le pauvre appelât au secours...

Je cause, je cause ! Si je continue à vous raconter cet épisode dans le détail, il me faudra quelques douzaines de pages. Au moins. Et si je raconte une douzaine d'autres souvenirs de la même façon, cela fera deux volumes. Or je n'avais vraiment pas l'intention de « raconter ma guerre » ! Non seulement parce que cela n'est, finalement, guère intéressant – du moins les faits ne le sont pas et seules peuvent l'être, à l'occasion, les réflexions que de telles aventures inspirent –, mais aussi parce que j'ai gardé des années 20 et 30 le souvenir, ô combien ennuyeux et même agaçant, d'anciens combattants ressassant 14-18.

Bref, nous sommes arrivés à notre maisonnette forestière, nous y avons passé la nuit à interroger Matagne, lequel finit par nous convaincre de son innocence. Nous l'avons libéré à l'aube. En retournant à la voiture, que nous avions laissée sur le chemin de terre à une centaine de pas de la maison, nous avons perçu des mouvements dans le taillis. Nous nous sommes aussitôt éparpillés et répartis en deux groupes, avons passé un pistolet à Matagne et, arme au poing, nous avons accompli une progression divergente d'abord, convergente ensuite. Sans rencontrer quiconque. Nous sommes rentrés à Liège, tous les cinq, à l'heure où les travailleurs se rendent à l'usine.

Le surlendemain, les journaux annonçaient en première page qu'un collaborateur, chef d'orchestre de son métier, sa femme et sa fille avaient été abattus chez eux. De la bouche de Matagne nous avions appris que ce collabo, gestapiste, était un de ses oncles et qu'il le haïssait. Le pistolet que, confiance en lui restaurée, nous lui avions laissé, avait fait œuvre utile.

Deux jours plus tard encore, un camarade habitant Seraing nous apportait des preuves, irréfutables, que c'était bien Matagne qui avait donné Jean Hansen et Ruisseau... Il avait roulé les débutants « juges d'instruction » que nous étions, juges de surcroît affaiblis par les scrupules excessifs de celui qui les commandait : moi-même.

Nous décidâmes de le descendre à la première occasion, mais cette occasion ne se présenta jamais car Matagne avait pris le maquis et il ne se livra à la justice qu'après la Libération. Non pour répondre de sa trahison – il ignorait notre revirement à son propos – mais en tant que résistant exemplaire qui avait abattu une famille de gestapistes belges. Ce fut néanmoins pour sa trahison que le tribunal le condamna à mort, ce qui signifiait prison à perpétuité, ce qui veut dire libération au bout de quelques années. Peut-être vit-il toujours...

Les soucis que provoquaient en moi nos activités clandestines étaient presque automatiquement neutralisés par ceux de mon apprentissage de géologue et de mineur. De même qu'un travail repose relativement d'un autre, fort différent. N'empêche que la détente la meilleure, toujours, c'était d'échapper à la cité, à ses impératifs, à ses restrictions, à ses pièges, à sa grisaille, à ses tristesses, et de retrouver pour quelques heures, rarement quelques jours, les champs, les prés, la forêt, la paix inégalable des troupeaux, la course des cumulus blancs, bouclés, dans l'azur du grand ciel, le vert léger des feuilles à peine nées à l'amorce du printemps et les chatons tendres, flocons duvetés parmi les troncs sombres. Et les verts, tous les verts et toutes leurs nuances, ceux des blés qui lèvent, ceux des feuillages qui renaissent...

A mes camarades varappeurs je vulgarisais la géologie qui m'était enseignée. J'aimais – et j'aime toujours – partager ce qui me semble plaisant. Et la connaissance est une chose plaisante au possible. De même qu'il est plaisant de comprendre pourquoi certaines roches sont friables et d'autres solides « comme du roc », pourquoi certaines assurent une bonne adhérence aux semelles et d'autres, au contraire, doivent être négociées avec toute la prudence que leur surface lisse exige, pourquoi les unes sont rugueuses de leurs myriades de cristaux et les autres ont l'aspect uni des marbres ou des schistes... Lorsque mon « patron », le professeur Fourmarier, eut décidé de mon sujet de thèse c'est-à-dire de l'influence de ces noyaux congénitalement durs que sont des récifs de corail immergés au milieu de couches innombrables de sédiments tendres, sur l'architecture engendrée par les contraintes colossales qui avaient par la suite plissé le tout dans le jeu tellurique de la genèse des montagnes, je pris plaisir à expliquer tout cela aux copains. Plaisir nettement plus subtil et à la fois intense de l'expliquer aux copines. Pour autant qu'eux-mêmes et elles-mêmes y prissent plaisir aussi. Ce qui n'était pas toujours évident. Mais certains accrochaient réellement.

Aucun d'entre nous ne s'était jusque-là inquiété des raisons qui avaient déterminé la nature très différente, en matière d'escalade, des divers rochers calcaires de notre terrain de jeu mosan, ici lames redressées à la verticale, lames d'à peine un décimètre ou deux d'épaisseur chacune, là surfaces verticales de dix mille mètres carrés, lisses comme si on les avait polies. Savoir que ces dernières étaient des récifs de corail fossiles et les autres des strates faites de myriades de coquilles brisées et déposées à l'horizontale il y a quatre cents millions d'années donnait à notre alpinodrome un sens qui me satisfaisait l'esprit. Trouver dans les calcaires noirs, à grain très fin, de l'étage géologique appelé « Dinantien supérieur » des fossiles admirablement conservés plaisait beaucoup aux garçons comme aux filles que je débauchais ainsi quelque peu de leur trop exclusive fringale : l'escalade.

Cette fringale, je l'éprouvais d'ailleurs moi-même. A force de grimper, nous connaissions les voies par cœur, nous savions où se trouvait tel « gratton » à agripper du bout des doigts, où coincer la pointe du pied, où, « à la Dulfer », opposer la traction des mains, exercée sur une arête verticale, à la poussée en sens opposé des semelles appliquées contre une paroi lisse, tout aussi verticale. Il nous arrivait de faire de la varappe les nuits de pleine lune : pour quelques-uns d'entre nous, il n'était plus besoin de voir, tellement nous connaissions ces itinéraires.

Que l'excès en tout soit nuisible me fut prouvé ce jour d'été, c'était en 1943 je crois, où j'escaladais la jolie Chandelle de Chaleux, sur la rive droite de la Lesse, rivière qui, quelques lieues plus à l'ouest, se jette dans la Meuse. Haute de dix-huit mètres, cette petite aiguille est, précisément, une lame de quelques strates parallèles de calcaire redressées à la verticale il y a trois millions de siècles, lors du plissement de la chaîne armoricaine-varisque (encore dite hercynienne, d'après le Harz d'Allemagne centrale). On gravit la Chandelle par la tranche, c'est-à-dire en utilisant les aspérités de l'arête de chacune des strates ainsi que les possibilités de coincement – des doigts, d'un pied, d'une jambe – offertes par le retrait sur leurs voisines de strates plus tendres, donc plus érodables.

Je courais véritablement dans cette voie verticale dont je connaissais le moindre creux comme la moindre saillie, et allais atteindre le piton d'assurance planté juste à mi-course et y accrocher le mousqueton que je venais de détacher de mon harnais lorsque, alors que mon bras était tendu vers ce piton, le talon de mon pied d'appui glissa hors de la vieille sandale de tennis – les sandales, en ces temps de pénurie, servaient de chaussures d'escalade. Ne disposant plus que de deux prises sur quatre – une main donc étant en l'air pour crocher le mousqueton et l'autre pied, erreur impardonnable, étant aussi en l'air –, je basculai en arrière.

Il m'était déjà arrivé de tomber de sept mètres de haut. C'était au cours d'une excursion de géologie. Cette chute, je l'avais faite face vers l'avant et, pendant sa très brève durée, j'avais éprouvé une extraordinaire et stupéfiante délectation. La chance fit que, hormis le KO que m'infligea le choc à l'arrivée sur une prairie herbeuse, je ne me fis pas le moindre mal. Ce choc, sans doute avait-il été amorti par mon sac à dos bien bourré car, sans doute, étais-je « arrivé » sur le dos. A Chaleux je ne tombai pas face en avant mais en arrière et l'angoisse que j'éprouvai au long de ces secondes fut atroce. Ce qui paraît plus normal que la véritable euphorie que j'avais connue lors de ma chute vers l'avant.

La chance, exceptionnelle, qui m'avait permis de sortir sauf de la chute de sept mètres joua de nouveau. Celle-ci comptait cependant neuf mètres. Deux de plus, ce n'est pas négligeable. Chute qui, circonstance aggravante, s'achevait non dans la douce épaisseur d'un épais tapis d'herbe, mais sur la dalle de roc dur qui constituait la plate-forme de départ de la voie d'escalade. Je tombai dessus à plat dos et, chance supplémentaire et *sine qua non* de survie, le cou à ras du rebord de la dalle. Ma tête, basculant violemment en arrière au moment où le reste du corps soudain s'immobilisait, porta dans le vide au lieu d'éclater sur le roc comme un œuf. Sans cette chance stupéfiante, je ne raconterais pas ces histoires.

De la chance, il en faut dans l'existence. Certains, et j'en suis, en ont eu beaucoup. D'autres en ont manqué. Mais la chance seule n'est efficiente que si on l'aide. En la circonstance, si mon crâne ne s'est pas brisé sur le rocher, ce fut exclusivement dû à la chance. En revanche, si mon cou a supporté l'extension violente que le basculement de la tête vers l'arrière lui a imposée à l'arrivée, si je ne me suis pas brisé les os, si n'a éclaté aucun de mes viscères, cela ne devait pas grand-chose au hasard mais beaucoup plus à la musculature dont tant d'années de sport assez intensif m'avaient matelassé. Une demi-heure après mon atterrissage, nous sommes repartis tous les quatre. A vélo. Comme nous étions venus.

La guerre se poursuivait, mois après mois. Plus elle durait, plus elle s'internationalisait et plus elle devenait non plus une colossale anomalie, mais une institution anormalement normale. Cet état de guerre, en effet, il fallut petit à petit le considérer comme la norme de la société. Lorsque enfin le conflit prit fin et que fut connue la vérité sur les camps de concentration, que hâves, squelettiques, presque muets, les survivants en revinrent et, peu à peu, arrivèrent à décrire l'incroyable horreur à laquelle ils avaient survécu, il apparut que, même là, l'anomalie affreuse d'être humilié, dans le corps et dans l'esprit, était devenue l'état normal des choses, supporté sinon accepté. État normal avec ses habitudes acquises, ses routines.

Pour les privilégiés que, toutes proportions gardées, nous étions, moi en tout cas, la guerre était devenue une espèce de gigantesque compétition sportive, un championnat du monde où chaque bataille était un match. Il y avait les matches de division nationale, ceux que livraient à l'Allemagne l'Armée rouge et la Royal Navy, et les États-Unis qui venaient de s'inscrire dans la compétition, et leur adversaire nippon. Et il y avait des divisions inférieures, dans laquelle jouaient, entre autres, les partisans. Matches mineurs certes mais qui importaient à ceux qui les disputaient autant, voire parfois davantage, que ceux qui comptaient pour le championnat du monde.

En « nationale », l'Allemagne avait pris la tête du classement, rejointe bientôt par le Japon. Et puis ceux qui avaient longtemps été les derniers de la classe des grands s'étaient mis à marquer des points, à Londres, à Leningrad, à El Alamein, dans l'Atlantique, à Stalingrad, à Guadalcanal. Peu à peu la foi se mua en espoir rationnel. La victoire « aux points » se dessinait. Seulement, une guerre, en principe, se gagne soit par KO, soit par abandon. La victoire au finish semblait de plus en plus certaine mais, on le sait bien en sport, elle peut toujours changer de camp de façon inattendue, à la suite soit d'un accident, soit d'un renversement d'efficacité, soit – et en boxe, nous ne le savons que trop – d'un coup dur inattendu.

Ce coup dur, ce furent les États-Unis qui le portèrent avec leurs deux bombes atomiques. Mais, avant cet effroyable happy end, nous devions vivre encore des années durant en territoires occupés par une armée étrangère. Ce qui constitue une situation proprement inacceptable pour quiconque a de l'amour-propre. Occupés, ce qui est pire, par les milices, en uniforme et en civil, d'un régime politique odieux. Il y en a beaucoup, de régimes odieux, mais le national-socialisme est le plus ignoble de ceux que j'ai connus de suffisamment près.

J'ai eu la chance de rendre plus de coups que je n'en ai reçu. N'eût-ce été que pour cela, j'appréciais le championnat que je disputais en division inférieure, celui de la guérilla, que l'occupant appelait terrorisme. En fait, notre objectif était bien de terroriser. Harceler, déstabiliser, mettre autant de sable que possible dans les rouages ennemis, donner à cet ennemi l'impression que même loin du front – des fronts – l'insécurité l'enveloppait... Mais, à la différence du terrorisme à la Khomeiny, à l'Abou Nidal, à l'Assad, à la Saddam Hussein, le nôtre, jamais, ne tuait à l'aveuglette. Nous avions très tôt décidé de nous-mêmes – et les directives reçues plus tard du commandement central ne firent que nous conforter dans la règle – de ne tuer sans nécessité majeure aucun ennemi, allemand ou collabo, militaire ou nazi, simplement pour ne pas entraîner de vengeances aveugles, d'exécutions de prisonniers ou de civils habitant auprès des lieux où cela se serait passé : trop d'exemples en faisaient foi et seule la suppression d'un collabo ou d'un nazi allemand de grande importance pouvait justifier que l'on risque des représailles.

# 15

La guerre avait fini par prendre les dimensions planétaires qui la rendirent beaucoup plus « mondiale » que la première à avoir été qualifiée ainsi : l'on se battait en Europe, en Afrique, en Asie, sur tous les océans, et l'issue n'était prétendument certaine que pour les propagandistes de chaque bord et pour les « fidèles » que la foi préservait du doute. On le sait, je faisais partie de ceux-ci.

A y songer rétrospectivement, je m'étais installé, quelque peu paradoxalement vu la conjoncture et mon emploi du temps, dans une sorte de train-train : l'école le jour et deux ou trois heures de sabotage la nuit. Le tout sur fond de semi-misère, car la nourriture était insuffisante, le logis souvent sommaire et le chauffage quasi inexistant. Peu frileux de nature, habitué à supporter le froid auquel s'était endurci le rêveur de pôles que j'étais demeuré, j'éprouvais néanmoins des difficultés à étudier dans une chambre non chauffée par les hivers particulièrement rigoureux de ces années 40. Découverte peu avant la guerre, la veste en duvet était un luxe hors d'atteinte de ma bourse. Mes lainages étaient vieux, usés et il n'était pas question de pouvoir en acheter de nouveaux.

Aussi, grelotter m'était-il devenu habituel. D'ailleurs, grelotter réchauffe... Pas beaucoup, hélas!

Je finissais par trouver qu'il faisait bien froid, même pour un explorateur polaire raté, lorsque l'idée me vint de reprendre l'entraînement de boxe : d'une part, l'exercice réchauffe davantage que le grelottis et pour une durée bien plus longue; d'autre part, la douche brûlante du vestiaire représentait une possibilité de stocker des calories pour plusieurs heures supplémentaires encore. Mais ce que je retirai de plus précieux de ce retour à mes sources sportives, ce fut une sérénité qu'en vérité je n'avais pas connue auparavant.

Car mes quelque six années de pugilisme, de 1933 à 1938, si elles m'avaient procuré cet équilibre physique sans lequel la vie ne vaut guère la peine d'être vécue, ainsi que cette impression de sécurité que donne la maîtrise, toute relative, d'un sport incontestablement rude, elles n'avaient guère réduit les incertitudes que mes diverses insuffisances suscitaient dans mon inconscient autant que dans ma conscience. Les complexes d'infériorité, plus ou moins justifiés, qui sont notre lot habituel et, selon le caractère de chacun, pèsent tantôt peu, tantôt beaucoup, affectent davantage les jeunes que les vieux. Et mes succès sur le ring ne m'aidaient guère à mieux supporter la vue de mon visage dans le miroir ni à accepter mes insuffisances diverses, supposées ou réelles. Ce qui ne rendait pas tellement plaisante l'existence de l'adolescent quelque peu attardé que j'avais été.

Quelques années plus tard, et quoique les graves incertitudes liées à la guerre eussent dû jouer en sens inverse, je me retrouvai moralement mieux dans ma peau, parce que plus mûr, donc moins inquiet, et comme rassuré sur la relative « utilité » de ma propre vie par le seul fait d'effectuer un travail – notre « bataille du rail » – alors que jusque-là je n'avais jamais été qu'un parasite. Car n'est-il pas un parasite, l'individu arrivé à la maturité physiologique qui ne produit rien mais, au mieux, étudie, au pire, fait semblant, voire même pas ?

La forme physique, vite retrouvée grâce à l'entraînement de boxe, m'ouvrait – je ne m'en rendais pas bien compte alors, mais aujourd'hui cela m'apparaît comme une évidence – la première des époques de mon existence où vivre me fut davantage plaisir que souci. Mais, paradoxalement, je me reprochais parfois de m'enliser dans l'embourgeoisement. J'appelais ainsi l'espèce de routine école-sorties nocturnes-dodo qui caractérisait la plupart de mes semaines, routine bourgeoise aussi les quasi mensuels samedi-dimanche ferme-pain-escalade, ainsi que l'aller et retour pour passer voir mes parents à Boitsfort ou Betty à Maransart.

Betty, je l'ai évoquée plus haut, était l'âme d'une petite pension, « école nouvelle », pour enfants, de tradition Decroly-Hamaïde, dans laquelle les instits s'efforcent de comprendre chacun des gosses individuellement afin de leur donner un maximum de chances de se développer le plus harmonieusement possible. A l'époque, ce système d'éducation m'enthousiasmait, qui tranchait tellement avec les écoles primaires et les lycées, officiels comme privés, tant par les principes que par le dévouement des maîtres. Depuis, je lui reproche de faire, des enfants qui lui sont confiés, des adultes trop gentils... Gentils au sens « qui plaisent par leur délicatesse morale, leur bienveillance ». Trop gentils pour le monde moderne, qui lui, n'a guère grand-chose de gentil, où, lorsque les circonstances l'exigent, il faut être dur, méfiant, reconnaître les traîtres. Ce n'est pas que les traîtres ni même les simples menteurs pullulent plus qu'avant la décadence de cette fin de siècle, mais ces quelques-uns, si rares qu'ils puissent être à se trouver sur votre chemin, peuvent être nuisibles à l'extrême. Et il convient dès lors de n'être pas « roulés » par eux. L'éducation se doit d'y veiller.

L'école de Betty, « La Clef des champs », n'accueillait en principe que des élèves payants puisque aucun organisme ne la soutenait de ses deniers. Mais, depuis l'occupation, payants ou non, il y avait chez elle une proportion croissante d'enfants dont les parents se trouvaient en situation irrégulière : Juifs, communistes, émigrés, résistants... Betty hébergea aussi durant quelques mois, avant que je ne le cache chez mes parents puis, en 1944, dans un « maquis » de la forêt des Ardennes, Ilya Voïlenko, l'un des premiers prisonniers russes évadés – celui-ci, plus exactement, était ukrainien – dont j'étais allé « prendre livraison » du côté de Lens et qui m'avait été tellement sympathique que j'avais cherché à l'aider davantage.

Deux des enfants « illégaux » que j'avais connus à La Clef des champs m'étaient eux aussi devenus chers : Jacques, garçon de treize ou quatorze ans, mais pas encore entré dans l'âge ingrat, et sa petite sœur Rosette, que je trouvais adorable. Et qui, d'ailleurs, l'était. J'avais fait aussi la connaissance de leurs parents, communistes, illégaux, obligés à une clandestinité rigoureuse pour le « travail » et sympathiques en diable. J'ai oublié leurs noms du moment, mais j'appris un peu plus tard qu'il s'agissait d'Aurore, l'épouse divorcée de Maurice Thorez, secrétaire général du parti communiste français, réfugié alors à Moscou, et d'Eugen Fried, Tchèque d'origine et représentant du Komintern en France et en Belgique occupées, c'est-à-dire véritable patron du PC en ces pays.

Le jeune Jacques était en réalité le fils très légitime de Maurice et d'Aurore Thorez, laquelle avait obtenu la garde des enfants. Quant à sa « sœur », Rosette, en fait Marie, elle était la fille de Fried et d'Ana Pauker, la « Pasionaria » roumaine, leader charismatique du parti communiste de son pays. Pour le communiste convaincu que j'étais alors, cela constituait une conjoncture exaltante. Car, par éducation et par propagande combinées, nous portions une dévotion véritable aux chefs prestigieux des PC en lutte contre le nazisme.

Je crois que ce fut un peu plus d'une année après que je fus le témoin, en partie, de la fin dramatique de cette phase de l'Histoire. J'écris bien Histoire, avec H majuscule, car Fried a joué un rôle de première importance dans celle des partis communistes de cette époque. Il fut abattu un jour d'août 1943 au moment où il pénétrait dans le corridor de l'appartement que lui et Aurore occupaient à Bruxelles. Miraculeusement celle-ci échappa aux balles des poursuivants et réussit à gagner La Clef des champs où, tout en bouclant en hâte avec l'aide de Betty la valise des enfants qu'elle allait aussitôt emmener vers un refuge secret, elle nous raconta ce qui venait de se passer.

Fried et elle rentraient donc dans le logis qu'ils occupaient alors, le rez-de-chaussée d'une de ces maisons bruxelloises classiques où la porte d'entrée, une marche ou deux au-dessus du trottoir, donne sur un couloir perpendiculaire à la rue et donc qu'aucune fenêtre n'éclaire puisqu'il se termine par une porte intérieure donnant sur la cuisine. Fried avait introduit la clef et l'avait fait tourner, avait poussé la porte extérieure et il pénétrait dans le couloir obscur lorsque des coups de feu furent tirés de l'intérieur. Il n'avait pas eu le temps de presser l'interrupteur, n'avait donc pas pu discerner les assassins tapis dans ce couloir, alors qu'eux voyaient parfaitement sa silhouette découpée sur la lumière du jour. Le corps de Fried avait protégé Aurore et elle avait eu le sang-froid de fuir aussitôt, de tourner dans la première rue transversale, toute proche, puis dans une autre. Elle avait sauté dans un tram et une heure plus tard elle était à La Clef des champs.

Le ton de sa voix, les sanglots qu'elle réprimait, ses yeux rouges, ses paupières gonflées dénonçaient sa douleur. Mais elle la maîtrisait avec une volonté et un courage pareils à ceux qu'en ces temps-là j'ai pu constater chez tant de gens de qualité. Aurore, dans sa très évidente tragédie, se révélait femme d'action aux décisions rapides. « Puisque la Gestapo connaissait notre gîte, nous expliqua-t-elle, c'est qu'elle nous avait repérés depuis longtemps. Depuis assez de temps pour monter son guet-apens. Alors, le risque est trop grand qu'ils sachent que les enfants sont ici. Il faut que je les emmène, tout de suite. Tout de suite. » Nous ne les revîmes pas de toute la guerre. Mais tous les trois réussirent à y survivre. J'ai revu Aurore une fois dans les années 50, à Vézelay où elle s'était retirée. Après sa mort, j'ai retrouvé successivement « Rosette », devenue française et mariée à un Français, et « Jacques », qui enseignait le français à Naples...

Aurore nous avait dit que le guet-apens funeste avait été monté par la Gestapo. Évidemment, nous avions pensé la même chose. Ce ne fut qu'après la guerre qu'une partie de la vérité apparut : le piège avait été monté par d'autres communistes, probablement sur ordre de Staline. Mais à l'époque je n'imaginais nullement les dissensions qui opposaient les divers courants internes, non seulement à l'intérieur du parti communiste de l'Union soviétique mais aussi dans le PC français. Dissensions qui allaient jusqu'à la haine. Et à l'exécution. J'aurais dû, même dans l'ignorance qui était la mienne, réfléchir assez et comprendre que les Allemands auraient eu tout intérêt à capturer vivant un personnage aussi important que Fried, n'eût-ce été que pour essayer de le faire parler. Ou de s'en servir pour un échange. L'abattre ainsi, c'était perdre un savoir précieux à l'extrême. Car Fried était, en Occident, l'homme le plus informé de ce qui se passait non seulement dans le Komintern, mais aussi dans le PC de l'Union soviétique.

Au témoignage que je rapporte s'oppose quelque peu celui que m'a donné, en 1990, Mme Arthur London, épouse du héros de la Résistance tchécoslovaque : les tueurs auraient tiré de la rue lorsque Fried, qui se serait trouvé à l'intérieur, aurait ouvert le guichet de la porte d'entrée pour voir qui sonnait à cette porte. Ce que je puis affirmer, c'est que le souvenir réellement visuel que j'ai gardé du récit d'Aurore est d'une précision, d'une netteté extrêmes. Que la version de Mme London n'est pas celle de l'actrice du drame que fut Aurore, mais celle qui résulte d'une transmission du récit d'Aurore à d'autres personnes, Rosette par exemple, qui l'ont elles-mêmes transmis à d'autres et ainsi de suite. De surcroît, j'ai recueilli le témoignage d'Aurore dans l'heure qui a suivi le drame. Ce qui lui donne une valeur supérieure aux récits ultérieurs.

Tout cela est d'importance mineure. Ce qui ne l'est pas, c'est la crédibilité de tout témoignage. Je l'ai déjà dit à propos d'autres événements et je le répète délibérément ici : il faut se méfier des témoignages, même rapportés sous la foi du serment par des gens rigoureusement honnêtes. Or on condamne des innocents et l'on absout des crapules en se fondant, parfois, uniquement sur le témoignage, parfois honnête, mais erroné, parfois témoignage de vraiment faux témoins.

Quoique déjà partiellement déniaisé à propos du parti communiste de l'Urss par ce que les prisonniers soviétiques évadés m'en avaient révélé, je n'imaginais nullement à l'époque que les haines, les lâchetés et les traîtrises puissent non seulement atteindre de tels niveaux au sein d'un parti politique, mais même simplement y exister... De surcroît, je ne pouvais l'imaginer dans ce parti qui, à mes yeux naïfs, luttait avant tout pour la justice sociale. Les décennies qui suivirent ont révélé la corruption profonde de trop de ses dirigeants. Elles ont révélé aussi la corruption de trop des dirigeants de tous les autres partis politiques. De quoi écœurer de la politique.

Le malheur est que si l'on se désintéresse de la politique, autrement dit de la façon de gérer la chose publique, on abandonne à d'autres le soin de le faire. A d'autres qui ne sont pas forcément les mieux qualifiés. La démocratie est, comme le disait Churchill, le pire des systèmes de gouvernement à l'exception de tous les autres. Or démocratie signifie suffrage universel d'abord, partis politiques ensuite. Suffrage universel, c'est-à-dire prééminence du plus grand nombre, prééminence de la quantité sur la qualité. Car, qui observe froidement et objectivement une foule, quelle qu'elle soit, et surtout une foule de gens confortablement nantis, constate, à l'analyse de l'expression de ses constituants, que son niveau éthique n'a rien d'enthousiasmant. Or la foule constitue la majorité. La démocratie étant le règne de la majorité est donc obligatoirement celui de la moyenne. Autrement dit d'une certaine médiocrité. Parfois d'une médiocrité certaine.

Pas drôle.

Mais comme la démocratie est moins mauvaise que tous les autres systèmes, il faut s'en accommoder. Faire avec, comme on dit. Or la démocratie, ce sont les partis politiques. Et ceux-ci, tant le parti communiste, aujourd'hui moribond, que le PS pour le moment dominateur, ou les partis de droite, tous montrent davantage les côtés négatifs qui les corrompent que les aspects positifs que seuls leurs discours quelquefois évoquent. Arrivismes forcenés, scandales, haines personnelles y fourmillent. Moins dissimulés peut-être que dans les nomenklaturas communistes ou fascistes, mais tout aussi nombreux et tout aussi écœurants. J'insiste sur ce triste aspect de notre société pour, jeunes amis lecteurs, vous ouvrir les yeux sur la réalité : la vérité doit toujours être dite, surtout lorsqu'elle est déplaisante.

L'assassinat, dans le courant de 1944, de mes deux meilleurs amis de lycée, Émile Altorfer d'abord, Léon Laisné ensuite, militants d'une droiture et d'une rigueur exemplaires, fut, comme pour Eugen Fried, commis par d'autres communistes. Mais je ne devais le comprendre que plusieurs années plus tard. Au contraire, j'avais pu pressentir dès 1943 la trahison majeure qui allait détruire notre groupe en mai 1944.

J'avais revu Marius, dont le pseudonyme était devenu Carl, dans les rues crépusculaires d'une banlieue lointaine et déjà campagnarde, Trooz, que tout en discutant nous arpentions du pas de travailleurs rentrant du boulot. Carl avait à me transmettre les nouvelles consignes que le commandement m'adressait par son intermédiaire. Je fus quelque peu surpris par ces directives : j'étais prié de fournir d'une part le relevé des actions exécutées, d'autre part le programme de celles à venir. L'on ne peut imaginer quelque chose de plus opposé aux règles élémentaires de la sécurité dans ce genre d'activité. Je ne discutai pas et répondis que j'en prenais bonne note (non écrite!) et que j'en débattrais avec les camarades de la compagnie. Carl-Marius n'était somme toute qu'un assistant de Lejour, notre commandant provincial, et en l'occurrence ne servait que de courrier. Je n'avais aucun compte à lui rendre et lui demandai de me fixer un rendez-vous avec Lejour. Je ne l'obtins jamais.

Les rendez-vous étaient toujours difficiles à arranger et nous avions pour habitude de les situer loin de la ville, ce qui ne facilitait pas les choses, vu la relative rareté des moyens de transport en commun. Heureusement il y avait la bicyclette. Par contre, d'autres camarades préféraient les rencontres en pleine foule, dans un café ou dans la rue, au centre de la cité. Les micros ultrasensibles et directionnels n'existant pas encore en ces temps-là, l'on pouvait se parler dans le brouhaha urbain sans crainte d'être écoutés.

Jean-Pierre, deux autres camarades et moi, nous retrouvâmes le lendemain et je leur racontai l'entrevue avec Marius-Carl, mon refus formel de mettre quoi que ce soit sur le papier et le sentiment de méfiance que j'éprouvais vis-à-vis de ce courrier, qui se disait d'ailleurs « commandant en second ». Il faut bien se rendre compte que, tout se passant sans écrit aucun et avec un minimum de contacts personnels, nos pseudonymes changeant aussi souvent que nos domiciles respectifs, il était parfois difficile de savoir qui était qui dans une hiérarchie à priori rigoureuse mais, dans la réalité, brumeuse et invérifiable.

Beaucoup plus disciplinés que moi – j'avais de cinq à six ans de plus qu'eux, ce qui explique en partie cela –, mes camarades refusèrent finalement de suivre ma suggestion : couper les ponts avec Carl. Non qu'ils aient tenu à ce Carl, qu'ils n'avaient d'ailleurs jamais vu encore puisque les contacts, au sein de l'organisation, exigeaient toujours le minimum d'interlocuteurs, mais parce que, ce faisant, nous serions à la fois coupés de Lejour et aurions commis le délit, voire le forfait, de désobéissance. Mes camarades étaient des militants convaincus ; et, comme je finis par le découvrir très, très longtemps après, le bon militant, qu'il milite pour un parti politique ou pour une religion, est volontairement aveugle à tout ce qui n'est pas sa foi. La foi, cela inclut le clergé, clergé politique aussi bien que religieux. Prêtres, évêques, ayatollahs, « permanents », secrétaires généraux, militants...

Je décidai alors de renoncer sur-le-champ au commandement que j'assumais à titre intérimaire depuis l'arrestation de Jean Hansen, et je passai ces responsabilités à Jean-Pierre parce qu'il était, parmi les camarades, celui qui possédait le plus des qualités requises. Cela se passait durant l'hiver de fin 1943 et ce fut le 11 mai 1944 que la catastrophe survint. J'y échappai grâce à cette date même, laquelle est celle de ma naissance : ma mère ne fêtait que trois anniversaires, le sien, le 29 mai, celui de mon beau-père, le 16 et le mien, le 11. Lorsque je rentrai à Liège le surlendemain, l'inquiétude et l'angoisse emplissaient la vieille demeure de ma grand-mère, où Jean-Pierre habitait : il n'était pas rentré de trois jours... Il n'est jamais rentré.

Jean-Pierre et une bonne vingtaine de camarades avaient été attirés dans une souricière et arrêtés à mesure de leur arrivée au rendez-vous qu'avait fixé Marius (Carl) aux uns et aux autres. Comme il avait petit à petit obtenu le numéro de téléphone de chacun d'entre nous, ou presque, il les avait contactés et leur avait dit de se rendre à cet endroit munis de leur « pipe », terme que nous utilisions pour pistolet ou revolver. Les cueillir un à un, ou parfois deux à la fois, ne posait pas le moindre problème à la douzaine de policiers allemands en civil qui les attendaient, dissimulés dans des voitures en stationnement. Parmi les camarades arrêtés, communistes et non communistes, figuraient, outre ceux de ma propre compagnie, mes « complices » habituels, mais aussi Robert Lejour qui commandait les Partisans armés de toute la province. Celui-là même auprès duquel s'était infiltré Marius-Carl, agent de la Gestapo. Il cst souvent difficile, quasi impossible même, sauf pour qui est méfiant de nature, de faire parmi ceux qui se proposent comme collaborateurs, voire comme amis, le tri préalable qui permettrait de se mettre à l'abri de la trahison. J'en ai fait à diverses reprises l'expérience, amère s'il en fut. Non seulement on se laisse prendre aux discours, adroitement structurés dans le sens de vos propres aspirations, de vos sentiments, des objectifs que vous-même vous êtes assignés, mais on succombe par la suite à cette facilité que tout responsable de décisions à prendre apprécie, celle d'être aidé et relayé dans leur élaboration, parfois difficile. Il est des responsables autocratiques, qui ne font confiance à personne. Et d'autres qui, au contraire, délèguent le plus possible. J'ai toujours été de ceux-ci, parfois m'en suis félicité, et, parfois, m'en suis bien mordu les doigts.

Ainsi, entre autres, pour l'un des directeurs de cabinet qu'il me fut donné d'avoir et qui me trahit dès le premier jour. Mais sa fourberie, fort bien dissimulée derrière l'intelligence du discours et l'humour – et j'apprécie l'humour à l'extrême – ne m'apparut qu'au bout de plus de trois années de collaboration étroite... Ce n'était cependant pas faute de mises en garde. Mais si « j'avais des yeux, je ne voulais pas voir ». Vous me demanderez : « Mais pourquoi pareille trahison ? » La réponse est simple : par arrivisme, autrement dit par vanité, laquelle est le vice moteur de toutes les décadences.

Peut-être, quarante années plus tôt, en avait-il été de même pour Robert Lejour et Marius-Carl. Assez curieusement, le Candide que j'ai trop souvent été avait éprouvé, dès sa première rencontre avec ce Marius, antipathie d'abord – malgré l'accent méridional de ce dernier, accent qui, comme l'humour, me plaît et donc me désarme partiellement – et ensuite méfiance. Mon antipathie était une réaction instinctive, la méfiance naquit très vite à partir de l'analyse des demandes (prétendument des ordres du commandant) qu'il disait me transmettre : fournir la liste écrite de nos actions passées, ce qui aurait constitué à la fois charge et aveux en cas d'arrestation, et de nos actions prévues, ce qui aurait permis et de les déjouer et de nous prendre sur le fait.

Après la guerre, nous apprîmes que Marius-Carl s'appelait en fait Riziri Bordin, né à Vigo d'Arzez, Italie, le 20 février 1907. Il ne fut pas condamné à mort par la cour militaire en 1948 lorsqu'il comparut en compagnie de deux douzaines de coïnculpés. Il a sans doute été mis en liberté depuis et peut-être vit-il paisiblement quelque part.

Si j'avais pu ainsi percevoir en Marius le traître qu'il était, c'est vraisemblablement parce qu'il n'avait pas pris la peine de jouer, comme il aurait dû le faire, la comédie avec moi. Alors qu'à coup sûr, il le fit avec le commandant Lejour. Cette comédie, mon directeur de cabinet me la joua, très adroitement lui, quarante années plus tard mais il omit de le faire avec certains de mes amis véritables, ceux-là mêmes que je refusais de croire lorsqu'ils me faisaient part de leurs réserves.

Quoi qu'il en fût, l'essentiel de notre organisation s'écroula en ce début de mai 1944 et notre travail, qui put cependant se poursuivre jusqu'à la libération, en fin d'automne, fut beaucoup plus ardu et beaucoup moins efficace. Les autorités allemandes organisèrent un procès public à grand spectacle des « terroristes » arrêtés. Robert Lejour s'y montra admirable. Non seulement par le courage avec lequel il prit sur lui seul la responsabilité totale des actions énumérées dans l'acte d'accusation, alors qu'il savait pertinemment que cela signifiait condamnation à mort et exécution certaines, mais aussi par la hauteur des propos que, avocat de talent qu'il était, il adressa à ses juges – et aux journalistes collabos – chaque fois que l'occasion lui en fut offerte. Avec les autres prévenus, il fut fusillé dans la cour de la prison de Liège, la veille du jour où les chars américains, sans combat, prirent la ville.

Seul Jean-Pierre avait été envoyé en camp de concentration. Son père, Jean, son oncle Marcel, magistrat à la cour d'appel, d'autres amis encore avaient réussi, j'ai oublié comment, à soudoyer un colonel allemand afin qu'il évitât à Jean-Pierre l'exécution. L'énorme somme d'argent que cet officier demandait en paiement avait pu être rassemblée grâce à une véritable quête. Et le colonel avait tenu parole. Mais nous ignorions encore totalement, en ce début d'été 1944, la nature des *Konzentrazionlagern*. Nous croyions qu'il s'agissait de camps de prisonniers, type camp de prisonniers de guerre – stalags et offlags – simplement plus durs. Beaucoup plus durs... De Neuengamme, Jean-Pierre ne revint pas.

## 16

Je passai mes examens de mineur, puis ceux de géologue, je défendis ma thèse dont je savais le relatif manque d'intérêt, j'assistai à l'entrée des troupes alliées, chars et camions chargés de gars sympa, je connus l'écœurement que l'éclosion soudaine des « résistants » de la dernière heure engendra parmi les survivants des années difficiles, éclosion similaire à celle à laquelle on assiste au moment où j'écris ces lignes, où des défenseurs de l'environnement, soudain innombrables, volent au secours de ce qu'ils croient être la victoire.

Mais la victoire, ce ne sont pas les discours de politiciens récupérateurs de voix écologistes, ce ne sont pas les manifestations à plus ou moins grand spectacle type « Journée de la Terre » ou « Décennie de l'Environnement », ce n'est même pas ce côté positif de la médiatisation qu'est la prise de conscience par l'opinion publique, par ses représentants élus, par les journalistes, par les gouvernants, par leurs administrations diverses, de la gravité extrême des menaces que nos gaspillages démentiels et les pollutions qu'ils engendrent font peser sur l'humanité entière. La victoire n'aura lieu que lorsque les fameux « décideurs », tant politiques que financiers, se seront résolus à prendre les très coûteuses et très indispensables mesures que depuis des années nous réclamons. Or cela, les nouveau-nés à l'environnement n'y aident vraiment pas beaucoup, qui détournent au profit de leurs vanités les trop rares moyens financiers dont on dispose toujours pour lutter contre les pollutions.

Écœuré donc par la prolifération de ces pseudo-résistants soudainement éclos, je pris mes distances à l'égard de ce que l'on appelait la « Résistance ». Aucun de la demi-douzaine de notre groupe à avoir par chance survécu à nos si nombreux camarades tombés en ces « combats de l'ombre » ne s'associa à l'espèce de curée qui accompagna la Libération, curée d'honneurs, curée de pensions, curée de vanités diverses.

Je ne revis qu'un seul de ces survivants (ayant toujours ignoré le nom véritable des autres, je n'ai pu les retrouver) : ce fut Zali Flinker, miraculeusement rescapé du camp de la mort où il avait été emmené après son arrestation en août 1943 : il y avait été envoyé parce que Juif, ce qui signifiait, on le sait désormais, condamnation à mort soit par chambre à gaz, soit par humiliations et par inanition, et non parce que « terroriste », ce qui l'aurait fait fusiller à Liège même. Je n'ai pas revu Zali plus de deux fois, car le passé est le passé et ne m'attire guère : il y a tellement à faire aujourd'hui et demain. A présent qu'il a disparu, je le regrette car peut-être aurions-nous pu, en discutant, tirer des leçons de notre longue aventure commune. Mais ni lui ni moi n'avions la fibre « ancien combattant ». Nous avions combattu parce que notre éthique nous avait imposé de le faire. Risque-tout par nature, j'y avais trouvé davantage de satisfactions que Zali, plus intellectuel que moi et nullement attiré par ce piment fort que, pour certains, le danger représente. Et cela lui conférait incomparablement plus de mérite, comme à tous ceux que les risques effraient, d'avoir jour après jour, nuit après nuit et des années durant, joué au jeu stupide qu'est la guerre.

Cette année 1944, qui nous fut tellement fatale, fut aussi celle de la défaite des nazis, même s'il fallut attendre mai 1945 pour que cesse le carnage. Dès Stalingrad, dès l'entrée en guerre des États-Unis, la défaite de l'Axe semblait inéluctable aux fanatiques de mon genre et très probable aux gens plus sensés. Seule pesait sur cette victoire potentielle la menace de l'« arme absolue » que la propagande nazie et celle de la collaboration disaient imminente. Dès la fin de 1944, nous avions connu, les uns avec terreur, d'autres avec curiosité, les bombardements par missiles, V1 et V2. Il me semblait clair que, si c'était cela l'arme absolue, il ne s'agissait guère que de propagande, de bourrage de crâne, du Goebbels. J'ignorais bien sûr, comme tout le monde sauf l'état-major allié et ceux qui l'en informaient (et nous, Partisans armés, ne faisions pas de renseignement), la course à la bombe atomique...

Cette année 1944 bouillonnait d'événements, batailles diverses que partout se livraient les armées en présence, sur le front de l'Est, sur celui de l'Ouest, dans le Pacifique, combats que nous suivions avec la passion non seulement de supporters sportifs ou de partisans politiques, mais aussi d'humains directement impliqués. Grâce à la radio (qu'on appelait alors TSF), nous nous passionnions pour ce fabuleux championnat joué par de fabuleuses équipes. Les autres événements, c'étaient ceux dont nous-mêmes étions les acteurs, notre modeste mais exaltante

« bataille du rail », avec ses succès et avec ses effroyables revers sanctionnés par la mort de nos amis. Somme toute – et les conflits récents ou actuels l'ont bien mis en évidence – il n'y a guère de différence entre l'attitude de qui suit au travers des communiqués et des médias le déroulement d'une guerre et celle du supporter que chagrinent ou ravissent les alternances de défaites et de victoires de « son » équipe.

La Libération fut pour moi un moment vraiment très fort. Certaines de mes illusions étaient tombées, entre autres celles qui concernaient le communisme, comme celles que j'avais gardées sur le courage des gens et sur leur sens civique. Que nous n'eussions été qu'une proportion infime à continuer la lutte durant la brève éternité de l'occupation allemande avait peu à peu fait naître en moi le « temps du mépris ».

Je l'ai dit mais j'insiste, le temps du mépris était une notion formulée, une dizaine d'années plus tôt, par André Malraux dénonçant talentueusement le nazisme. Mépris pour ceux qui n'ont pas le courage d'agir même lorsque leur esprit juge correctement la situation. Le temps du mépris est toujours là, car lâcheté, mensonge et arrivisme n'ont fait en ce siècle que croître et embellir. Sachez-le, jeunes gens, ne vous leurrez pas car les leurres sont toujours nocifs. Ouvrir les yeux sur la réalité est la meilleure façon d'apprendre à distinguer le bien du mal, le mensonge de la vérité.

Je revins à l'existence normale d'un citoyen normal sans que ce passage m'ait laissé de souvenir. Du jour au lendemain, je me retrouvai de plain-pied dans la paix revenue. Je crois n'avoir éprouvé ni soulagement exceptionnel ni, non plus, nostalgies ou regrets. Pas plus qu'aucune espèce de désarroi, semblable à celui qui m'avait envahi après la défaite de 1940 et avait duré jusqu'à ce que je réussisse à rejoindre les partisans. Je ne me souviens vraiment que de quelques joies extraordinaires, ressenties très profondément durant ces longues années, ces victoires que furent la bataille d'Angleterre, le siège de Leningrad, celui de Stalingrad, les débarquements de Sicile, d'Okinawa et, surtout, celui du 6 juin 1944 en Normandie.

Ce dernier, qui nous concernait tellement plus directement que les opérations géographiquement plus éloignées ou stratégiquement moins significatives, je l'avais appris dans le tramway vicinal entre Louvain et Bruxelles, en route pour l'une des visites que je faisais à ma mère lorsque la chose était possible. Le tram était comble et je me tenais debout, serré sur la plate-forme au milieu d'une vingtaine d'autres voyageurs. Cette rame était la troisième que j'empruntais depuis mon départ de Liège, à soixante-quinze kilomètres de là, soixante-quinze kilomètres qui demandaient alors plus de trois heures de voyage : voyager n'était guère plus rapide alors que du temps des diligences. La vitesse était réduite car le matériel se faisait aussi vieux que les voies, qui n'étaient plus entretenues comme elles auraient dû l'être. De plus, les arrêts étaient fréquents : au moins un par bourg ou par village et plusieurs dans la traversée des petites villes. Ce fut à l'un de ces arrêts que monta un homme qui, aussitôt, d'une voix qui dominait le roulement du wagon sur les rails, nous annonça : « Les Anglais ont débarqué ce matin en Normandie ! »

Vous ne pouvez pas, aujourd'hui, imaginer ce qu'une telle phrase, prononcée ainsi dans un lieu public, l'information qu'elle annonçait, inespérée car espérée depuis tellement longtemps, pouvaient avoir d'apparemment redoutable : si cet homme n'était pas un provocateur à la solde des nazis, le risque qu'il prenait était énorme, et si, par contre, il l'était, le danger était grand pour nous, car tous, sans exception, nous avons aussitôt applaudi, ri, crié, nous nous sommes congratulés et même embrassés, Flamands, Wallons et tous autres confondus...

Il s'en faudra de plus de trois mois encore pour que les troupes alliées libèrent notre région, mais l'annonce seule du débarquement avait fait exploser la chape de prudences et de peurs tissée au long de trop d'années d'occupation. Rien après cela, y compris les horreurs successives – Tulle, Oradour, le Vercors, Saint-Genis-Laval, Mailée –, ni même la contre-attaque allemande de von Rundstedt dans les Ardennes, rien, désormais, ne put enlever aux gens l'espoir ressuscité.

Je ne me souviens pas des états d'âme qui ont pu être les miens à partir de ce débarquement si longuement attendu. Je n'ai gardé, des quelque quinze mois qui l'ont suivi, qu'un souvenir brumeux, plein d'anecdotes d'ailleurs, comme cette arrestation de mon copain Ramelot et de moi-même par la Gestapo alors que nous rentrions d'une manipe de géophysique sur le terrain. Au terme de deux heures d'attente, d'interrogatoire, encore d'attente, encore d'interrogatoire, le policier allemand en civil qui menait l'opération, convaincu par ce que je lui répondais – et qui, contre toute apparence, était la vérité –, me tendit nos cartes d'identité me disant, en russe : « C'est bon, vous êtes libres... »

Il y eut les retours des prisonniers, des stalags et des camps de concentration. Il y eut les non-retours. Et l'attente interminable de ceux qui aimaient ceux qui ne sont pas rentrés. Il y eut la douleur de trop d'amis, de proches, à laquelle s'associer, à laquelle tenter d'apporter quelque consolation. Il y eut la prise en charge par une délégation soviétique de nos prisonniers évadés et je ne réussis jamais à avoir, d'aucun d'eux, la moindre nouvelle. Pauvre Ilya...

Hitler se suicida, Berlin tomba, les Alliés se retrouvèrent sur l'Oder. Enfin Nagasaki et Hiroshima mirent un terme à cette farce sinistre. Des morts par dizaines de millions, des chagrins incommensurables, tout cela pour la vanité démentielle de quelques-uns et les fortunes de quelques centaines de milliers de profiteurs. Car les milliards de milliards que coûta cette folie et qu'a payés et continue de payer, directement ou non, l'humanité entière, n'ont pas été perdus pour tout le monde ! La guerre, c'est essentiellement ça.

A moi, elle avait paru longue, comme à chacun je pense mais, curieusement et paradoxalement, elle m'avait aussi paru courte. Peut-être à cause de la grande diversité de mon existence d'alors. Je n'avais guère le temps de gamberger ni de philosopher sur la signification de la vie, sur le sens de la guerre, sur le mal ni sur le bien. La foi du militant me protégeait par ses vérités révélées et ses simplismes, de même que le scientisme qui m'habitait encore me préservait, étudiant attardé mais enthousiaste, des doutes qui parfois oppriment ceux chez qui le cerveau prend une place par trop importante. Et je me retrouvais face à l'avenir qui s'offrait et où il me fallait choisir.

Choisir longuement m'est à coup sûr impossible. Du temps où je jouais – passionnément – aux échecs, je ne le faisais, quitte à perdre, que par *blitz*, ou parties éclair. En vérité, je n'aime pas choisir, pas plus sur une carte de restaurant ou dans une boutique qu'entre des candidats ou des concurrents. Or, au lendemain de la guerre, on s'est trouvé dans une situation, paradoxale au regard des générations actuelles, où les offres d'emploi excédaient les demandes. De surcroît, j'avais trois professions différentes à pouvoir éventuellement exercer : l'agro, les mines, la géologie...

A trente ans, je ne m'en sentais guère plus d'une bonne vingtaine, n'eût-ce été que par le respect candide que je portais encore au titre de professeur d'université comme par la confiance aveugle que j'accordais à ce qui était imprimé dans un traité ou un article scientifique. L'éducation que j'avais reçue impliquait le dogme de l'honnêteté intellectuelle, des universitaires comme des savants – on n'utilisait pas encore l'adjectif « scientifique » de façon substantive – et je considérais comme des exceptions, d'importance d'ailleurs mineure, les quelques entorses à la rigueur que j'avais eu l'occasion de deviner lors de mes années d'assistanat en entomologie, 1937-1939, puis en 1944-1945 en minéralogie d'abord, géologie appliquée ensuite. Les discours bien-pensants de la communauté concernée m'avaient d'ailleurs fait vite oublier ces menus larcins intellectuels et ces petits arrivismes.

Après quelques semaines de *break down* physiologique, dû selon les médecins à ces cinq années de sous-alimentation, semaines où toute force physique m'avait abandonné jusqu'à me forcer à m'asseoir au bout de cent pas, une fois convenablement nourri je me sentais tellement bien de corps et d'esprit qu'une espèce d'euphorie m'habitait. Prendre plaisir à ce qui rebute certains, accepter ce qui ne peut être évité, se soucier du lendemain comme d'une guigne, si ce n'est pas recommandable à qui veut « faire carrière », me semble par contre une bonne astuce pour ceux qui, à une sécurité mâtinée d'ennui bourgeois, préfèrent les joies parfois un peu rudes et parfois mal terminées, d'une existence aventureuse.

Je me trouvais donc à hésiter entre diverses propositions et aussi malheureux que dans un magasin où il faut choisir lorsque mon ami Ivan de Magnée, qui avait été mon prof de géophysique et de géologie appliquée et dont j'étais devenu l'assistant après la Libération, me suggéra de partir pour le Katanga, la richissime province minière – richissime du point de vue des gisements métallifères – en ce qui s'appelait alors le Congo belge, ce vaste pays que l' « authenticité » de Mobutu a depuis rebaptisé Zaïre.

Les pays équatoriaux ne m'attiraient pas, au contraire : chaleur humide, colons casqués de liège, atmosphères à la Joseph Conrad. Fort peu pour moi. Mais il n'y avait, sur le marché de Bruxelles, d'offres ni pour le Canada ni pour la Sibérie. Par contre, il y avait l'amicale et ferme insistance de de Magnée. Non seulement il avait été un professeur extraordinaire, qui m'avait appris en géologie plus que presque tous les autres profs réunis, mais il était aussi administrateur d'une société minière. En tant que tel, il souhaitait fort que j'aille amorcer la relève des ingénieurs qui venaient d'y passer toute la durée de la guerre. Le désir de rendre de cette façon à de Magnée un petit peu de ce qu'il m'avait donné par son enseignement et son incroyable disponibilité, ainsi que la secrète satisfaction d'amour-propre – laquelle prouvait que les complexes d'infériorité de mon adolescence n'étaient pas tous surmontés – que me procurait l'insistance même de mon « patron » à me placer dans « sa » mine, firent de moi un colonisateur africain, sinon un colonialiste.

Une fois de plus, je cédai au vent qui souffle,

comme je l'avais fait pour l'agro, parce que rien, après la désillusion du navire-école, ne m'attirait plus, comme je l'avais fait pour l'entomologie parce que le prof était bien plus chouette que les autres, comme je l'avais fait pour la montagne parce qu'elle était somptueuse, comme je l'avais fait pour la boxe parce qu'il fallait que je me venge de Trof, comme je l'avais fait pour les Partisans armés parce que j'avais réussi à retrouver Léon Laisné, comme je l'avais fait pour la géologie et les mines parce que les actions de partisans étaient nocturnes et qu'à Liège il y avait une grande école... Des choix que le hasard, toujours, m'avait proposés, des choix que, comme mes *blitz* parties d'échecs, je faisais en un minimum de temps. Et, donc, de réflexion.

# Deuxième Partie

# Afrique centrale

# 17

Les rapports qui s'étaient établis entre mes parents et moi étaient somme toute plutôt normaux, pareils à ceux qui caractérisent ce genre de relations, mélange d'affection et d'agacements réciproques, d'aspirations d'indépendance mâtinées d'un besoin d'approbation du côté du môme et, du côté des adultes, préoccupation de protéger sa progéniture, préoccupation aiguisée par l'expérience acquise et par le souci d'inculquer une éthique à un enfant quelque peu difficile. Je ne souffrais certes pas du complexe d'Œdipe, mais à coup sûr de complexes d'infériorité, complexes engendrés tant par les insuffisances physiques et intellectuelles dont je souffrais plus ou moins que par l'intelligence exceptionnelle et le caractère dominateur de ma mère. Assez curieusement, en revanche, l'immense talent poétique de son époux, Robert Vivier, ne faisait germer en moi aucune réaction négative. Sans doute parce que l'indulgence et la modestie de cet homme d'exception étaient à la hauteur de son œuvre poétique, alors que la superbe de ma mère ignorait à un tel point modestie et indulgence qu'elle en arrivait à considérer ces dernières comme des défauts...

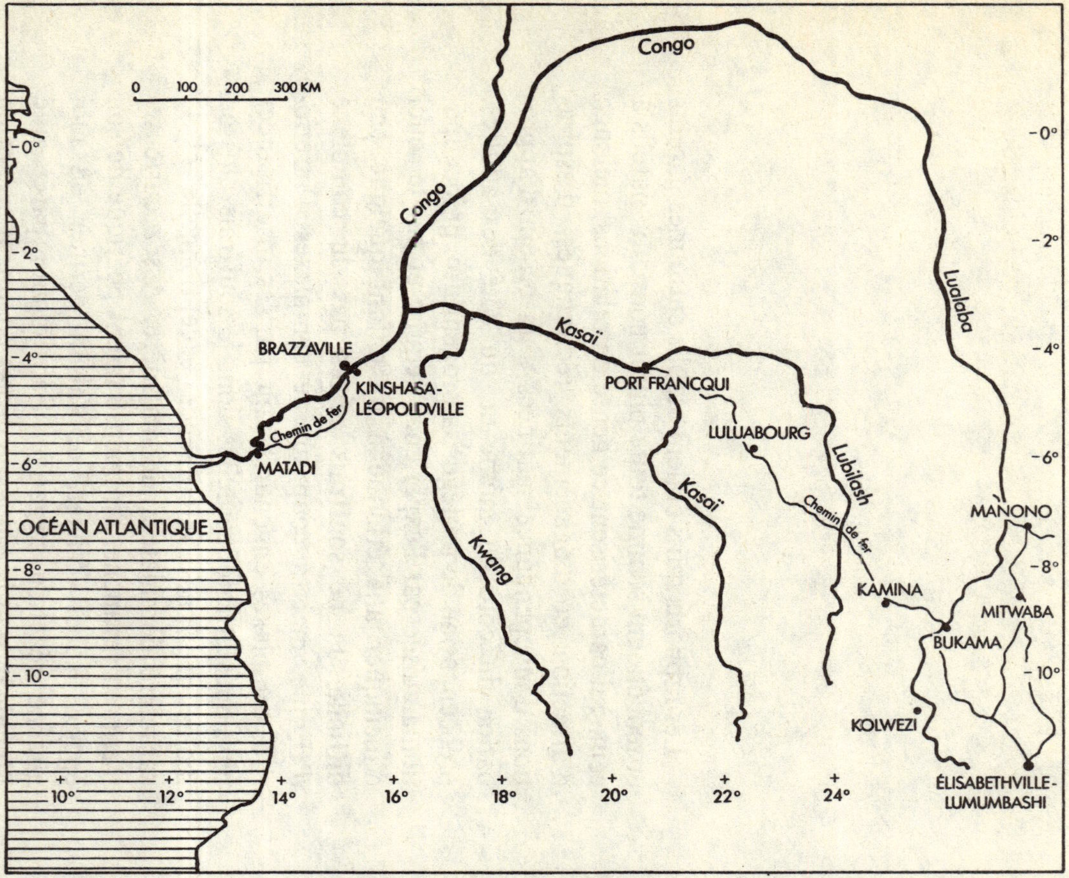
0 100 200 300 KM
Congo
Congo
Lualaba
Kasaï
Kasaï
Lubilash
Kwang
BRAZZAVILLE
KINSHASA-
LÉOPOLDVILLE
MATADI
Chemin de fer
Chemin de fer
PORT FRANCQUI
LULUABOURG
MANONO
KAMINA
MITWABA
BUKAMA
KOLWEZI
ÉLISABETHVILLE-
LUMUMBASHI
OCÉAN ATLANTIQUE
0°
2°
4°
6°
8°
10°
10°
12°
14°
16°
18°
20°
22°
24°

Il est cependant certain que sans sa très sévère rigueur je me serais lamentablement fourvoyé. Mais la dureté de ses jugements qu'aucune concession jamais n'atténuait avait contribué à élever entre nous une cloison née des diverses culpabilités de mon adolescence, culpabilités qui m'incitaient à taire ce dont je me sentais fautif. L'affection que je lui portais ne parvint pas à contrebalancer les craintes que son jugement m'inspirait, jugement beaucoup trop lucide sur les faiblesses de mon caractère. Le fait que j'aie lu avec passion et relu année après année depuis mes douze ou treize ans d'âge le *Poil de Carotte* de Jules Renard, où le rouquin que j'étais ne se reconnaissait que trop, signifiait que j'assimilais ma mère à Mme Lepic et me prenais pour un enfant martyr. Drôle de martyr...! Cela eut pour résultat, désastreux, que je ne parvins jamais, âge adulte et même mûr inclus (elle est partie à quatre-vingt-dix-sept ans alors que j'en avais soixante-dix...), à réellement franchir cette malencontreuse barrière. J'en aurai, je le sais désormais, des remords jusqu'à mon propre départ.

Mais que vous conseiller, jeunes filles, jeunes gars qui me lisez, pour que vous ne gâchiez pas, vous aussi, une chose aussi essentielle, lorsqu'elle existe, que la confiance totale entre soi-même et ses parents? Que pourrais-je vous dire, sinon des généralités peu intéressantes? Car chaque cas diffère des autres. Et la solution est différente pour chacune des situations possibles, dont le nombre est infini. Ma faute fondamentale avait consisté à celer ce que je craignais que l'on critique, crainte qui allait du rêve polaire aux cours que je séchais en passant par la boxe de combat (je prétendais n'en faire que l'entraînement) et par mes choix féminins.

A propos de ces derniers, ma mère réagissait quasi

automatiquement de façon négative, d'une part parce qu'elle, féminine à l'extrême, était cependant un véritable et autoritaire « macho », d'autre part parce que son caractère jaloux lui faisait prendre en grippe toute fille qui me plaisait. Ce fut essentiellement cela qui nous interdit, malgré l'affection fondamentale qui nous unissait, de jamais réussir à briser cette frêle mais infranchissable cloison qui nous a empêchés d'être l'un avec l'autre en confiance véritable. Déjà peu prolixe de nature, ayant de surcroît décidé dès l'enfance que les « vrais » hommes n'étaient pas des bavards, j'avais pris des habitudes taciturnes.

Les années de clandestinité n'avaient rien arrangé, qui me rendaient muet sur des occupations et des préoccupations qui tenaient dans mon existence d'alors une place essentielle. Ce mutisme ne facilitait pas les confidences personnelles, d'autant que mes sensations, mes réflexions, mes attitudes, quelles qu'elles fussent, s'articulaient, plus ou moins et selon les cas, sur cette partie secrète de ma vie. Comme cela finit par durer plus de quatre années, mes tendances au non-dit se renforcèrent d'autant que, sauf par écrit – comme ici –, j'ai le caractère peu porté à me raconter. Tout cela m'avait empêché de confier à mes parents ce qui se passait dans mon existence clandestine et qui avait tenu une telle place dans ma vie pendant ces temps qui leur avaient paru interminables... De ce fait, quoique très affectueuses, nos relations furent aussi par trop superficielles et, malgré quelques efforts, le demeurèrent jusqu'à la fin, près d'un demi-siècle plus tard. Je m'en voudrai, je le sais, toujours.

Mon départ pour l'Afrique centrale fut entièrement imprégné de cet état des choses. Nous séparer pour trois ans, durée des contrats coloniaux d'avant les transports aériens, voulait dire, pour ma mère en tout cas, trancher une nouvelle fois le cordon ombilical. Elle n'avait que ce fils, seul de tous les siens à avoir survécu : son premier enfant, son premier mari mon père, ses propres parents, ses frères, les amis chers qu'elle avait eus, tous avaient disparu les uns après les autres, les uns dans la Première Guerre mondiale, les autres dans la révolution d'Octobre, dans la guerre civile et le chaos qui l'avaient suivie, et les derniers dans la toute récente Seconde Guerre mondiale. Émigrée farouche et entière, elle n'eut plus guère que quelques très rares amis – mon beau-père bien sûr, le peintre Louis Decœur, quelques poètes italiens, Ungaretti, Quasimodo, Montale, les poètes français Jules Supervielle et Jean Cassou, Charles Paron, écrivain belge de talent, le sculpteur Ianchelevici... Mais aucun, sauf Robert Vivier et moi-même, ne lui fut jamais proche ni cher comme l'avaient été ses disparus d'antan.

Aussi notre séparation lui sembla-t-elle dure à l'extrême. Je percevais fort bien sa souffrance, que d'ailleurs elle n'extériorisait pas. J'y compatissais, certes, sinon du bout des lèvres, du moins avec l'égoïsme propre à la jeunesse. Partir au loin – à l'époque l'Afrique noire c'était vraiment très loin – signifiait pour moi entrer enfin dans l'âge adulte. Mes trente et un ans, en effet, n'étaient que ceux de l'état civil, pas ceux de la maturité. Adolescent attardé, je l'étais d'ailleurs peut-être moins par ma propre faute que par celle des circonstances qui avaient prolongé de quatre années mon statut d'étudiant – et l'étudiant relève de l'adolescence – et qui m'avaient, durant la même période, fait jouer à la guerre. Laquelle est bien un jeu, quelque ignoble qu'il soit, donc pas une chose bien sérieuse. Prévert l'a dit : quelle connerie, la guerre...

En 1945, la plupart des longs voyages se faisaient encore par mer. Le mien fut de ceux-là. Il nous fallut dix-neuf jours pour aller d'Anvers à Matadi, dans l'estuaire du fleuve Congo. Escales à Southampton, à Ténériffe, à Lagos, qui, curieusement, ne m'ont guère laissé de souvenirs. La seule impression durable fut celle du départ proprement dit, la très lente, l'interminable séparation du navire d'avec le quai, navire que des remorqueurs écartaient latéralement, navire qui demeurait parallèle à ce quai sur lequel, dense, la foule était un multiple des centaines de passagers qui se serraient tout du long des rambardes tribord. Foule au premier rang de laquelle, serrés eux aussi l'un contre l'autre, se trouvaient mon père et ma mère. Je les regardais, leur souriais, leur faisais des gestes d'adieu. Je les distinguais encore lorsque, enfin parvenu au milieu du fleuve, le paquebot partit de l'avant. A bord, quoique la plupart des passagers fussent jeunes, bien des larmes coulaient sur les joues. Alors, à terre...

Ce long voyage me parut court. La vie de passager est somme toute plaisante. La plupart d'entre nous en étaient à leur première traversée d'importance. J'avais un tout petit peu plus d'expérience, d'abord par nos dix jours de mer, à ma mère et moi, en novembre 1920, émigrant de Batoum, sur la rive géorgienne de la mer Noire, jusqu'à Tarente, tout au sud de l'Italie. Ensuite, entre 1930 et 1938, par quelques traversées de la Manche ou de la mer du Nord. En ces temps-là, traverser la Manche était faire un vrai voyage. Ceux-ci m'avaient permis de mieux prononcer l'anglais et, surtout, de découvrir le rugby. Mais ce passé m'importait peu à présent que nous voguions sur l'Atlantique, à présent que bientôt ce serait la mystérieuse Afrique centrale...

Très tôt, nous formâmes à bord un petit groupe de garçons et de filles, la plupart plus jeunes que moi – à ces âges-là, une ou deux années de différence, cela compte –, caractérisé surtout par la gaieté et une même impatience pour tout ce qui nous attendait. Ce futur était fait à la fois d'un exotisme très réel encore en ces temps où le tourisme de masse n'existait pas, et de l'inconnu d'une profession, nouvelle pour la plupart.

Ce qui me surprend un peu aujourd'hui, où pour presque la première fois je pense à ce premier grand voyage de quelqu'un qui avait tant rêvé d'exploration, c'est le peu d'intérêt que je pris aux escales... Southampton, d'accord. Mais Ténériffe ? Mais Lagos ? En vérité ne me frappèrent et ne demeurèrent dans ma mémoire que trois choses, outre le bleu foncé de l'eau que je contemplais sans m'en lasser par-dessus la rambarde, tantôt à la proue, tantôt à l'arrière, tantôt entre les deux : ce fut d'abord, lorsque nous l'aperçûmes enfin, la côte du golfe de Guinée qui matérialisait mes lectures d'explorations africaines. Côte à trois lignes : la ligne d'émeraude des palmiers, la ligne jaune des sables et la ligne blanche des vagues déferlantes, lignes qui couraient horizontales, entre l'azur lisse du ciel et l'outremer sombre de l'océan. Ce furent ensuite les îles Fernando Po et Principe, dans ce même golfe de Guinée. Et, surtout, ce fut, inoubliable, en pleine mer, à des heures et des heures du continent, tranchant de la façon la plus nette avec le bleu fascinant de l'Atlantique, le rouge puissant, le rouge de brique, le rouge latéritique, le rouge garance du fleuve Congo : à quelque deux cents kilomètres au large de son embouchure ses eaux ne s'étaient pas encore mélangées du tout à celles de l'océan...

Nous débarquâmes à Matadi, le seul port de mer de cette immense contrée, le Congo belge, Matadi qui n'était qu'un petit bourg sur la berge nord du très large estuaire. Là, j'eus vraiment l'impression d'avoir changé d'univers... L'Afrique noire de 1945 différait autant de l'Europe d'où nous arrivions que l'Afrique d'aujourd'hui diffère de celle d'alors.

L'uniformisation par la laideur est désespérante, qui désormais s'étend sur la terre. Cette laideur, celle du fric et de l'absence de goût, le monde la subit depuis les lendemains de la Seconde Guerre mondiale. Laideur du béton, laideur des plastiques, laideur des architectures, d'autant plus laides qu'elles se prétendent modernes et qui suent la prétention autant que l'inculture. Laideur de certains vêtements américano-européens dont on a importé au cours de ces trente dernières années, en Afrique noire entre autres, des cargaisons stupéfiantes, pour le plus grand profit des fripiers, exportateurs comme importateurs de camelote, tee-shirts à inscriptions ridicules, chemises et costumes, plus ridicules encore sur les beaux corps des Noirs lorsque ces Noirs ne sont pas devenus laids par embourgeoisement, aussi laids que les gros bourgeois, blancs ou bronzés, qu'ils singent...

La laideur se répand à mesure que ce siècle s'écoule. Les foules noires ne sont pas encore aussi laides que le sont devenues les nôtres, mais déjà les Noirs nouveaux riches, très minoritaires à l'heure actuelle, montrent qu'ils vont finir par être aussi déplaisants, pour l'œil et pour l'esprit, que les arrivistes et les arrivés de chez nous. Plus, beaucoup plus par l'expression du visage comme du corps que par les traits tout empâtés de graisse. En Europe, l'expression des gosses eux-mêmes souvent est devenue laide : méchanceté, égoïsme, vanité, jadis apanages essentiels des adultes, s'observent désormais sur ce qui naguère était la frimousse des petits. Si vous croyez que j'exagère, observez d'un œil objectif par exemple une classe, qu'elle soit dans son école ou dans le métro, la rue, le train ou une station de ski, et jugez. Les mômes noirs n'en sont pas là encore. Pour combien de temps ? Je crains fort que les enfants acquièrent leur laideur d'adultes beaucoup plus tôt que naguère à cause des programmes désolants de la télévision et de la mode, où la laideur, justement, est de plus en plus à l'honneur. Lorsque l'on aura, enfin, une télévision réellement civilisée et non dégénérée, lorsque la mode ne privilégiera pas l'antithèse du goût, notre bon peuple retrouvera beaucoup de bonnes choses oubliées, à commencer par la frimousse des petits.

En 1945, que ce fût dans les cités ou dans les villages de brousse, la foule africaine était aussi plaisante à regarder qu'à côtoyer ou à vivre. Elle m'avait immédiatement conquis. A un point tel que j'avais aussitôt laissé tomber mes compagnons de voyage pour aller m'immerger dans le village indigène et dans la forêt voisine pendant les deux jours que nous avions à passer à Matadi avant de prendre le train pour la capitale du pays, Léopoldville – de son nom indigène Kinshasa. En fait, le deuxième jour, je le consacrai à une solide balade que réclamaient mes jambes d'alpiniste sevrées d'escalade. Cette promenade avait pour objectif les rapides d'Inga. Ce n'est ni le Zambèze ni le Niagara, qui sont de pures cataractes, mais le formidable déferlement du plus gigantesque torrent que j'aie vu de ma vie longue et aventureuse.

Le fracas de ces rapides s'entendait déjà à une demi-heure de distance. Il me remplissait de plus en plus la tête à mesure que je m'en rapprochais et, lorsque je débouchai sur la berge de roc qui dominait ce fleuve déchaîné, l'assourdissement était tel que je n'aurais pu parler avec un compagnon éventuel. Mais j'étais seul. En 200 kilomètres, de Kinshasa jusqu'à l'estuaire, le Congo dévale de plus de cinq cents mètres. Il est le seul des très grands fleuves du monde à tomber de si haut pour atteindre la mer. Ni le Nil, l'Amazone, le Saint-Laurent, le Mackenzie, le fleuve Jaune, l'Amour, l'Iénisseï ou l'Ob, ni même le Gange ni l'Indus, lesquels cependant descendent du Toit du monde, n'offrent un spectacle pareil. Non plus qu'un pareil défi : celui de récupérer une partie des milliards de mégawatts que cette masse d'eau colossale développe sur ses cinq cents mètres de dégringolade.

Moins de deux années plus tard, d'ailleurs, j'eus la surprise de me voir invité à participer, en tant que géologue, à l'étude préliminaire de ce qu'on appelait le projet Inga, voire, très improprement, le « barrage d'Inga », autrement dit la production d'énergie électrique à partir de ce gisement exceptionnel. Je fus tout d'abord étonné, puis flatté, enfin effrayé : mes années d'école, ma thèse – sur le peu d'intérêt de laquelle je ne me faisais aucune illusion – ainsi que le vernis de connaissances que j'avais acquis en quelques mois de terrain sérieusement utilisés sous l'autorité du directeur de la mine, tout cela ne me conférait pas le minimum de compétence indispensable pour assumer pareille responsabilité. Je déclinai donc cette offre, bien tentante cependant...

De Kinshasa à la mine de Mitwaba, il y a à vol d'oiseau mille trois cents kilomètres, plus de deux mille par voie terrestre. Dès 1947, quelques heures de

DC3 ou de DC4 suffisaient à les couvrir, mais en 1945, par « voie de surface », il y fallait deux semaines : pour commencer, dix jours pour remonter d'abord le Congo, puis son affluent le Kasaï en bateau à aubes dont la chaudière était chauffée au bois, trois autres jours pour franchir en train les mille deux cents kilomètres séparant Port-Franqui de Lubumbashi (que l'on appelait alors Elisabethville), train dont la chaudière était également chauffée au bois, et une dernière journée pour les quatre cent cinquante kilomètres de piste automobile.

Routiers ou ferroviaires, ces parcours ne présentaient pas d'intérêt particulier, du moins à mes yeux. Par contre, le voyage fluvial sortait pour moi de l'ordinaire. Tout d'abord par sa paisible lenteur. Non seulement la machine à vapeur était d'âge canonique, non seulement nous remontions le courant, lequel n'était pas négligeable du tout, non seulement les gens qui vivaient alors au cœur de l'Afrique centrale le faisaient au rythme placide des civilisations d'avant notre société de consommation effrénée, mais, de surcroît, l'on ne progressait que de jour et, chaque soir, on faisait escale jusqu'à l'aube. Trop d'obstacles en effet parsemaient ces puissants cours d'eau pour que l'on s'y aventurât de nuit, trop de pièges, depuis les bancs de sable jusqu'aux rapides en passant par les troncs d'arbres à la dérive, voire les hippopotames insomniaques.

Vers 6 heures du soir, au moment presque immuable où se couche le soleil sous les latitudes équatoriales, le bateau, insensiblement, s'approchait de la berge et venait avec douceur s'amarrer à la petite estacade de bois qui, fidèle, l'attendait. L'escale était nécessaire pour charger les bûchettes qui le lendemain alimenteraient la chaudière ainsi que pour débarquer passagers et fret arrivés à destination comme pour en charger de nouveaux. Nous, qui allions jusqu'au terminus, nous nous hâtions de mettre pied à terre, autant pour dérouiller nos jeunes jambes que pour découvrir un univers nouveau, le regarder de nos propres yeux, l'écouter de nos propres oreilles, le flairer, ce monde totalement différent de celui où nous avions jusqu'alors vécu, ce monde que nous ne connaissions que de deuxième main, au travers des lectures, des gravures, des photos, des films, des récits... Connaissance à laquelle manquent toujours ce sel et ce poivre que sont les odeurs, les parfums, les bruits, les rumeurs, les moiteurs, que les images et les mots ne peuvent, au mieux, qu'évoquer, épices irremplaçables qu'il faut goûter par les sens et non par l'esprit.

Les villageois vivaient encore de façon traditionnelle, le modernisme était à peine présent et sous la forme seule d'objets réellement utiles, bicyclettes, lampes à essence au manchon incandescent... On ne l'imagine plus aujourd'hui, mais leurs vêtements étaient encore traditionnels, plaisants à l'œil et convenant au climat, au contraire de la camelote américano-européenne qui désormais les affuble...

Partout on nous accueillait avec chaleur et larges sourires, mais un obstacle grave me séparait des indigènes, la langue : ils ne parlaient pas le français et j'ignorais tout et des dialectes locaux et des grands idiomes véhiculaires, le lingala et le ki swahili. Je devais fort vite parler ce dernier, car la politique officielle, qu'au contraire de son homologue français appliquait le colonisateur belge, imposait aux Blancs d'apprendre la langue véhiculaire et réduisait au minimum l'enseignement du français (avec le flamand, autre langue nationale des Belges) aux Noirs. Cela afin de mieux dominer ces derniers. Le ki swahili, où ki signifie langue et Swahili est le nom d'une peuplade vivant sur la côte kényane de l'océan Indien, est très aisé à apprendre dans sa forme simplifiée. Même sa forme grammaticalement élaborée n'est pas bien difficile. Comme j'étais doué pour les langues, il ne me fallut guère de temps pour parler couramment le ki swahili élémentaire.

D'ailleurs, de l'aube au crépuscule, je passais mes journées à l'utiliser. Dès avant l'aurore en effet, je rejoignais M. Falize pour ne le quitter qu'à la nuit tombée après l'avoir accompagné, cette douzaine d'heures durant, sur les chantiers. M. Falize était le contremaître chef, chef porion principal des mines d'étain de Mitwaba où m'avait envoyé Ivan de Magnée. Il y avait à Mitwaba, deux milliers de travailleurs « indigènes », un état-major d'une bonne douzaine d' « Européens », tous mariés sauf le médecin, le comptable et moi : le directeur, ingénieur des mines bien sûr, mais de surcroît assez exceptionnellement bon géologue, trois ingénieurs d'exploitation et huit contremaîtres « européens », l'un électricien, un autre mécanicien, un troisième chef porion d'une mine se trouvant sur la rive du fleuve, mille deux cents mètres plus bas et soixante kilomètres plus loin, un quatrième, chargé d'une mine située à une dizaine d'heures de voiture, trois chefs porions sur Mitwaba même et M. Falize, l'aîné de tous, Blancs comme Noirs, aîné autant par l'âge – la soixantaine – que par l'expérience.

L'expérience, dans toute profession, est l'un des éléments essentiels de l'efficacité, parfois même l'élément *sine qua non*, mais elle l'est plus encore dans les métiers où l'on a affaire au concret et non aux seules paroles. Lorsqu'il s'agit principalement de celles-ci, l'illusionniste peut faire illusion, et même aisément. « Tu causes, tu causes... » Cela ne marche guère avec ce qui relève non du seul esprit mais de l'esprit confronté à la réalité.

Lorsqu'on exploite un gisement de minerai et que l'on porte la responsabilité tant du rendement de la mine que de la santé, voire de la vie, des travailleurs, il est malaisé, lorsqu'elle est déplaisante, de trahir la vérité par des mots : la réalité des choses s'impose. Or, pour réussir à maîtriser cette réalité, l'expérience est indispensable. Tout comme elle l'est pour un forgeron qui doit ferrer un cheval, pour un tourneur qui doit tourner une pièce, un mécano ou un électronicien affrontant une panne : toutes les théories apprises à l'école, pour nécessaires qu'elles soient à la compréhension des choses, à la solution des problèmes, à l'élaboration d'une carrière, ne sont que roupie de sansonnet lorsqu'il faut résoudre certains problèmes bassement matériels. D'autant qu'est bassement matériel tout ce qui est vital. Il n'y a rien, alors, qui puisse remplacer l'expérience.

Je le savais déjà avant d'avoir quitté l'Europe car les trop rares descentes dans des charbonnages ou dans des mines de plomb et de zinc que nous avions pu faire pendant nos études m'avaient ouvert les yeux sur les insuffisances d'un enseignement quasi exclusivement théorique. Or l'École des mines de Liège, en ces époques où le charbon était le roi des énergies, était l'une des plus réputées du monde, entre autres parce que l'on mettait les élèves au contact de la réalité concrète plus peut-être que l'on ne le faisait ailleurs. Pas assez cependant pour transformer les blancs-becs que nous étions en autre chose que des blancs-becs diplômés : il nous manquait la pratique. J'en étais assez douloureusement conscient dès le départ de ma vie professionnelle. « Douleur » intellectuelle et psychique, car la conscience aiguë de ces insuffisances me faisait redouter les situations où mon manque d'expérience allait me mettre en porte à faux.

Une difficulté, d'apparence paradoxale, provenait du fait que j'arrivais à Mitwaba en tant qu'ingénieur et que l'ingénieur, surtout lorsqu'il est isolé en pleine brousse africaine, doit agir en chef, c'est-à-dire prendre des décisions, en assumer la responsabilité et les faire exécuter. Or je savais mon savoir ridicule comparé à celui des mineurs expérimentés, ces porions et ces chefs porions que la hiérarchie plaçait *sous* mon autorité. La justice la plus élémentaire me semblait en l'occurrence bafouée. Comme elle l'avait été, lors de la campagne de mai 1940 où des officiers de haut rang dénués d'expérience autant que de modestie et, trop souvent, de courage avaient conduit au désastre.

Conscient de mes insuffisances, je dis à Falize, ce chef porion auquel le directeur de la mine venait de me présenter comme étant son nouveau supérieur direct, tout frais arrivé d'Europe : « Monsieur Falize, je ne connais rien à l'extraction de la cassitérite (du grec *kassiteros*, qui signifie étain ; la cassitérite, oxyde d'étain, en est le minerai). Je n'ai jamais travaillé dans une mine, mais je suis prêt à apprendre de vous ce que vous voudrez bien m'enseigner. Et je vous en serai sincèrement reconnaissant. » Bien m'en prit : d'emblée le vieux mineur plein d'expérience s'ingénia à me déniaiser et à faire de moi un ingénieur acceptable. Une pincée de mois y suffirent, au terme desquels j'en connaissais assez pour ne commettre des erreurs que vénielles, et pour parler couramment ki swahili.

Quatre ingénieurs, c'était peu pour tout ce qu'il y avait à faire. La mine de Mitwaba s'étendait sur quinze ou vingt kilomètres carrés. Elle comportait principalement des gisements secondaires, que l'on exploitait en carrières à ciel ouvert, et accessoirement un gisement primaire, des filons, que l'on attaquait par galeries souterraines. Mais encore une fois « primaire » et « secondaire », il y avait aussi la mine de Muika, qui demandait un « demi ou un tiers d'ingénieur ». Et il y avait la prospection de nouveaux gisements : les réserves reconnues de ceux qui étaient en cours d'exploitation ne correspondant qu'à une vingtaine d'années environ, il convenait, en bonne stratégie économique, de structurer intelligemment l'avenir.

Que je vous dise qu'un gisement primaire, c'est celui qui résulte de la mise en place d'un minerai très généralement à chaud – chaleur des profondeurs telluriques. Cette roche peut être n'importe laquelle, mais elle est généralement cohérente et non meuble. Le plus souvent, le minerai se trouve soit dans des filons, habituellement des filons de quartz, soit disséminé sous la forme de cristaux économiquement intéressants épars parmi les cristaux « stériles » qui constituent la roche mère. Les gisements secondaires proviennent, eux, de la désagrégation des gisements primaires. Désagrégation par les eaux courantes, par l'alternance de gel et de dégel, par les vagues marines (qui, en fait, sont des eaux courantes), voire par le vent.

Et aussi par la pesanteur, cette force primordiale, partout et toujours présente. En entraînant vers le niveau de la mer d'abord, voire plus bas, le minerai libéré de sa gangue rocheuse, stérile, la pesanteur non seulement joue inéluctablement son rôle dans la genèse des gisements secondaires, mais à l'occasion participe aussi de façon active à la désagrégation d'un gisement primaire : lorsque celui-ci se trouve dans le flanc abrupt d'une montagne ou même d'une colline, des glissements de terrain ou des écroulements de falaise peuvent faire passer le minerai dans les éluvions de pente. Les gisements secondaires, ce sont ceux où, après destruction et érosion d'un gisement primaire, le minerai se retrouve concentré soit, donc, dans des éluvions, soit – le plus souvent – dans des alluvions.

A Mitwaba, nous exploitions principalement des gisements alluvionnaires et éluvionnaires et, en tonnage moindre mais aux aléas plus nombreux, un gisement primaire. Les aléas sont plus importants lorsqu'il s'agit de filons : d'une part, du fait que le minerai n'est pas, dans ces derniers, réparti de façon régulière et que des zones de quartz stérile séparent, parfois sur des longueurs qui inquiètent le mineur, les poches de minerai riche ; d'autre part, du fait que la géologie est souvent difficilement prévisible, des failles venant interrompre brutalement une veine minéralisée dont la continuation doit alors être recherchée en fonction des déplacements des compartiments de roche. La direction dans laquelle ce déplacement s'est fait et la distance parcourue ne sont pas toujours aisées à déterminer, et c'est l'une des questions auxquelles le géologue d'exploitation se trouve confronté. Lorsque la mine est à ciel ouvert, il est assez facile de trouver une réponse à ces questions, beaucoup moins lorsqu'elle est souterraine.

Intellectuellement, à cause des problèmes qu'elle pose sans cesse, l'exploitation d'un gîte primaire souterrain est beaucoup plus amusante que celle d'un gisement de surface, surtout lorsqu'il s'agit d'éluvions ou d'alluvions. Parce que les caractéristiques des gisements sédimentaires sont relativement aisées à découvrir – extension horizontale, épaisseurs, teneurs –, celles d'un gisement primaire souterrain sont par contre difficiles, voire impossibles, à établir, que ce gisement soit constitué de filons injectés dans des roches plissées et fracturées, ce qui était le cas à Mitwaba, ou d'une intrusion granitique truffée de cristaux de cassitérite, comme ce l'était à Muika.

En vérité, le savoir que nous avions acquis à l'école n'était pas tellement indispensable pour exploiter des alluvions. Il l'était en revanche pour une exploitation souterraine rationnelle de filons. Malheureusement je fus d'emblée affecté aux gisements de surface, décision peut-être sage pour faire du débutant que j'étais quelqu'un de moins ignare, mais qui me déçut quelque peu. Car travailler en carrière à ciel ouvert, si cela demande du savoir-faire et de l'expérience comme n'importe quelle activité, n'exige pas beaucoup de savoir théorique. Or ce que l'on apprend dans nos écoles, y compris celles que l'on dit grandes, c'est du savoir théorique et jamais ou presque une connaissance concrète du réel et l'art de faire bien ce qui doit être fait – car c'est bien d'art qu'il s'agit toujours.

Si je perdis de ces satisfactions intellectuelles que peut procurer le creusement de galeries souterraines en fonction de l'analyse de la géologie du coin, j'y gagnai à coup sûr celles que donnent la gestion technique de travaux et la solution, souvent subtile, des relations humaines. Parce qu'il n'est pas facile d'allier ce que l'on souhaite de justice sociale – lorsqu'on la souhaite aussi violemment que moi – avec ce qu'exige le rendement économique de l'industriel qui loue vos services.

Car qu'est l'ingénieur de base, sinon un travailleur, relativement qualifié, à la solde substantielle d'un employeur ? Mais, au contraire du travailleur peu qualifié qu'il dirige, l'ingénieur est responsable devant son employeur du rendement de ce travailleur de base. Ce qui signifie qu'il doit veiller à ce que tous ces hommes bossent le plus et le mieux possible. Ce qui ne pose pas de problèmes insolubles à l'ingénieur normal mais beaucoup à celui que l'on avait élevé dans le rêve de la justice sociale et d'une répartition plus équitable des biens de ce monde. Notamment des biens produits par le travail. Biens dont la majeure partie va cependant toujours à des gens qui travaillent relativement peu, voire pas du tout. Dans l'industrie, quelle qu'elle soit, l'ingénieur est à la fois l'intelligence technicienne et le bras séculier de son employeur. C'était donc mon cas, j'en avais conscience et je l'avais accepté en signant mon contrat d'engagement.

Sur place, néanmoins, dès que le père Falize m'eut en quelques mois enseigné l'essentiel de l'expérience qu'il avait acquise, j'avais eu à concilier mon devoir professionnel d'œuvrer pour une rentabilité maximale et mes aspirations à une justice moins injuste que ce qu'elle est la plupart du temps. Ma réponse à ce dilemme fut, précisément, de respecter toujours et le mieux possible la justice. Et là il me fallut d'emblée abandonner ce qui me restait d'illusions rousseauistes sur le « bon sauvage », d'illusions saint-simoniennes, proudhoniennes, socialistes et anticolonialistes, illusions qui parent le travailleur de toutes les vertus : il me fallut rapidement me rendre à la peu plaisante évidence qu'il y a une proportion hélas non négligeable d'ouvriers, blancs ou noirs, à être fainéants, truqueurs, pas honnêtes.

Je trouvai chez « mes » Noirs, et ils étaient plus de mille que j'appris peu à peu à connaître, le meilleur, le pire, qui était rare, et le moyen. Le meilleur, c'est-à-dire des gars qui abattaient avec entrain et bonne humeur leur tâche quotidienne – l'on distribuait chaque matin et à chacun, ou à chaque équipe, le cubage de tout-venant à extraire dans la journée, autant de mètres cubes à piocher, autant à brouetter jusqu'aux courroies transporteuses – et le pire, c'est-à-dire les gars qui cherchaient des excuses pour justifier leur paresse mais néanmoins toucher l'intégralité de leur paie. La plupart accomplissaient leur boulot, sans enthousiasme peut-être, mais sans chercher non plus à en faire le moins possible.

Au début je me laissais attendrir, et rouler, par de prétendues difficultés qui tentaient d'expliquer pourquoi la tâche n'était pas accomplie. Et j'absolvais, c'est-à-dire n'infligeais ni une amende ni l'obligation d'achever le travail le matin suivant avant d'entamer celui du lendemain. Lorsque je me rendis compte que ce genre de situation concernait le plus souvent les mêmes personnes et que la seule conclusion que j'en pouvais tirer était que ces personnes manquaient soit de la force physique nécessaire – ce qui était très exceptionnel – soit d'un amour suffisant de l'effort, je dus me résoudre à reconnaître qu'il y a chez les « primitifs » des villages de brousse des gens moins parfaits que Jean-Jacques Rousseau, et moi à sa suite, ne l'imaginions.

Et quand il y avait – rarement d'ailleurs – mauvaise foi, je n'hésitai plus à punir. Punir d'abord par la seule parole, et devant ses camarades, ensuite par l'écornement de la paie en cas de récidive. Les deux avaient leur efficacité. La première parce que, après avoir dit ce que je pensais du mauvais rendement du gars, je lui donnais la parole pour s'expliquer. Ce qu'il faisait avec véhémence le plus souvent, mais sans guère arriver à convaincre ni moi-même, ce qui était regrettable pour lui car j'allais lui « retirer des francs », ni ses collègues, ce qui pesait sur son amour-propre. L'idéologie de mes jeunes années me faisait réprouver ma propre sévérité, mais la simple justice m'y contraignait : si, par rousseauisme ou marxisme injustifiés, j'avais toléré ces infractions aux normes acceptées des travaux que j'avais à diriger, outre le manquement à mes obligations professionnelles que cela aurait représenté, j'aurais aussi été injuste vis-à-vis des travailleurs de qualité et même des travailleurs moyens, puisque j'aurais payé un tire-au-flanc au même prix qu'eux.

Par ailleurs, j'avais à rendre compte à mon directeur de ce que l'on appela bientôt à la mine ma « négrophilie ». Face à cet homme qui avait deux lustres de colonisation derrière lui, ce n'était pas tellement aisé. Heureusement les rendements des chantiers dont je portais la responsabilité finirent par lui faire reconnaître – il était l'honnêteté personnifiée – que je n'avais peut-être pas tellement tort... Rechercher un maximum de justice est un bon moyen d'acquérir l'autorité nécessaire pour conduire les gens qu'une hiérarchie, quelle qu'elle soit, vous oblige à diriger. Et, ainsi, obtenir des rendements satisfaisants.

L'abus de confiance est à mes yeux crime majeur. Avec la trahison – qui n'en est qu'une version aggravée – et le mensonge. Douillettes et nanties, nos sociétés placent au premier rang des forfaits le meurtre et le vol. Le meurtre parce que nantis et douillets manquent de courage devant la mort, manquent d'ailleurs de courage tout court, lequel devient d'autant moins fréquent que la vie se fait moins dure. Le vol parce que le bien le plus cher de ceux qui possèdent est la propriété lorsqu'elle est privée. Dans les sociétés « primitives » que j'ai eu l'occasion de connaître quelque peu, la propriété est collective et le vol inconnu. La trahison également qui, au contraire, est monnaie courante chez les civilisés. Trahison qui aujourd'hui non seulement n'est jamais punie, mais n'est même plus réprouvée, alors qu'il y a moins d'un millénaire elle constituait l'objet principal du mépris.

Mes relations avec les travailleurs noirs furent rapidement et cordiales et confiantes grâce, je crois, à ce souci que j'avais de justice et celui d'expliquer mes décisions, comme à l'habitude de les considérer comme mes égaux. Les Noirs affublent chaque Blanc d'un sobriquet, voire de plusieurs. En langue indigène bien sûr. En général l'un de ces surnoms est ironique, mais il n'est en principe jamais révélé à celui qui le porte. Ainsi n'ai-je jamais réussi à connaître celui dont on m'avait doté : il devait être dur pour l'amour-propre...! L'autre, insignifiant, vous était par contre bien connu. Le mien signifiait « arbre rouge », en langue locale *muchuchila* (à prononcer *moutchoùtchila*) et en ki swahili *muti mukundu (mouti moukoùndou)*. Rouge parce que c'était la couleur de mon visage de rouquin continuellement exposé au soleil, arbre parce que j'étais assez costaud en ce temps-là. Lorsque, au terme de deux années, je quittai le Katanga pour le Kivu, à près de mille cinq cents kilomètres vers le Nord, plusieurs gars demandèrent à me suivre. Je ne pus en accepter que trois, Kulu (Koulou) mon « boy » comme on disait, le cuistot Kaniépala, et mon assistant prospecteur, Paya. J'étais heureux parce qu'ils m'accompagnaient, d'eux-mêmes, dans une région qui pour eux était l'étranger. Et pour un salaire bien moindre que celui que la mine payait à Mitwaba : cela signifiait qu'ils agissaient par amitié pour moi. Quarante années ont passé depuis et je leur en suis toujours reconnaissant.

# 18

L'exploitation du gisement exigeait, outre l'extraction du minerai et sa concentration jusqu'à pureté maximale, des travaux de génie civil auxquels je pris bien plaisir, travaux tels que tracé de routes ou de canaux et construction de ponts – de tout petits ponts, mais ponts tout de même – pour l'attaque de nouvelles plages de cassitérite. Ces routes n'étaient jamais que des chemins de terre, parfois de pierre lorsqu'il fallait les ouvrir dans un affleurement de roc, mais les problèmes techniques étaient pareils à ceux que pose l'ouverture de n'importe quelle route : étude d'un tracé compatible avec les véhicules qui allaient l'emprunter, piquetage de ce tracé à l'aide d'un niveau de topographe, dessin de virages acceptables (nous étions dans les hautes collines des monts Kibara), choix du franchissement des vallons, des ruisseaux et, parfois, des rivières, évacuation des eaux que les pluies torrentielles des zones équatoriales déversent...

Les véhicules 4×4 étaient quasi inexistants à l'époque et les engins d'aujourd'hui – bulls, excavatrices, etc. – ne se rencontraient pas encore dans cette partie du monde. Tout s'y faisait à bras d'homme, bras armés de la pioche, de la pelle, de la barre à mine, de la brouette, du palan, de la poulie... Les cartes topographiques étaient certes supérieures à celles du XVIIIe siècle, mais néanmoins tellement approximatives encore qu'elles ne pouvaient guère nous servir à rien : la topo, et même la cartographie de nos campagnes de prospection, nous l'exécutions à la boussole, à l'altimètre et, lorsqu'elle devait être très précise, au théodolite et au niveau. Les trous de mine dans le roc, que ce fût pour percer une galerie souterraine ou pour faire franchir un passage rocheux à une route d'exploitation, on les forait au marteau. Pas au marteau-piqueur, pas au marteau pneumatique : au marteau à huile de bras ! Les travaux, tous les travaux, étaient de ce fait dix fois, voire cent fois, moins rapides qu'ils ne le sont de nos jours.

Dans les années qui suivirent la guerre de 1940 et malgré l'automobile, malgré l'électricité, le rythme du travail était plus semblable à celui des siècles préindustriels qu'à celui d'aujourd'hui. Et à la veille du XXIe siècle, comparant les cadences, comparant les difficultés d'alors et les « facilités » d'à présent, je pense que la vie était plus plaisante jadis. Je ne dis pas cela poussé par une quelconque nostalgie, mais simplement parce que je trouve plus agréable de n'être pas agressé par le vacarme assourdissant des engins, des foreuses, des moteurs, comme on l'est désormais sur tous les chantiers du monde. Plus agréable aussi de travailler du lever du soleil à son coucher, immuablement de 6 heures du matin à 6 heures du soir en ces régions subéquatoriales, plutôt que de se plier au trois fois huit. Plus agréable d'ignorer les embarras de la circulation et l'existence même des embouteillages. Je ne suis guère sujet au stress mais je constate autour de moi combien ses effets ont crû avec la civilisation de consommation...

Que les us fussent alors plus ancestraux et traditionnels que maintenant, même au cœur profond de l'Afrique, cela était attesté non seulement par les vêtements, par l'usage millénaire du troc plus que de l'achat, mais aussi par l'ignorance générale que l'on avait alors du reste du monde. La télévision en effet était inexistante et la radio à peine utilisée, surtout par les Noirs de la brousse qui ne la connaissaient pas plus qu'ils ne connaissaient le téléphone. Même en France, il en était souvent ainsi : dans leurs hameaux, dans leurs fermes isolées d'Auvergne, de Savoie, de Bretagne ou de Provence, nos paysans ne pensaient guère à un monde qu'ils ignoraient, celui qui dépassait les quelques dizaines de kilomètres les séparant de leur chef-lieu de canton. Exactement comme les « primitifs » des villages de brousse en Afrique, qui d'ailleurs n'étaient guère plus primitifs que nous.

Peu après mon arrivée à Mitwaba, je fus fort impressionné par une scène peu commune : l'interrogatoire, dans le cadre de l'instruction menée par l'administrateur territorial, du « roi » d'un lointain village, perdu dans la brousse à cent kilomètres de cette microcapitale qu'était notre poste. Poursuivie depuis plus d'une année à la suite de disparitions sporadiques signalées dans la région, l'enquête venait d'aboutir à l'arrestation de ce chef et de deux de ses proches conseillers : on venait de les amener à Mitwaba et l'administrateur allait les interroger.

Les accusés étaient tous trois des vieillards, tous trois maigres et tous trois dignes. Ils ne cherchaient nullement à nier être à l'origine des disparitions constatées, ni que les disparus eussent été mis à mort. Mais ils ne considéraient pas cela comme répréhensible du tout, puisque ces mises à mort avaient été accomplies de façon rituelle, en accord avec une tradition immémoriale. La coutume en effet voulait, lorsque le roi souffrait d'une maladie douloureuse ou invalidante, que l'on capture quelque part un homme n'appartenant pas à la tribu, un étranger au village, qu'on l'y apporte suspendu à une perche, par chevilles et poignets ligotés, et qu'on l'immole de façon que son sang s'écoule sur une idole. Pièce à conviction, celle-ci était là sous nos yeux, statuette en bois, trapue, quelque peu grimaçante, toute laquée de sang séché, luisant et noir, le sang d'innombrables victimes expiatoires.

Les trois vieillards ne comprenaient pas que les Blancs leur reprochent d'avoir respecté leur coutume ancestrale. Drapés dans leur pagne, accroupis sur les talons, ils répondaient avec calme et simplicité des actes qui avaient été commis. Leurs visages émaciés n'exprimaient ni crainte ni regret, pas plus que leurs paroles. Leur dignité régnait sur le minitribunal réuni dans le bureau de l'administrateur territorial. Ils étaient nobles, beaucoup plus que nous-mêmes ne l'étions. Certes, l'idée de cette chasse à l'homme, de la victime qu'il fallait capturer vivante était pour nous atroce. Nous était insupportable la vision du transport de cet homme, attaché comme un gibier par les quatre membres assemblés à la perche que deux chasseurs portaient sur l'épaule, et cela toute une journée durant, voire deux. L'idée de l'immolation rituelle qui clôturait le tout nous révoltait. Nous, « civilisés », frissonnions rien qu'à l'évoquer. Mais je me suis surpris à regarder ces trois très nobles vieillards, à comparer ce que nous leur reprochions à ce qui venait, quelques mois plus tôt, de s'achever : la Seconde Guerre mondiale, ses génocides, ses massacres, ses tortures, ses horreurs, ses camps de concentration, ses chambres à gaz, ses fours crématoires.

Il était d'ailleurs certain que ce type de moyen n'était utilisé que lorsque le roi du village souffrait réellement beaucoup. Car les Noirs valent les plus stoïques des Spartiates aussi longtemps qu'ils ne glissent pas dans la crainte de la douleur qui caractérise la plupart des « civilisés » douillets d'aujourd'hui. Assez souvent, le docteur Blitzstein, rescapé d'Auschwitz et médecin de la mine, me demandait de lui donner un coup de main comme infirmier bénévole, et j'ai pu grâce à cela constater cette impassibilité à peine imaginable, pour nous Occidentaux décadents. Il en fut ainsi d'un homme brûlé au visage pour être tombé dans les braises du feu auprès duquel, à croupetons, il s'était assoupi. Ou de ce gamin qui s'était profondément entaillé le bras avec un coupe-coupe, dont la blessure s'était envenimée et que le docteur Blitzstein traitait sans anesthésie. Ce m'étaient des leçons.

Ces leçons, je les avais retenues et elles me furent utiles le jour où, après une semaine de souffrances imposées par un abcès logé sous une molaire, alors que je procédais au nivellement topographique préalable au creusement d'un canal destiné à amener sur un gisement de cassitérite l'eau indispensable à son exploitation, je me résolus enfin, journée de travail terminée, à aller voir le médecin. Le médecin était non pas Blitzstein, car je me trouvais à quatre heures de route de Mitwaba, mais celui de la grosse mine, rivale et cependant amie, de Manono, à une soixantaine de kilomètres seulement. J'y arrivai peu avant le bref crépuscule du soir et trouvai mon copain le toubib occupé à lacer ses chaussures de foot.

« Je n'en peux vraiment plus, lui dis-je. Non seulement il y a la rage de dents mais depuis ce matin, c'est un coup de bélier dans la tête à chaque battement de cœur...

– Tu me dis qu'il y a huit jours que tu l'as, ta rage de dents ?

– Oui, répondis-je.

– Alors, tu peux attendre une petite heure de plus, que nous ayons fait notre entraînement de football. D'ailleurs, je te le conseille, viens jouer avec nous. »

Il avait raison, le copain : une heure de plus ou de moins... Comme je m'efforçais depuis l'enfance d'afficher un certain mépris pour la douleur physique, je n'eus pas la moindre hésitation, enfilai les crampons et accompagnai mon camarade sur le terrain. A peine avions-nous commencé à jouer que le mal devint moins insupportable : je découvris de la sorte que l'on souffre d'autant moins que l'on accorde moins d'attention à la douleur et que l'éthique du stoïcisme non seulement satisfait la morale, mais se montre dans le même temps efficace sur le plan concret.

Quelques mois plus tard, j'eus de nouveau recours à mon camarade le docteur Opdebeek. J'étais une fois de plus à Bukena, ce gisement découvert mais non exploité encore, situé non en montagne comme Mitwaba, mais dans les chaudes plaines du fleuve. Nous étions dimanche et, les hommes ne travaillant pas, j'étais allé jusqu'aux sources thermales y tirer un ou deux pigeons pour le dîner. Il y en avait en effet des centaines à percher, nicher et roucouler dans les branches des grands arbres qui poussaient sur les rives de l'étang d'eau chaude que ces sources alimentaient. Je m'approchais avec précaution, avançant pas après pas sur la croûte de sel dur formant la berge. Ces précautions étaient destinées à ne pas alerter les pigeons, non à ne point briser la fragile carapace sur laquelle je marchais. Laquelle, sous mon poids, se cassa soudain. Mon pied gauche plongea dans l'eau, qui avait une température (que je mesurai plus tard) de quatre-vingt-douze degrés Celsius. Je le retirai dans l'instant et dans l'instant arrachai ma légère chaussure de toile et ma chaussette. Et, en même temps, toute la peau, derme compris, jusqu'à la cheville.

Je contemplai un instant ce pied sanguinolent, à la fois surpris par l'événement et sonné par la douleur : ébouillanté et écorché à la fois, ce n'est pas drôle. J'appréciais la situation d'autant moins qu'il fallait me faire soigner, surtout pour éviter l'infection que je risquais en cette région équatoriale, basse, marécageuse, chaude, pleine d'insectes, d'acariens, de mille-pattes et de miasmes. Pour me faire soigner, il fallait aller à Manono, à plus de soixante kilomètres de là, ce qui signifiait commencer par marcher sur ce pied à vif jusqu'à la voiture, perspective pas réjouissante du tout, puis conduire pendant plus d'une heure, c'est-à-dire débrayer avec ce même pied. Cette fois-là, mon copain ne me fit pas jouer au foot avant de me prendre en main. Mais il me soigna si excellemment qu'en moins de trois semaines la peau avait repoussé.

Deux années plus tard, je devais découvrir le phénomène éruptif et du coup jeter aux orties mon chapeau d'ingénieur pour ne plus guère m'occuper que d'activité volcanique. Profession qui me valut quelques brûlures au cours des lustres qui suivirent, brûlures que je traitai, toutes et très efficacement, par la méthode qu'avait utilisée Opdebeek pour me guérir le pied : lavages au mercurochrome, dilué tout d'abord dans trois quarts, puis dans la moitié, puis dans un quart d'eau bouillie, et enfin au mercurochrome pur, traitement quotidien suivi par l'application de pansements *ad hoc*, dits « tulle gras Lumière ». S'il vous arrive d'avoir à soigner des brûlures au second degré – et peut-être au troisième ? – songez à cette expérience.

# 19

A Bukena, j'avais été envoyé pour étudier la façon la plus économique d'amener l'eau sur un gisement de minerai d'étain que Bernard Aderca, à présent directeur de la mine, avait découvert lors d'une des campagnes de prospection qu'il avait conduites lorsqu'il était jeune ingénieur, pendant les années de guerre, ces années 1940 à 1945 où l'industrie alliée avait un besoin jamais assouvi de tous les métaux que le Katanga pouvait extraire. Et ces métaux étaient nombreux ! Mais le gisement de Bukena, faute d'eau, n'avait pu être exploité. Comme l'étude qu'en avait faite Aderca montrait une grande richesse, il demeurait économiquement intéressant, même la paix revenue, d'extraire la cassitérite qu'il contenait et pour cela de trouver le moyen d'amener à un coût décent l'eau indispensable au traitement du minerai.

La situation avait quelque chose d'un peu paradoxal : le gisement se trouvait sur le dos bombé d'une colline de quelques dizaines de mètres de haut dont la base, à l'est, baignait dans l'étang d'eau chaude et, côté ouest, dans les marécages de la large plaine, semée ici de nombreux lacs, du fleuve Lualaba. Il suffisait de pomper cette eau surabondante et que quelques décamètres de dénivellation à peine séparaient du point où on la désirait, le dessus de la croupe. L'obstacle à surmonter n'était cependant pas technique, mais économique : un pompage par moteurs Diesel était trop coûteux, vu le prix du transport du carburant jusqu'en ce coin perdu, et l'électricité quant à elle n'aurait pas été rentable car il aurait fallu l'acheter à la mine de Manono, qui ne ferait pas de cadeaux, et l'amener sur soixante-dix kilomètres par une ligne à haute tension, qu'on devrait entièrement construire. C'était pourquoi le conseil d'administration avait envoyé en reconnaissance successivement ses trois membres les plus éminents, le président lui-même, l'administrateur délégué et mon ami de Magnée. L'un après l'autre, ces ingénieurs des mines de grande expérience avaient discuté avec Aderca, le directeur, et avaient fini par décider de me faire faire une étude topographique pour savoir s'il était possible, vu les altitudes respectives et vu les points de passage obligés, de petits cols entre autres, d'amener jusqu'au gisement de l'eau de la rivière Kalumengongo, prise au pied des monts Kibara, entre cent ou deux cents mètres plus haut, mais à soixante-quinze kilomètres du gisement. Mon travail allait essentiellement consister à choisir, par topographie au théodolite et parfois au niveau à bulle, le parcours du canal à creuser, et accessoirement à préciser la géologie le long de ce parcours.

Cela nous prit, mon équipe d'une dizaine d'hommes et moi-même, quelques semaines, rendues assez dures par la chaleur : contrairement à la fraîcheur de Mitwaba, situé entre mille six cents et deux mille mètres, la savane où nous travaillions, semée d'arbrisseaux et de quelques arbres, n'était qu'à six cents ou sept cents mètres d'altitude, ce qui, à environ huit degrés au sud de l'équateur, signifie chaleur et humidité.

La région était très peu peuplée. Il nous arrivait de marcher une journée entière sans rencontrer âme qui vive et, bien sûr, pas le moindre village. Il n'existait, à l'époque, ni cartes précises ni photographies aériennes de cette partie du monde et cela m'obligeait à de longues reconnaissances à pied, soit le long d'un des rares sentiers indigènes, soit plus généralement au travers de la brousse, heureusement claire et qui ne nécessitait que rarement le coupe-coupe. Ces reconnaissances servaient à repérer les points critiques du tracé de canal, et avant tout les cols, dont l'altitude, trop élevée, aurait pu interdire le passage de l'eau. Pour m'aider à ce dégrossissage j'utilisais une boussole, un altimètre et un compte-pas glissé dans la poche de mon *kapitula* (comme on dit en ki swahili pour désigner le short) qui me permettait d'estimer les distances parcourues. Le vieux coureur des Alpes que j'avais été jusqu'à la guerre était plein de bonheur à retrouver, pour son travail professionnel, ces petits instruments qui lui avaient été si précieux naguère!

Une fois l'itinéraire ainsi défini, il fallait le piqueter par une topo précise : non seulement pour éviter des passages trop élevés qui auraient exigé des travaux trop coûteux, mais aussi pour respecter une pente aussi régulière que possible, pas trop forte pour que la vitesse du courant n'érode pas les berges, pas trop faible pour que les sédiments transportés après chaque pluie n'ensablent pas le chenal. Car les pluies, là-bas...!

Si, dans ces quelques centaines de kilomètres carrés il n'y avait guère d'habitants, il y avait des bêtes. De toutes tailles, depuis les minuscules, qui sont aussi les plus agressives – moucherons et, dès le crépuscule tombé, moustiques innombrables – jusqu'à celle, majestueuse, des éléphants. En ces temps-là, ils abondaient partout, les éléphants, et l'anticolonialiste convaincu que j'étais est obligé de reconnaître que l'administration belge, comme celle de la France ou de l'Angleterre, avait fort bien protégé la faune alors que les régimes qui se sont mis en place depuis la décolonisation l'ont laissé massacrer, tant par les braconniers indigènes que par les touristes de safaris organisés.

Dès mon arrivée à Mitwaba je m'étais laissé convaincre, par le mécanicien de la mine et par deux des chefs de chantier, que la chasse au gros gibier était un sport passionnant. Le fait d'avoir été bon tireur à l'armée et celui d'aimer les armes aidant, je fis l'acquisition d'une carabine, une Mauser 9 millimètres, et me mis à accompagner mes nouveaux amis chaque dimanche lorsque mon travail me retenait à Mitwaba. J'y allai aussi sans eux lorsque, plus tard, on me confia des missions en brousse, où j'étais seul Européen accompagné d'une équipe de travailleurs noirs, équipe dont l'effectif variait selon la mission : tracer, comme ici, un canal, ouvrir une route ou, le plus souvent, prospecter de nouveaux gisements de minerai.

Dès lors, la chasse au gros gibier fit partie de mon existence, car d'elle dépendait la qualité et surtout la quantité de viande que nous mangions. J'étais tellement carnivore dans ma jeunesse que, lorsque j'étais étudiant à l'agro, j'avais tenu deux paris stupides : je gagnai le premier, qui consistait à ingurgiter un kilo de viande en moins d'un quart d'heure et, quelques jours plus tard, je perdis le second car la quinzième minute fut atteinte alors qu'il restait une centaine de grammes sur les deux kilos que j'avais dit pouvoir avaler en ce trop bref laps de temps... Douze années plus tard, je ne faisais plus de paris idiots mais aimais toujours la viande, même crue. Un goût qui poussa à devenir chasseur le bon tireur que j'étais.

Mes camarades m'avaient appris la déontologie de la chasse, notamment que l'on ne tire ni les petits ni les mères, que l'on ne tue que ce que l'on peut manger, que l'on poursuit jusqu'au coup de grâce tout animal que l'on a blessé. Cette dernière obligation m'a valu près de trente heures de pistage pour retrouver, mort d'ailleurs, un gros buffle que j'avais tiré à balle blindée, ce qui était une erreur, balle qui, ayant manqué le cœur, avait traversé les deux poumons. Que ce puissant animal, aussi grièvement atteint, ait eu la force de fuir aussi longtemps était stupéfiant. J'étais à la fois vraiment triste, triste pour lui, étendu au terme de cette longue traque, et soulagé. Soulagé parce que, tout au long, j'avais redouté une charge soudaine : le buffle en effet est connu pour attaquer qui l'attaque et pour le faire avec une intelligence pareille à celle du chasseur, en se dissimulant pour le surprendre.

Je me suis refusé à chasser l'éléphant, et le léopard, qui abondent là-bas, ainsi que le lion. Je m'en suis voulu d'avoir tué un lycaon et, au bout de deux ans, j'ai renoncé à la chasse pour avoir accepté de tirer un singe. C'était un soir où nous rentrions bredouilles d'une quête de viande dont mes hommes et moi manquions depuis plusieurs jours, la région où nous menions une mission de prospection s'étant révélée peu giboyeuse. Mon pisteur aperçut un singe, à peine visible dans les ramures serrées de la forêt-galerie que nous longions, et il m'avait demandé de le tuer, quoiqu'il sût que, toujours, je m'y refusais.

J'avais d'ailleurs, cette fois-là aussi, commencé par lui répondre non. Et puis, sur son insistance, vu la diète que connaissaient mes carnassiers de travailleurs, j'avais cédé. Le singe était une guenon, qui tenait son petit dans ses bras...

L'étude que je fis d'une possible amenée d'eau à Bukena montra que le projet n'était pas économiquement rentable, d'autant moins que le chenal serait sans cesse piétiné par les éléphants et détruit par eux aux très nombreux endroits où il aurait été creusé dans le sable provenant de l'altération du granite sous-jacent. Cela provoquerait inévitablement la perte totale de l'eau, que d'ailleurs nous aurions déjà beaucoup de peine à ne pas perdre par simple infiltration dans cette « arène » granitique.

A la suite de mon rapport négatif, Anatole Rollet, l'ancien directeur de Mitwaba, parti à la retraite au lendemain de la guerre, fut appelé par le conseil d'administration pour, une fois de plus, discuter de chacune des solutions qui avaient été tour à tour envisagées, puis abandonnées. Et Rollet eut l'idée géniale qui n'avait effleuré aucun d'entre nous : utiliser l'eau à quatre-vingt-douze degrés comme source chaude et celle du marécage, aux environs de vingt-cinq degrés, comme source froide afin de produire l'énergie électrique nécessaire à faire fonctionner non seulement la pompe pour monter l'eau, mais aussi les moteurs des appareils de tamisage, de broyage et de concentration finale du minerai. C'était la première fois – nous étions en 1947 – que j'entendais parler d'énergie géothermique. C'était loin d'être la dernière!

Anatole Rollet, au nom tellement français, parlait le français avec le plus russe des accents : descendant d'émigrés de 1790, il était né à la fin du siècle passé à Petrograd, qu'il appelait toujours Pétersbourg, y avait fait ses études d'ingénieur, était venu les compléter à l'École des mines de Liège et avait émigré en Belgique au lendemain de la révolution d'Octobre. Il était fort intelligent, fort modeste et, malgré le jugement aigu qu'il portait in petto sur les qualités et les défauts des gens, d'une étonnante bienveillance : je lui suis toujours reconnaissant de ne pas m'avoir adressé le moindre reproche, même voilé, pour n'avoir pas eu l'idée des possibilités géothermiques que nous offrait la source d'eau presque bouillante...

Je regrettai beaucoup qu'il ne dirigeât plus la mine de Mitwaba, car les qualités scientifiques et techniques d'Aderca ne suffisaient pas, dans mon esprit du moins, à contrebalancer l'autoritarisme qu'il manifestait parfois ainsi qu'un certain air de supériorité qu'il lui arrivait d'afficher. Prétention de supériorité qui n'est jamais qu'une dissimulation d'un complexe d'infériorité – complexe que tous nous avons plus ou moins mais qui, chez certains, se manifeste paradoxalement par des attitudes quelque peu agressives, comme celles d'un chien qui par peur se met à gronder, montrer les dents et aboyer, cherchant à dissimuler sa faiblesse supposée sous une apparence de force.

Malgré cela, mes relations avec mon directeur furent des plus correctes jusqu'à ce qu'il se permît, d'autorité, une ingérence dans ma vie privée. Je ne pouvais l'admettre, et donc j'écrivis une lettre de démission à notre lointain conseil d'administration, dans la très lointaine Europe d'alors, et dont je remis copie à mon directeur. Cela se passa de façon parfaitement courtoise, Aderca abandonnant d'ailleurs son trop fréquent paternalisme pour discuter d'homme à homme, lesquels au demeurant étaient bien élevés – quoique lui, tout comme moi, puissions à l'occasion et délibérément ne pas l'être du tout!

Mon contrat stipulait qu'en cas de raccourcissement non accidentel de la durée de mon engagement, que ce fût de mon propre fait ou de celui de la société, une année de préavis serait imposée, à l'une comme à l'autre des parties. Il me fallait donc travailler une année encore à Mitwaba avant d'aller faire autre chose ailleurs. Mon choix était décidé : je souhaitais rejoindre au Kivu, aux frontières orientales de la colonie, le service géologique du Congo belge, dont la direction venait d'être attribuée à un géologue d'excellente réputation, Raymond De Dycker.

J'avais acquis, dans le domaine de l'exploitation minière, une expérience que j'appréciais pleinement, mais je ressentais de plus en plus mes lacunes dans celui de la géologie, plutôt compliquée d'ailleurs, qui caractérise les très vieux « boucliers » continentaux. En effet, dans ces boucliers, les plissements successifs de chaînes de montagnes au long de ces deux derniers milliards d'années ont engendré des roches aux métamorphismes divers, tordues, brisées, charriées les unes par-dessus les autres à un point tel qu'elles sont difficilement identifiables, sauf par des spécialistes très expérimentés. L'exceptionnelle richesse minérale et minière du Congo, rebaptisé Zaïre, provient d'ailleurs, comme celle de l'Afrique australe, de ces bouleversements tectoniques et magmatiques. A force de m'y frotter dans les monts Kibara, j'éprouvais le besoin de mieux comprendre ces roches et ces plissements complexes, et l'idée m'attirait fort de passer une année à les étudier avec les conseils et les explications d'un De Dycker. Ma démission une fois signifiée à la société minière qui m'employait, je postulai donc et obtins sans mal un poste de géologue au service géologique, c'est-à-dire un poste de fonctionnaire, payé deux fois moins que celui d'ingénieur des mines que j'occupais, mais où j'espérais apprendre beaucoup pour ensuite mieux élucider la géologie complexe de l'Afrique centrale.

Et je me remis à mon boulot comme si rien ne s'était passé : Aderca et moi nous nous étions affrontés, nous avions constaté nos incompatibilités et, puisque nous avions encore une année à travailler ensemble – et même à vivre souvent ensemble, puisqu'une communauté de deux douzaines d'« Européens », habitant un même hameau perdu à des centaines de kilomètres de toute autre agglomération non tribale, ne peut vivre qu'en symbiose –, autant valait passer l'éponge sur les différends et, dans une atmosphère aussi plaisante que possible, coopérer pour parvenir à un rendement optimal de notre industrie. Mes rapports avec mon directeur furent d'ailleurs facilités par le fait que, dès lors, plutôt que me retenir à Mitwaba pour m'y occuper d'exploitation, il m'envoya beaucoup plus souvent en prospection – ce qui me tenait éloigné dans la brousse chaque fois pendant une à deux semaines.

Les relations entre gens qui vivent en groupe, isolés plus ou moins de leurs autres congénères, peuvent être difficiles, peu plaisantes, parfois insupportables ; mais, pour peu que chacun y mette du sien et qu'il n'y ait « à bord » personne de maléfique – méchant, menteur ou exagérément envieux –, les choses se passent bien. Il en était ainsi à Mitwaba où les ingénieurs, directeur inclus, ne se jalousaient pas et se prêtaient volontiers main-forte, où le médecin était la générosité personnifiée et où les contremaîtres avaient le coup de langue plus brutal que venimeux, ce qui facilite l'existence commune, alors que la rendent insupportable les on-dit susurrés.

Je le constate quarante années plus tard, l'atmosphère de ce petit poste d'une trentaine de personnes (les enfants étaient tous pensionnaires dans leurs écoles respectives), était assez exceptionnellement plaisante. Chacune des expériences qu'en cette matière j'ai vécues par la suite m'a montré que, isolées ou non, les collectivités humaines risquent de se montrer mesquines, sauf lorsque y règne une éthique ou qu'une menace externe oblige à se serrer, physiquement ou psychiquement, les coudes.

Cette constatation attristante, j'en fis la première expérience dès l'année d'après, au service géologique du Kivu dont j'avais tellement rêvé et où une demi-douzaine de scientifiques se jalousaient l'un l'autre, pendant que de leur côté une demi-douzaine d'administratifs en faisaient autant. Mon apprentissage se poursuivit l'année suivante où j'avais regagné le laboratoire de mon ami de Magnée à l'université de Bruxelles et où ce genre de mesquinerie que la jalousie engendre rendait peu agréable l'atmosphère. Je trouvai par la suite le même esprit – si en l'occurrence l'on peut utiliser ce terme – dans chacune des universités ou des laboratoires où j'ai travaillé par la suite, Sorbonne, Orsay, Jussieu, Catane, CNRS, CNR italien...

Cette constatation, désolante, confirme que les gens sont d'autant plus solidaires qu'ils sont obligés à la solidarité pour atteindre un objectif commun : cas d'une équipe de mineurs comme celle de Mitwaba; ce ne l'est pas, ou beaucoup moins, des universitaires ou des chercheurs fonctionnarisés. La fonctionnarisation, par la sécurité quasi absolue de l'emploi qu'elle signifie, suscite l'individualisme aux dépens de l'esprit d'équipe, provoque l'ambition d'arriver plutôt que celle de bien faire, éveille la jalousie plutôt que l'émulation, voire l'admiration pour ce que réussissent les autres. De surcroît, confinés dans leurs tours d'ivoire, certains universitaires sont par trop isolés du très indispensable concret : la matière et la nature. Affronter la nature élargit en effet l'esprit, lequel, chez le même individu, tend à se rétrécir dès qu'il retrouve l'ambiance aimablement médisante des labos. Il faut du caractère, vraiment, pour ne pas s'y laisser pervertir peu ou prou, et il est bon que les jeunes le sachent avant d'y être exposés. Et qu'ils sachent aussi que ne sont, heureusement, qu'en proportion minime les collègues que je stigmatise ici, mais qu'ils existent, ô combien!

# 20

Le minerai d'étain c'est essentiellement son dioxyde, $SnO_2$. Ce minerai, ou cassitérite, est à la fois insoluble dans l'eau et, au contraire des sulfures par exemple, chimiquement aussi stable que le quartz, ou dioxyde de silicium ($SiO_2$), le constituant le plus stable des roches. La cassérite est l'un des minerais, rares, à se retrouver dans les alluvions des cours d'eau. Et même jusque sur le fond des mers : l'un des plus immenses gisements connus s'étend sur des milliers de kilomètres carrés entre l'Indonésie et Malacca, dans la mer de Java. Parmi les autres richesses minérales que l'on trouve dans les alluvions, il y a l'or, le diamant, le tungstène, la colombo-tantalite, diverses pierres précieuses.

Cette propriété qu'ont ces minéraux d'être insolubles et pratiquement indestructibles conduit à les rechercher en remontant le cours d'eau dans les alluvions duquel on a pu déceler leur présence, même en proportions infimes, avec l'espoir d'arriver à des endroits où la concentration devient suffisante pour justifier l'exploitation éventuelle. En théorie, si vous cherchez de la cassitérite (ou du diamant, ou de l'or...) et que vous en découvriez la trace dans un fleuve, vous le remontez en échantillonnant les alluvions disons tous les kilomètres, au moment où, passé un affluent, le minerai soudain n'est plus présent. Cela signifie que c'est l'affluent en question qui le charrie et vous remontez donc cet affluent, là aussi en échantillonnant et là aussi jusqu'à disparition éventuelle à l'amont d'un sous-affluent. Ou, s'il n'y a pas disparition, jusqu'au point où se trouve le filon primaire auquel ces alluvions s'alimentent. D'affluent en affluent, non seulement on arrive ainsi, théoriquement du moins, au gisement primaire, mais, ce qui est plus intéressant, à des « placers » alluvionnaires, voire éluvionnaires, assez riches ou riches. Ou très riches.

D'habitude, l'on ne fait pas démarrer ce type de prospection du bord de la mer, ni même d'un fleuve. Tout au plus d'une grosse rivière, et encore... Aux Kibara, l'on partait des reconnaissances géologiques antérieures, et avant tout de celles qu'Ivan de Magnée avait effectuée dans les années 30. La cassitérite est liée aux phases terminales de l'un des phénomènes majeurs qui accompagnent la surrection d'une chaîne de montagnes, l'intrusion de magmas granitiques. Cette intrusion s'achève elle-même par l'injection de fluides à haute température, dits hydrothermaux, qui sont des eaux saturées de sels divers, dont nos deux oxydes jumeaux, $SiO_2$ et $SnO_2$, c'est-à-dire le quartz et la cassitérite. Ces injections se font dans les fissures qui affectent les roches, tant celles de la frange supérieure du granite lui-même que des schistes, des grès ou des calcaires dans lesquels le granite, lorsqu'il n'était pas solidifié encore, s'était frayé un passage.

Suivi d'Aderca, de Magnée avait repéré des coupoles de granite pointant, ici et là, au travers des schistes cristallins que les hautes températures et les fortes pressions avaient engendrés aux dépens des roches sédimentaires – températures et pressions qui prévalaient lorsque s'achevait la genèse de ces montagnes, il y a plus de mille millions d'années. Ces coupoles sont la partie la plus haute du massif de granite et c'est donc là que se concentrent, lors de la phase ultime du puissant phénomène qu'est l'orogénèse, les fluides hydrothermaux de densité trois fois moindre que celle de la roche, fluides qui sont, lorsque les circonstances le permettent, métallogènes.

Le principe de ce genre de prospection est simple, sa réalisation l'est souvent moins. Ce qui donne au métier un charme certain, lié tant aux difficultés qu'il faut surmonter qu'aux surprises que la nature, selon son habitude, réserve. Ce qui procure parfois au prospecteur la joie, psychique autant que matérielle, que provoque la découverte d'un gisement.

Je vous raconte cela, jeunes camarades, d'une part parce que cela vous donnera peut-être le goût des métiers de la terre, de l'autre parce qu'il me semble intéressant de comprendre les pourquoi et les comment d'une technique, en l'occurrence celle de la recherche de certains minéraux. D'autant que, si l'on évoque souvent les prospecteurs, ceux d'or surtout – leurs méthodes sont les mêmes –, l'on n'explique guère le pourquoi de leurs techniques.

Les campagnes de prospection que me confiait mon directeur s'articulaient autour de ce savoir géologique, c'est-à-dire autour des pointements de granite que de Magnée et lui-même avaient cartographiés. L'objectif premier n'était d'ailleurs pas la découverte de filons minéralisés, car leur exploitation était plus difficile, plus aléatoire et plus coûteuse que celle des gîtes éluvionnaires ou alluvionnaires. En revanche, c'étaient ces derniers qu'il convenait de trouver. Aussi la tactique que nous avions adoptée était de rechercher l'étain dans les ruisseaux et rivières qui passaient à proximité d'une de ces coupoles de granite, ou qui y prenaient leur source. Pour chacune de mes campagnes je choisissais donc sur la carte géologique que mes « anciens », de Magnée et Aderca, avaient levée, l'un de ces pointements ainsi que le plus important des cours d'eau susceptible de véhiculer dans les sédiments qu'il transporte les cristaux de cassitérite qui auraient pu en provenir.

Le jour dit, nous quittions Mitwaba à l'aube, en camion de trois tonnes qui nous conduisait aussi près que possible de la rivière que nous nous apprêtions à remonter. L'équipe était composée de deux douzaines d'hommes en moyenne, parfois plus lorsque était fort large le lit de la rivière à prospecter. Le travail premier consistait en effet à creuser au travers de son lit des lignes parallèles de puits espacés de cinq à dix mètres en général, pour atteindre ce que l'on appelle le *bed-rock*, la roche en place, située sous les alluvions qui, beaucoup plus tard, ont été amenées de l'amont par le cours d'eau et déposées sur cette roche en place. Atteindre le bed-rock est indispensable car c'est sur sa surface que repose la majeure partie des éléments lourds – donc, lorsqu'il s'en trouve, la majeure partie du minerai – qui se sont peu à peu infiltrés au travers des alluvions. C'est la force de pesanteur conjuguée à l'action mécanique de l'eau courante qui fait que les alluvions se stratifient, les plus denses dessous, les plus légères dessus.

Creuser des puits dans des sables ou des argiles n'est pas dur. Le faire au travers de galets est d'autant plus exaspérant qu'ils sont plus gros. Il faut surveiller le travail, car assez souvent la partie inférieure des alluvions contient pas mal de galets. Et, lorsque le puits est relativement profond – entre une demi-douzaine et une dizaine de mètres – et alors que les efforts s'accroissent à mesure que l'on creuse davantage et qu'au seau et à la poulie il faut sortir les déblais, la tentation peut être forte, lorsqu'on arrive sur des galets, et surtout dans la chaleur de l'après-midi équatorial, de ne pas descendre jusqu'au bed-rock. De plus, quoi qu'il arrive, les alluvions sont d'autant plus indurées qu'elles sont profondément enfouies, le poids de celles, plus récentes, qui leur pèsent dessus servant de compacteur.

Chaque puits était creusé par deux hommes qui se relayaient, l'un à la pioche, à la barre à mine et à la pelle, l'autre au seau et à la poulie d'extraction. Les parois de l'excavation étaient subverticales, mais assez penchées pour rendre le fond exigu lorsque l'on dépassait cinq mètres de profondeur, exiguïté qui rendait le travail plus difficile encore.

Une fois le fond atteint, c'était à Paya et à moi à entrer en action. Avant tout Paya. Paya, officiellement, était mon « paneur », pratiquement mon factotum. « Paneur » n'est pas français, peut-être est-ce du belge. Ou plutôt du belganglais. Utilisé dans l'industrie minière congolaise ce mot provient de l'anglais *pan*, qui signifie batée de prospection. La batée de prospection est cette large écuelle en forme de cône tronqué que l'on remplit de tout-venant et grâce à laquelle par un mouvement rotatif et des secousses, imprimés sous eau, l'on stratifie grossièrement et de façon progressive les minéraux, les « lourds » se faufilant à chaque secousse vers le bas entre les éléments légers. On élimine à mesure ce stérile, moins dense, en le faisant passer par-dessus bord avec l'eau de lavage, que le mouvement rotatif fait circuler et l'on finit par n'avoir, dans un coin du fond, que des éléments denses où, parfois, se trouve le minerai que l'on recherche.

A l'échelle Paya et moi descendions donc dans le puits, ce qui n'était pas très confortable si le conduit avait six mètres ou plus parce que la place, au fond, manquait réellement. Tout en descendant, je traçais de la pointe de mon marteau un sillon vertical de deux pouces de large et d'un pouce de profondeur. Les mesures anciennes – et anglaises –, pouces, pieds, pas, coudées, sont plus naturelles que celles du système métrique et nous les utilisions là-bas davantage que ces dernières. Nous prélevions ainsi une batée de dix litres par mètre courant. Une fois pleine à ras bord, cette batée pesait quelque vingt-cinq kilos. Paya se la plaçait sur la tête comme le font, pour porter un fardeau, les femmes de toute l'Afrique noire, remontait l'échelle, posait l'assiette à l'extérieur et redescendait avec une autre batée à remplir.

Une fois toute la hauteur du puits échantillonnée, nous sortions du trou et allions à la rivière laver notre échantillon, c'est-à-dire éliminer tout le léger, quartz, cailloux, sable siliceux, argile, grâce, donc, au mouvement circulaire et aux secousses imprimés sous l'eau au contenu de la batée. Le concentré lourd, le « noir », nous le faisions alors passer dans une petite batée et, de la même façon que pour l'échantillon originel, nous éliminions de ce « noir » la plus grande partie – c'est-à-dire la moins dense – pour ne garder que les quelques centimètres cubes de très lourd. C'était dans ce très lourd que se trouvait la cassitérite. Lorsqu'il y en avait. Ce qui, hélas, était loin d'être toujours le cas! Et, lorsqu'il y en avait, sa teneur était fonction de la profondeur, le maximum se trouvant toujours sur le bed-rock.

Une fois échantillonnée la rangée de puits, nous remontions vers l'amont pour en creuser une nouvelle et ainsi de suite. Sur des lieues. La distance entre les rangées successives dépendait de divers facteurs, dont les teneurs découvertes dans la rangée précédente : plus ces pourcentages étaient élevés, plus serrée se faisait la prospection. Les espacements étaient de l'ordre du kilomètre lorsque nous ne trouvions pas trace de cassitérite dans tel ou tel lit de rivière, lit qu'il convenait cependant d'explorer sur toute la longueur et toute la largeur où pouvait encore se trouver du minerai, et ces espacements descendaient à quelques décamètres, voire à un seul lorsque les teneurs annonçaient une possible « bonanza ». Une bonanza c'est, dans le langage des mineurs, un gisement riche à souhait.

En une vingtaine de safaris, nous avons prospecté en un an trente à quarante cours d'eau et des bonanza, nous n'en avons pas trouvé. Quelques gisements honnêtes, certes, mais pas de quoi pavoiser. Ce n'était pas faute d'efforts : au long de semaines nous travaillions dur, que ce fût à creuser et à laver des échantillons qui pesaient de plus en plus aux épaules et aux bras à mesure que la journée s'avançait, ou bien, matériel minier et matériel de campement sur la tête, à marcher en tout terrain lorsque notre safari remontait vers l'amont. Et quand mes gars étaient d'accord, et ils l'étaient presque toujours, nous travaillions aussi le dimanche. Ils y gagnaient une petite prime mais, surtout, le safari étant raccourci, la possibilité de rentrer à la maison un jour, voire deux ou trois avant la date prévue.

Le mot *safari*, en ki swahili, signifie « voyage ». Naguère, avant l'invasion des touristes en Afrique, on ne l'utilisait que pour les longs parcours *à pied* et jamais, comme c'est désormais la mode, pour des voyages en automobile, fussent-elles des 4×4, ni pour des parties de chasse qui, elles aussi, n'ont de chasse que le nom et pas du tout l'esprit. Et aujourd'hui où ce récit m'amène à vous raconter pourquoi et comment j'ai exercé la série de métiers que j'ai pratiqués et m'oblige à évoquer un passé auquel je n'ai pas l'habitude de penser, cela m'irrite d'utiliser un mot aussi courant que l'est safari en ki swahili alors qu'il est devenu l'un de ces termes dont abusent désormais les jet-societies, l'ultrariche comme la simplement nantie. Et les agences vendant de l'ersatz d'aventure.

J'ai tout de même connu l'exaltation – que je tins très contenue au plus profond de moi mais dont je me régalai néanmoins pleinement – de découvrir *une* bonanza, une richesse minière, et c'était à Bukena. Je vous ai déjà pas mal parlé de cet endroit. Toute relative d'ailleurs, cette bonanza, mais d'autant plus satisfaisante qu'elle avait échappé au prospecteur qui m'avait précédé quelques années plus tôt et que ce prospecteur à avoir découvert et localisé le gisement de Bukena – celui pour l'exploitation duquel je m'efforçais de trouver comment y amener de l'eau –, n'était autre qu'Aderca, mon propre directeur, coupable d'ingérence dans ma vie privée : tout réconciliés que nous étions – service oblige –, je n'en étais pas moins d'une part meurtri par les effets mêmes de cette ingérence et quelque peu satisfait, de l'autre, de marquer professionnellement un point face à un géologue qui m'était, à coup sûr, très supérieur.

Cela commença un dimanche, pendant la période assez peu exaltante où nous piquetions le possible canal futur. Au contraire des safaris de prospection, les hommes tenaient, ici, à leur repos hebdomadaire, puisque les épouses étaient descendues à Bukena elles aussi pour la durée de ce travail. Ce jour-là, ayant par hasard mis la main sur le rapport de prospection, j'en parcourais les pages et fus surpris de découvrir que les teneurs en cassitérite de ce gisement, au lieu de croître avec la profondeur, passaient par un maximum à une demi-douzaine de mètres sous la surface pour ensuite régresser jusqu'à devenir tellement faibles sur le bed-rock qu'elles passaient sous le seuil d'exploitabilité économique.

Géologiquement cela paraissait difficilement explicable et même en contradiction avec la physique élémentaire, laquelle exige que ce qui est le plus dense aille, au sein d'un milieu qui l'est moins, aussi bas que la fluidité de ce milieu le rend possible. Le milieu ici était d'ailleurs plutôt inhabituel : au lieu de sables, voire de cailloux roulés ou d'argiles normales, l'on se trouvait dans une masse de kaolin épaisse d'une bonne demi-douzaine de mètres au moins. Le mot chinois « kaolin » désigne une argile blanche très fine, très pure, provenant de l'altération des feldspaths, ces minéraux qui, avec le quartz et les micas, constituent l'essentiel des granites, dont certains sont exceptionnellement riches en feldspaths. Lorsque les conditions le permettent, ces derniers sont transformés en kaolin. Le rapport de prospection signalait que cette argile blanche était de plus en plus dure avec la profondeur et qu'au-delà d'une demi-douzaine de mètres elle l'était autant que le bed-rock lui-même.

N'ayant rien à faire en cette matinée ensoleillée, je pris une échelle sur mon épaule, me rendis sur le gisement et descendis « voir la gueule que ça avait » au fond. Ce que je vis tout d'abord, c'est-à-dire les quatre parois, correspondait parfaitement aux descriptions d'Aderca. Mais, lorsque je m'occupai des quatre pieds carrés qui constituaient le plancher du trou, plancher sur lequel je me tenais, je m'aperçus que, au contraire de ce que j'avais pensé en l'atteignant, il n'était pas constitué de roche granitique simplement recouverte d'un pouce ou deux de kaolin tombé des murs, mais bien de kaolin en place... Le même que celui des quatre parois du trou : quelques coups donnés avec la pointe acérée de mon marteau ne laissaient subsister aucun doute. Comme le rapportait Aderca, ce kaolin était d'une dureté qui valait celle du granite et mon marteau, trop léger, ne me permit pas, malgré la vitesse des coups que j'assenais, de descendre à plus d'un demi-pied plus bas que ne l'avait fait, une demi-douzaine d'années auparavant, l'ouvrier mineur qui m'avait précédé là. Mais ce demi-pied était, exclusivement, de kaolin...

J'escaladai l'échelle et allai au campement demander à Paya s'il voulait bien m'accorder une heure de son repos dominical pour, à l'aide d'une barre à mine ou d'une pioche, essayer dans ce même puits d'atteindre le bed-rock véritable. Paya, qui fut l'un des collaborateurs les plus dévoués aux travaux que j'ai entrepris, ici ou là, au long de ma longue vie, changea aussitôt de chemise et de pantalon et, quelques minutes plus tard, nous nous retrouvions au fond du puits. Il nous fallut plus de deux heures pour atteindre, un mètre plus bas environ, le vrai bed-rock. Il était de granite, et sur ce granite se trouvait la bonanza : c'était noir de cristaux de cassitérite!

Ce succès – le gisement doublait ou triplait de valeur et il fut exploité dans les années cinquante et soixante avec l'eau pompée grâce à l'énergie géothermique préconisée par Anatole Rollet –, ce succès était dû à un double principe que nous avait répété, à l'Agro, notre professeur de géologie Frans Halet.

Avec l'accent écossais prononcé qu'il tenait de sa mère, et dès sa toute première leçon, il nous disait : « L'obzeuvation est la qualité fondamentale du géologue de terrain. Bien obzeuver est une technique. On peut donc s'améliorer si on en fait l'effort. Et quand vous avez obzeuvé quelque chose sérieusement, vous devez faire marcher votre cervelle. » Il ajoutait parfois : « Tout le monde, il est intelligent : l'homme possède la parole et l'intelligence. Les gens sans intelligence, c'est rare. Mais c'est rare aussi les gens intelligents qui utilisent intelligemment leur intelligence. »

Près de soixante années plus tard, l'expérience m'a montré combien notre vieux maître avait raison, et les diagnostics que j'ai pu formuler durant les décennies suivantes au sujet des menaces que présentaient, ici ou là, des éruptions volcaniques, diagnostics tous confirmés ensuite par les faits, tous ont reposé sur l'observation rigoureuse des événements et sur la discussion de ce que signifiaient les mesures, lorsqu'il était possible d'en faire; le tout suivi par une interprétation rationnelle de ces informations, interprétation qu'aide toujours davantage à formuler l'expérience antérieurement acquise.

Je ne suis pas plus intelligent que la plupart des gens. Halet avait raison lorsqu'il disait que l'intelligence est très uniformément répartie. Ce qui l'est moins, c'est surtout la rigueur. C'est aussi le sang-froid. C'est, plus encore, le non-conformisme. Et aussi le courage intellectuel. Tout au long de ma vie, au sortir de l'éducation (j'hésite à dire le dressage) que j'avais reçue de ma mère, je me suis tant bien que mal efforcé de développer ces traits de caractère. En ce qui concerne les diagnostics volcanologiques en tout cas, ces conseils se sont montrés rudement avisés.

# 21

A la stupéfaction de tout Mitwaba, celle du directeur Aderca en premier, une année jour pour jour après avoir signifié mon préavis de démission je quittai la mine : chacun était convaincu que ce n'était jamais que l'une de ces menaces que l'on profère, en pays intertropicaux surtout, au sommet d'une colère, menace que l'on se hâte d'ordinaire de ne pas mettre à exécution. Mais j'étais boxeur et un boxeur se doit d'être opiniâtre.

J'avais d'ailleurs, en cette année 1947, renoué avec la boxe. J'avais suspendu un sac de sable à une grosse branche d'arbre dans le jardinet de ma villa de Mitwaba et m'étais entraîné pour retrouver le souffle et les épaules qu'exige un combat un peu rude. Et c'est ainsi que j'avais remporté les trois derniers de la cinquantaine de matches livrés depuis 1932. Dire que la bonne société katangaise ait apprécié qu'un ingénieur de « ses » mines s'exhibe sur un ring, en public, avec des gens que l'on ne reçoit pas, serait contraire à la vérité. Mais, il y avait déjà des années que l'opinion des gens ne m'importait plus guère qu'en fonction de l'estime que je leur portais. Il faut dire que quinze années de pugilisme sérieux, cela forme un bonhomme. En tout cas cela lui forme le caractère, même si cela lui déforme définitivement le nez.

Je quittai sans regrets le Katanga (aujourd'hui rebaptisé Shaba, ce qui veut dire « cuivre » en ki swahili). Sans regrets malgré la sympathie que j'éprouvais pour sa petite population et les multiples satisfactions qu'en deux années j'y avais récoltées, mais parce que je ne suis pas du genre à en avoir : le passé est le passé, qu'il eût été plaisant ou pénible, et rien ne sert d'éprouver pour lui de la nostalgie ni même d'y penser. Seul comptent le présent et le futur. Parce que, sur eux, il est possible d'agir et donc parfois de les modifier selon ses désirs. Ce que l'on appelle le destin, pour ceux qui bénéficient d'une certaine dose de chance – et de la chance, j'en ai eu –, ne se subit pas, il se modèle. En partie du moins.

Deux années plus tôt, à peine arrivé au Congo et dès le départ riche du gros salaire que l'industrie minière attribuait à l'époque aux ingénieurs, je m'étais acheté des tas de choses. Les unes nécessaires, tels le linge, les vêtements, les chaussures, dont cinq années de guerre nous avaient privés : j'avais deux vieilles chemises en quittant l'Europe et je reprisais régulièrement mes tout aussi vétustes chaussettes. Les autres, sinon superflues, du moins luxueuses, ainsi des jumelles, un phonographe 78 tours (le 33 n'avait pas encore été inventé, sans parler de tous les perfectionnements ultérieurs) et, surtout, une automobile.

C'était une Citroën « 11 légère », importée du Kenya, donc montée en Angleterre, ce qui signifiait conduite à droite. C'était la toute première et, des années durant, ce fut la seule « traction » du Congo belge. A une époque où n'existaient pratiquement pas les voitures 4×4 qui aujourd'hui pullulent, ma petite traction-avant faisait merveille, comparée aux grosses américaines qui, guerre de 40-45 obligeant, composaient les 99 % du parc automobile congolais. Tirée par ses roues avant, elle se sortait incomparablement mieux que les voitures à roues arrière motrices des pièges omniprésents que tout au long de la saison des pluies tendait la boue sur les pistes automobiles, alors toutes en terre battue.

Il m'avait fallu devenir mécano car, lorsque l'on se trouve isolé dans la brousse, à cent kilomètres au moins de tout atelier, il faut pouvoir non seulement entretenir son véhicule mais, surtout, savoir le dépanner. Ainsi, cette fois où j'avais brisé mon boîtier de direction et le cardan de la roue avant gauche en cognant violemment – à toute petite vitesse heureusement puisque c'était en faisant marche arrière, mais, vu la démultiplication, avec d'autant plus d'énergie – un arbre que je n'avais pas aperçu car, faiblesse de la « onze » (et de la « quinze »), la lunette arrière trop étroite ne laissait à la vue qu'un angle trop étroit... J'ai retrouvé le brouillon du télégramme que j'avais alors expédié à Citroën... Bruxelles ! Il se terminait par : « Évitez par tous moyens délais licence exportation stop frais indifférents. »

Ce fut dans cette petite « onze légère » que nous quittâmes Mitwaba par un beau matin de novembre, Paya, Kaniepala et moi. Kulu devait nous rejoindre plus tard par ce moyen habituel de transport africain qu'étaient les camions de marchandises lorsqu'il restait de la place sur ou derrière le chargement. Trois dans cette petite voiture, cela ne laissait pas trop d'espace pour les bagages. Heureusement, les Noirs de la brousse voyagent intelligemment, c'est-à-dire très peu chargés, et Paya comme Kaniepala étaient demeurés des broussards authentiques malgré la dizaine d'années passée auprès des Blancs, à la mine de Mitwaba. Quant à moi, depuis que j'avais lu, vers douze ou quatorze ans, *La Forêt* d'Edward Stuart White, j'avais résolument adopté le principe auquel il consacre un chapitre entier : voyager peu chargé... Cela, joint peut-être à quelque atavisme venu d'ancêtres nomades, fit que malgré mes emplettes de 1945, malgré deux années d'une vie privilégiée, mon bagage était peu volumineux et que la petite voiture n'eut même rien à porter sur le toit.

Ce fut un beau voyage, qui nous prit plus d'une semaine. Douze cents kilomètres à vol d'oiseau, plus de deux fois autant par des pistes où rouler à soixante kilomètres à l'heure frisait l'excès de vitesse et, en trois ou quatre endroits, des arrêts d'une journée au moins pour saluer des amis, entre autres, mon camarade de l'école de géologie, Robert Sacré, qui dirigeait une importante mine d'or dans l'ouest de la province du Kivu.

Je n'ai guère de notes de ces temps-là. Mais quelques-unes me restent à propos de ce voyage menant au Kivu. J'en recopie quelques mots. « *Vendredi 8/11/1947 :* départ 7 h 30. Bac sur la Lukuga. Belles collines indigo sur l'autre rive où flottent des brumes blanches. 11 heures. Kongolo. Collines herbeuses piquées de palmiers borassus. (Kongolo était un poste important sur le fleuve, le Congo-Lualaba, et j'avais fait une fameuse moyenne : trois heures pour cent cinquante kilomètres...!) : 14 heures. Rivière Luika, à la frontière Katanga-Kivu. 15 heures. Belle forêt. Fûts gris clair presque blanc, droits, forts, élancés. 15 h 15. Rivière Luana. Embarcadère du bac, dangereux. Belle savane herbeuse, vert cinabre clair tacheté d'émeraude sombre par les arbustes épars... 17 heures. Cuesta (on appelle ainsi des reliefs en pente douce d'un côté et à pic de l'autre, fréquents avec les gros bancs de calcaire dur) à grottes. Beaux cumulus dans beau ciel. 18 heures. Pays très peuplé, succession ininterrompue de villages, de bananeraies et de palmeraies (palmiers à huile). De nuit roulons sur route moins bonne et suis intrigué par des masses blanches régulièrement espacées tout au long. Pas plus que moi Paya ne sait ce que c'est. Je m'arrête à côté de l'une d'elles : un crâne d'éléphant...! Les soixante kilomètres qui suivent sont balisés de bornes kilométriques en crânes d'éléphant ! 23 heures. Arrivée chez Bob Sacré, qui est au lit depuis plus de trois heures. *Dimanche 9/11/1947.* Repos chez Sacré, bavardage sur nos mines respectives et sur les copains de promo. Tous sont mineurs, sauf l'un d'eux qui ambitionne carrière d'universitaire et d'expert auprès des sociétés minières. »

Outre le plaisir de revoir un copain d'études, j'étais intéressé par ce que Sacré pouvait me dire sur l'expérience nouvelle qu'il avait acquise en ces deux années. Je dis nouvelle parce qu'avant la guerre il avait déjà passé trois années comme ingénieur des mines au Congo. La guerre l'avait supris en Belgique pendant le congé qu'il y passait, ce qui l'avait amené à obtenir un diplôme complémentaire de géologue.

J'avais de la reconnaissance à l'égard de Robert Sacré et j'en ai toujours, pour nous avoir, durant la guerre, parfois apporté de la campagne où il habitait, du pain véritable.

L'or est plus fascinant que la cassitérite. Même lorsqu'elle se présente en beaux cristaux, qui certes plaisent à l'œil, la cassitérite n'a pas cette qualité que seuls possèdent l'or et le cuivre natif (lequel d'ailleurs est moins répandu que l'or) : celle du métal pur. Et, pour moi du moins, la beauté d'un métal pur est à nul autre pareille. De l'or, j'en avais récolté quelques centimètres cubes au cours des deux années que je venais de vivre, car où il y a de la cassitérite, en principe il y a de l'or, leurs gisements étant comme je l'ai dit fort semblables. Et il arrivait que, dans le concentré final, dans le noir rassemblé sur le fond de la batée, l'œil découvrît un point jaune éclatant... ! Je le prenais avec ma pince brucelle et le stockais dans un petit tube en verre solide et bien bouché que je portais alors dans une poche de ma chemise. Point d'or après point d'or, paillette parfois, pépite jamais hélas, mon minuscule trésor de poudre d'or croissait au long des semaines. J'en constituai deux ou trois qui servirent chacun de cadeau, plein de romantisme, à quelque belle...

Les deux mille kilomètres que nous avons parcourus pour atteindre le lac Kivu ondulaient au travers de paysages immenses, croupes sur croupes sur croupes, savanes à l'infini, galeries forestières, forêts parfois aussi, aux arbres d'autant plus beaux qu'ils étaient énormes, paysages où serpentaient les affluents du Congo et aussi le fleuve lui-même, qui s'appelle Lualaba dans cette partie supérieure de son cours. Il y eut aussi le spectacle du lac Tanganika, d'autant plus majestueux qu'il m'apparaissait du haut du col par lequel la route traversait les montagnes qui, à l'ouest, le dominent de centaines de mètres. La qualité médiocre des pistes réduisait notre moyenne à dix, vingt, trente, au plus cinquante kilomètres à l'heure. Selon les endroits et selon les pluies.

Après des heures sans trace d'habitations se succédaient parfois des régions densément peuplées, des villages de huttes, ici circulaires, là rectangulaires ou carrées, ici couvertes de chaume, là de feuilles de bananier – la tôle ondulée n'avait pas encore enlaidi ces pays –, villages nichés chacun dans un creux ménagé dans l'exubérance des palmiers élæïs, sous le dais majestueux d'arbres immenses au fût clair et droit dressé jusqu'au ciel de feuillages.

Tout au long de ces voyages d'antan il y avait des problèmes à résoudre, attendus ou inattendus. Avant tout, trouver du carburant. Les pompes à essence n'existaient pas et il fallait découvrir soit un commerçant, en général grec ou portugais et en général sympa, soit un administrateur territorial, qui acceptât de vous en vendre quelques litres qu'il prélevait avec parcimonie dans sa réserve personnelle, livrée en fûts de deux cents litres trois ou quatre fois l'an. Il y avait le potopoto, la boue traîtresse, où l'on pouvait s'enliser jusqu'aux moyeux et dont s'extraire pouvait demander une journée. J'ai connu des infortunés qui y sont restés une semaine durant ! Il y avait les pannes mécaniques qu'il fallait réparer soi-même si l'on ne voulait pas abandonner la voiture et continuer à pied...

Déshabitué alors des impatiences occidentales (j'ai bien changé depuis, trois fois hélas !), j'étais heureux de traverser les paysages à cette allure paisible qui permet de se rassasier le regard. Je suis toujours stupéfait de l'indifférence des gens pour le paysage. Même pour les plus superbes... Il n'y en a pas trois sur plus de deux cents passagers – et parfois par un seul – à regarder les Alpes par le hublot de l'avion de ligne qui les leur fait survoler, il n'y a pas deux passagers d'un wagon de TGV – et parfois par un seul – à regarder, par exemple, cette splendeur que sont les champs de tournesols en fleur, ou la ville de Cluny, ou le Rhône et le Vivarais à contre-jour... Il n'y a guère de passagers de voiture ou d'autocar à regarder autre chose que la route qu'ils avalent, alors qu'ils voyagent comme touristes, c'est-à-dire prétendument pour admirer de belles choses...

Il y a quarante ans que je fais des films, dits documentaires. Ce qui m'y avait poussé, c'était la découverte, cinq ou six mois après mon arrivée au Kivu, d'une éruption volcanique : ce fabuleux spectacle ne pouvant être décrit ni par des mots, ni par la photographie, ni par la peinture qui n'en reproduisaient pas l'un des éléments essentiels, le mouvement, il ne restait que le cinéma (en grec, *kinema* signifie mouvement). Ce curieux souci qu'a l'homme – depuis les aubes de la préhistoire – de « fixer » par l'image ce qui lui importe, je l'eus dès l'enfance pour le paysage. Ce ne fut guère que le paysage, rural ou urbain, que je photographiai à partir de mon quatorzième anniversaire où l'on m'avait offert un Zeiss-Ikon 6×9 à soufflet. Ce fut ensuite la montagne, la mer, l'Afrique centrale. La photo me suffisait souvent et, lorsque je me sentais incapable de restituer le plaisir qu'un paysage me procurait – la plupart du temps c'étaient ses dimensions qui me l'interdisaient –, je me rattrapais par le croquis (lequel me satisfait personnellement davantage que la photo). L'éruption volcanique, elle, exige le cinéma.

Aux amoureux de paysages le cinéma offre d'ailleurs bien d'autres possibilités encore. Je les découvris peu à peu, ces possibilités, jusqu'à en arriver à faire des films simplement pour montrer aux gens combien belle peut être la terre! Ce fut cela qui m'incita à accepter de réaliser une série de sept émissions de télévision, de près d'une heure chacune, que le producteur baptisa *Tazieff raconte « sa » terre* et une autre, de quatre films, *Retour à Samarcande* : la motivation du producteur, celui qui assume les risques financiers d'une telle aventure, c'est de faire de l'argent. *Business is business.* Ma motivation à moi est tout autre : en fixant des paysages qui me plaisent, je voulais me faire plaisir et amener les gens à *voir* cette beauté et, si possible, à en tirer une joie.

Je suis loin d'être le seul à avoir tenté d'initier à ces thèmes le regard de mes contemporains, mais chaque cinéaste utilise sa propre approche pour retenir l'attention du spectateur. Que celui-ci soit dans une salle face à un grand écran ou chez lui face au petit, le problème est de l'intéresser suffisamment. Or la chose est impossible si l'on fait confiance à son seul goût esthétique : ce goût est plus que modeste, comme le prouve l'indifférence générale des voyageurs que j'évoquais ci-dessus, comme le prouve hélas aussi – et c'est incomparablement plus grave – cette catastrophe qu'est, neuf fois sur dix, la construction d'aujourd'hui, la prétendue architecture de notre époque. Dans la lugubre décadence de la « civilisation » actuelle, le sens du beau disparaît, aussi vite que disparaît le civisme.

Pour en revenir à ces films qui mettent en scène ce qui est beau dans la nature, primitive ou policée, sauvage ou façonnée, modelée par l'homme, leurs réalisateurs sont obligés par le verbe de s'adresser à l'esprit parce que l'image ne parle guère qu'à la sensibilité et que celle-ci se trouve très vite lassée. L'un des meilleurs exemples que je connaisse est celui d'Albert Lamorisse avec son film *Le Voyage en ballon.* Très évidemment, Lamorisse était envoûté par la beauté des paysages de la France tels qu'on peut les voir du ciel et il voulait montrer aux gens cette beauté. Il savait parfaitement qu'on ne peut guère passer au spectateur moyen plus de quelques dizaines de secondes d'affilée des images qui n'ont pour elles que leur beauté : au-delà, ce spectateur bâille et s'en va. Ou zappe. Ou s'endort. Lamorisse avait donc inventé une histoire, supposée retenir l'attention du citoyen moyen, et cette histoire il la faisait se dérouler sur fond de paysages. Malgré la splendeur des images, ce fut un échec, parce que l'histoire n'avait pas assez d'intérêt. Mais Lamorisse avait compris le problème.

Ce problème, on ne le rencontre pas lorsque l'on tourne un film sur l'éruption volcanique : celle-ci se suffit à elle-même. Par contre, j'eus à le résoudre lorsque, en 1982, la première chaîne de télévision me proposa de réaliser la série dont j'ai parlé, prévue pour faire quatre fois cinquante-deux minutes (et qui finalement en fit sept). Montagnes, déserts, régions polaires sont superbes mais, immobiles, ne permettent pas d'être montrés sans le support de la parole. Comme je n'ai pas le don d'inventer des histoires et l'expérience du *Voyage en ballon* m'ayant de surcroît convaincu de la vanité du recours à la fiction pour faire passer des images que sans cela le public bouderait, je décidai d'une approche fondamentalement différente : plutôt qu'inventer une histoire quelconque, simplement raconter le paysage lui-même. Ma formation me permettant d'essayer de l'expliquer par la géologie, la climatologie, la géographie physique, ce fut le biais que je choisis. L'accueil de la série montra que ce choix était bon.

Au lieu d'histoires, on peut d'ailleurs raconter l'Histoire, celle dont les paysages que l'on montre ont été les témoins. Je suis convaincu que la majorité des spectateurs en seraient fort satisfaits.

# 22

A l'arrivée à Bukavu, capitale de la fort belle province du Kivu, bâtie à l'extrémité sud du lac du même nom, une nouvelle m'attendait, triste et mauvaise : l'homme de science que je m'étais choisi comme maître pour mieux affronter les difficultés géologiques du socle précambrien de l'Afrique centrale, Raymond De Dycker, venait de mourir sur une table chirurgicale. Je ne le connaissais que de réputation mais sa disparition, vu les qualités que tout le monde lui reconnaissait, était un désastre, du point de vue scientifique tout autant que humain.

La communauté géologique est assez féroce avec les siens, comme beaucoup de communautés, sinon toutes, et spécialement celles où le renom dépend plus de l'opinion répandue dans le public – public spécialisé ou grand public populaire – que de la valeur intrinsèque. Il en est ainsi dans le monde des arts, dans celui des lettres, dans celui du barreau, dans celui des sciences à n'être pas presque exclusivement mathématiques ou expérimentales – et parfois même dans ces dernières... Aussi, lorsqu'une réputation est quasi unanimement admise, et qu'elle ne l'est pas par opportunisme, par conformisme ou par mode, c'est qu'elle est justifiée. La mort de De Dycker fut une grande perte.

Je me retrouvai donc, assez désemparé, dans un service officiel qui l'était autant que moi. Je devais m'en convaincre au long des décennies qui suivirent : service officiel est parfois synonyme d'efficacité réduite. Mais, dépourvu de chef, il voit son rendement réduit à zéro. Tout groupe humain en effet a besoin d'une tête, d'une personne qui seule dirige, oriente, juge, tranche, décide, assume les responsabilités. L'efficacité en dépend : lorsque ce décideur responsable possède les qualités nécessaires, l'efficacité est maximale, lorsqu'il ne les possède pas elle est médiocre, lorsqu'il n'y a pas de tête, elle est nulle.

C'était le cas, en cette fin de 1947, du service géologique du Kivu. Les fonctionnaires qui le constituaient, qu'ils fussent scientifiques, géologues, pétrographes, chimistes ou administratifs, quelque compétents qu'ils fussent, menaient tous une existence professionnelle au ralenti. Cela stupéfia et choqua l'ingénieur que j'étais, tout frais sorti de ce haut lieu de l'efficacité qu'est l'industrie : il n'y avait apparemment ici plus aucun objectif, plus aucune hiérarchie, plus aucune responsabilité. Chacun, frileusement, semblait attendre des instructions venant de plus haut, du service géologique de la colonie, lequel se trouvait dans la capitale, Léopoldville-Kinshasa, à plus de deux mille kilomètres de là. Ce qui était à l'autre bout du monde car, ne l'oubliez pas, enfants d'aujourd'hui, le téléphone à longue distance était alors pratiquement inexistant de même que l'avion. Le télégraphe, quant à lui, coûtait tellement cher du mot que l'on nous enjoignait de ne l'employer qu'en cas d'urgence et en nous servant du style dit télégraphique qui économise au maximum ces mots dispendieux. Discuter par lettres était difficile et très long.

J'ai trouvé cet état d'esprit dans tous les grands organismes officiels auxquels j'ai eu affaire, dans tous les grands corps constitués, dans tous les ministères, dans toute l'administration. Mais jamais au point de quasi-perfection qui caractérisait en cette période le service géologique du Kivu, perfection d'inutilité scientifique et administrative due à l'absence totale de chef. N'eût-il pas les moindres qualités qu'un chef authentique se doit de posséder, sa seule existence, la seule présence d'une personne coiffée d'une casquette d'autorité, suffit à réduire le taux d'inefficacité.

Ce qui me semblait sidérant, c'était que la qualité scientifique évidente de certains des scientifiques du service ne les incitât point à tenter de mettre en route un programme minimal de travail rationnel. Mais non, ils se contentaient de faire semblant, que ce soit au microscope ou à la paillasse de laboratoire, sinon sur le terrain où le confort manque par trop... La cause en revenait sans doute aux amours-propres, davantage exacerbés dans ces univers microscopiques que sont les petites villes des colonies d'antan et des ex-colonies d'aujourd'hui plus encore qu'ailleurs. Vanités diverses, susceptibilités d'autant plus chatouilleuses que l'on est moins absorbé par son travail, souci d'être pris en considération non seulement pour ce qu'on représente réellement, mais plus encore par rapport à ses pairs ou ses presque pairs et à l'opinion sur soi-même que l'on voudrait imposer à autrui.

Il ne me fallut que quelques jours pour étouffer dans cette atmosphère, rendue exceptionnellement délétère à cause de la disparition soudaine de son directeur. Afin d'échapper à l'ambiance qui régnait dans le service autant que pour vagabonder par les vastes savanes montueuses qui se déroulent à l'infini du lac Kivu au lac Tanganiyka et des lacs vers le fleuve, loin dans l'Ouest, je décidai d'aller faire du lever de carte géologique.

Un moment, j'avais songé à prendre d'autorité, et provisoirement bien sûr, la place vacante de responsable de la géologie régionale. Mon tempérament et mes antécédents m'y incitaient, tempérament de chef de cordée tant en escalade de falaises qu'en courses de haute montagne, mes antécédents d'officier pendant la brève campagne de 1940, de chef de partisans durant les années de résistance, d'ingénieur chargé de responsabilités durant les deux ans que je venais de passer à Mitwaba. Mais j'y renonçai parce que j'étais, et de loin, le plus jeune des scientifiques du service, que j'y arrivais sans posséder la moindre expérience, que le principe sacré de l'ancienneté m'interdisait de commander à ceux qui depuis des années poursuivaient là leur carrière et, argument nullement négligeable, que je ne connaissais rigoureusement rien à la géologie du Kivu.

Que je me sentis bien dès ce premier jour d'évasion! Paya, Kaniepala et moi, dans une savane se déroulant à l'infini, plantâmes nos deux tentes : une pour le *bwana*, c'est-à-dire en ki swahili « chef », « patron » et, par extension en ces années coloniales, « Blanc », une pour les deux Noirs, une aussi s'ils avaient été quatre (mais il faut reconnaître que, si nous avions été deux Blancs, nous aurions partagé la même tente). A près de deux mille mètres d'altitude et quoique nous fussions quasi sur l'équateur, l'air était vif, même au milieu du jour. Pas un être humain dans un rayon de cinquante kilomètres mais, en abondance, des traces de gibier – crottes d'antilopes, d'éléphants, de buffles – et des affleurements rocheux. Et la lumière immense du soleil. Et le vent...

Ce qui devait me décevoir en premier lieu et très

rapidement, ce furent mes propres ignorances. Je n'étais pas armé suffisamment en matière de connaissances pétrographiques pour m'attaquer, sans l'aide d'une personne expérimentée, à quelque chose d'aussi complexe que la géologie de cette région. Malgré les trois années où Paul Michot s'était efforcé de nous transmettre autant que possible de son propre savoir, je me trouvai d'emblée à quia devant les questions que les roches me posaient.

De surcroît, s'ajoutèrent à ces insuffisances qui m'accablaient celles qu'il me fallut bientôt également reconnaître, relatives à la tectonique : « J'y entravais que dalle... ! » Qu'elle était donc simple, l'architecture des Ardennes et du bassin de Dinant qui avait fait l'objet de ma thèse ! Qu'il avait été simple aussi de débrouiller les menues questions d'ordre structural qui se posaient à l'exploitant de filons minéralisés que je venais d'être... Ici, il s'agissait de comprendre les lignes générales des plissements de chaînes de montagnes qui s'étaient succédé, à quelques millions de siècles l'un de l'autre, au long des temps immémoriaux de ce continent vieux de milliards d'années. Et moi, blanc-bec, je n'étais pas armé pour affronter seul des problèmes d'une telle complexité. Le « vieux-bec » que je suis, près d'un demi-siècle plus tard, ne l'est d'ailleurs pas tellement davantage... Il faut dire que mes orientations, dans le domaine des sciences de la terre, devaient bientôt s'écarter radicalement de la pétrographie.

Mais que pouvais-je faire d'autre ? Il n'était pas question d'aller assurer des heures de présence au service, à Bukavu. J'ignorais trop la géologie de la province pour choisir un endroit moins abscons où faire du lever de carte géologique et j'avais assez discuté avec mes nouveaux collègues pour savoir qu'ils ne me seraient d'aucune aide, soit qu'eux aussi fussent ignorants, soit que, puisque collègues et donc pas tellement amis, ils n'éclaireraient pas volontiers ma lanterne. Je résolus dès lors, dans l'attente du successeur de De Dycker – pour combien de mois ? –, de procéder à un simple relevé, soigneusement localisé au point de vue topographique, de tous les affleurements rocheux que je pourrais trouver, avec la mesure de tous les paramètres que je pourrais observer – azimuts et pendages des strates et de la schistosité, direction des failles et autres détails – ainsi qu'à l'échantillonnage soigneux des roches, d'une part pour pouvoir les comparer d'un affleurement à l'autre, même distants de plusieurs kilomètres, d'autre part pour permettre leur étude ultérieure en labo, au microscope et par voie chimique. C'était là un programme sans ambition intellectuelle, mais qui ne pouvait qu'être utile à l'établissement futur d'une carte géologique plus détaillée, donc plus intéressante que celles qui existaient, programme qui de surcroît ne pouvait que me déniaiser et me donner un peu de l'expérience dont je manquais.

Je passai entre deux et trois mois à cet ouvrage et, de fait, j'appris pas mal de choses. Mes deux amis noirs et moi rentrions à la ville pour le samedi et le dimanche, eux, qui n'avaient rien du misanthrope, pour vivre un peu dans l'ambiance chaleureuse de la cité indigène, moi, à qui la solitude n'a jamais pesé, pour néanmoins retrouver les amis que je m'étais faits à Bukavu.

Trois mois s'écoulèrent ainsi : j'apprenais, en pleine nature, au milieu de beaux paysages, dans une totale indépendance, à déchiffrer l'histoire de la terre.

# 23

Il n'y avait pas trois mois que j'étais attelé à mon lever de carte géologique qu'un événement survint qui devait changer radicalement mon existence : le 1er mars 1948, une éruption éclata au nord du lac Kivu dans la chaîne des volcans Virunga.

Jamais jusque-là je ne m'étais intéressé aux volcans, même lorsque, pour le Nouvel An, je m'étais offert une visite aux monts Virunga où j'avais fait, entre autres, l'ascension du seul d'entre eux à être en activité, le Niragongo. Il était surmonté d'un panache de fumée, ce qui déjà n'est pas tellement courant mais, de nuit, il illuminait ce panache de rouge. Cette balade n'avait cependant pas le moindre objectif volcanologique et ne servait qu'à me rendre un plaisir dont j'étais sevré depuis neuf années, celui de me promener en altitude : le Nira fait 3 450 mètres, le Karisimbi et le Mikeno 4 500.

Parmi les raisons pour lesquelles je ne m'intéressais pas au volcanisme, il y avait celle-ci : en trois années de spécialisation en géologie, dans une des meilleures écoles d'alors, non seulement on ne nous avait parlé de volcans que de façon épisodique, mais encore notre grand patron, le professeur Fourmarier,

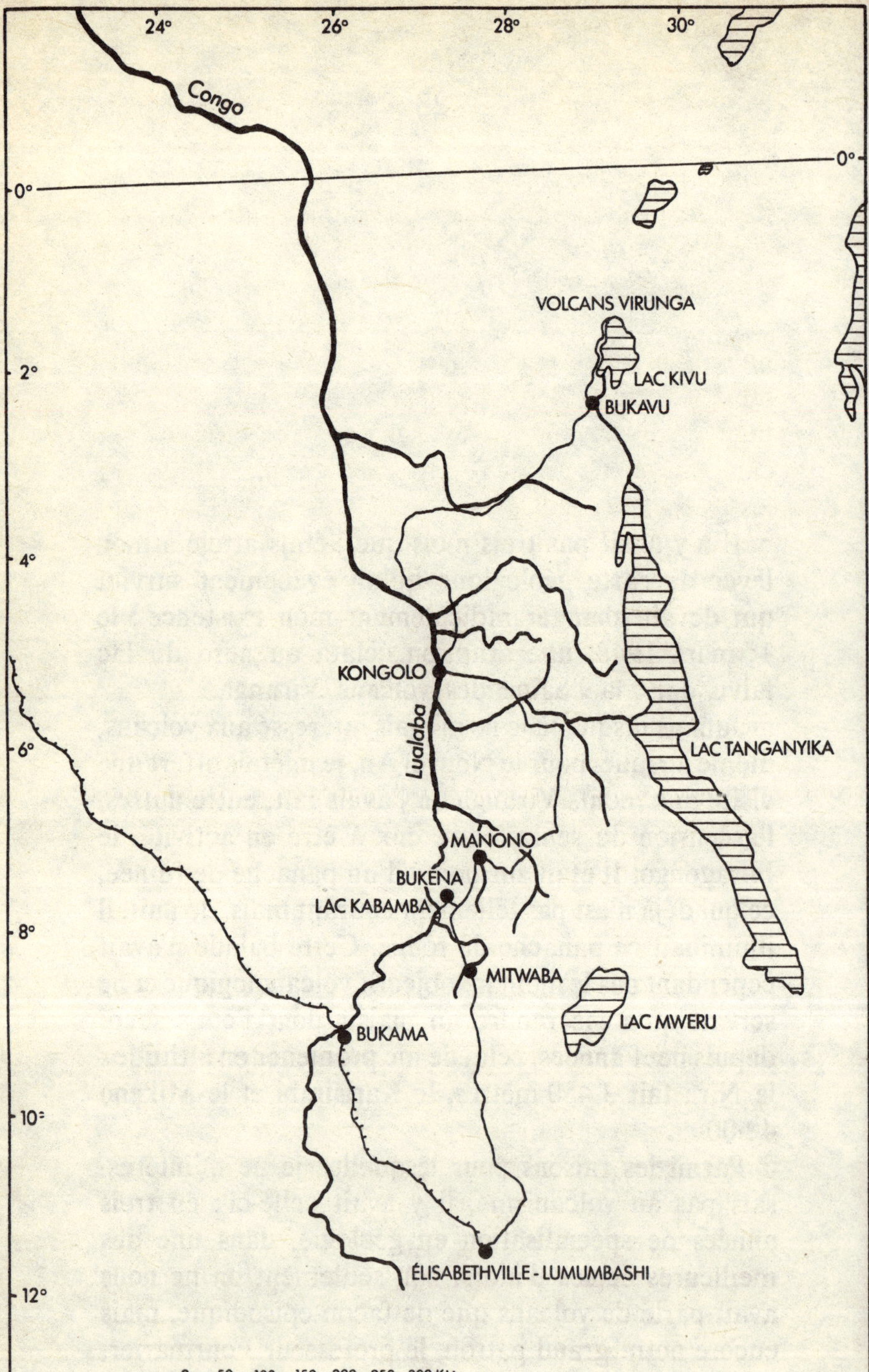
24°
26°
28°
30°
Congo
0°
0°
VOLCANS VIRUNGA
LAC KIVU
BUKAVU
2°
4°
KONGOLO
Lualaba
6°
LAC TANGANYIKA
MANONO
BUKENA
LAC KABAMBA
8°
MITWABA
LAC MWERU
BUKAMA
10°
ÉLISABETHVILLE - LUMUMBASHI
12°
0 50 100 150 200 250 300 KM

nous avait convaincus que le volcanisme n'était jamais qu'une maladie de peau de la planète. Disciple respectueux, je n'avais pas songé à objecter que les maladies de peau sont aussi déplaisantes, et donc sérieuses, que les autres, et j'avais dès lors dédaigné les volcans.

Ce jour-là, à la nouvelle de l'éruption, je me dis qu'en tant que spectacle cela devait valoir le déplacement – environ deux cents kilomètres de piste montagneuse, soit cinq à six heures au volant de ma camionnette de service – et nous y allâmes donc tous les trois, Paya et Kaniepala étant aussi curieux que moi car, dans la cité indigène, on parlait beaucoup de l'événement.

Ce que nous découvrîmes était grandiose. D'une beauté extraordinaire au sens réel du terme : cela sortait vraiment de l'ordinaire. Et d'une puissance qui me stupéfia. Le premier coup d'œil, nous l'avions eu du haut d'un petit col par où passait la route, à vol d'oiseau trente kilomètres, au moins. La nuit était tombée; ce que, parvenus à ce col, soudain nous aperçûmes me fit arrêter le moteur et sauter à terre : une colonne de lumière se dressait dans le ciel, colonne jaune à la base, puis orange, puis vermillon, puis pourpre à mesure qu'elle s'élevait. Car elle était mouvante tout en semblant immobile.

Aller du col jusqu'au point le plus rapproché du volcan – deux lieues – nous prit plus de deux heures, car nous nous arrêtions pour regarder avec des yeux d'autant plus éblouis que nous étions plus près. A l'œil nu c'était stupéfiant, au travers de jumelles puissantes cela tenait de l'hypnose. Hypnose engendrée par le mouvement, par les mouvements opposés : matière incandescente s'élevant vers le ciel et grêle noire retombant dru. Sans la moindre accalmie.

C'était d'autant plus impressionnant que, dès que j'arrêtais notre véhicule, un grondement, formidable quoique lointain, nous emplissait les oreilles, grondement continu semblable aux roulements de tonnerre de certains gros orages, mais qu'aucun silence ici n'interrompait.

Nous nous repassions les jumelles, qui nous immergeaient dans le stupéfiant phénomène, mais lorsque nous le regardions sans ce grossissement artificiel nous étions tout aussi impressionnés car nous percevions alors les dimensions colossales de cette tour de feu. Je l'estimais haute d'un millier de mètres, large d'une centaine et les mesures, grossières certes mais acceptables, que j'en fis par la suite, le confirmèrent : il s'agissait bien de cet ordre de grandeur.

De « près », c'est-à-dire de l'endroit où, à environ huit kilomètres du cratère, la route avait été coupée (moins d'une heure auparavant, m'avaient dit les personnes qui se trouvaient là) par une coulée de lave, c'était plus impressionnant encore. Cette dernière se présentait comme un talus de scories haut de cinq à six mètres, sombre à l'extérieur mais dont le dedans, que l'on apercevait au travers de cette infernale caillasse, rougeoyait.

Impossible donc d'aller plus loin par la route mais, d'ici, le spectacle était à tel point fabuleux que je me sentais réellement comblé. (Fabuleux : encore un mot édulcoré par l'enflure du jargon de potache et par les exagérations du journalisme de seconde zone...) Au travers des jumelles, je demeurais plongé dans cet hallucinant va-et-vient vertical, montée de feu et retombée sombre, qui déjà m'avait tellement impressionné lorsque nous l'avions aperçu à une demi-douzaine de lieues. Vu d'ici, il emplissait entièrement le champ de la lunette. Et envoûtait.

Cette toute première des très nombreuses éruptions que j'ai eu le privilège d'observer et d'étudier depuis ce 2 mars 1948 a constitué le sujet d'un livre, le tout premier, lui aussi, que j'aie écrit. Ce bouquin, *Cratères en feu*, est évidemment épuisé mais y ayant raconté alors ce que j'avais à en dire, j'avoue n'avoir guère l'envie de me répéter. Si cela vous intéressait, vous devriez le trouver dans quelque bibliothèque, scolaire ou publique. Ici, je vais simplement essayer de résumer le déroulement de cette éruption et mes balbutiements de néo-volcanologue entré, sans expérience aucune et avec un savoir livresque minime, dans un domaine d'une complexité quelque peu effrayante.

Ce fut sans hésitation aucune que je saisis au vol la chance qui se présentait d'étudier un phénomène tellurique, dont le très peu que je connaissais par ce que mes professeurs, incidemment, avaient pu me dire, était que personne, à commencer par les volcanologues, n'en savait grand-chose. Du jour au lendemain, je me fis apprenti en cette discipline. Mais apprenti sans maître, ce qui soulevait des difficultés diverses. Apprenti néanmoins très favorisé, car il avait à sa disposition – je m'en suis rendu compte par la suite – un sujet d'étude, non seulement d'un intérêt certain, mais aussi d'une accessibilité exceptionnelle.

Lorsque, après une paire d'heures passée à contempler le formidable jaillissement depuis ce point où la lave interdisait de rouler plus avant, je décidai de continuer à pied en longeant la coulée vers sa source, qui était le volcan, je mettais sans le savoir fin à toute la première partie de ma vie et j'en entamais la deuxième. Une fois encore, le hasard m'avait offert un choix et ce choix me fut une chance.

Le nouveau métier que, sans m'en douter, j'abordais en m'enfonçant avec Paya et Kaniepala dans la brousse, où nous nous taillions le passage à la machette, allait me combler des décennies durant. Et me comble toujours! Une fois de plus, sans la moindre préméditation de ma part, la chance s'était présentée. Une fois de plus, quelques traits de caractère dus à l'hérédité, à l'éducation reçue et à celle que je m'étais imposée m'avaient permis de profiter du hasard : décider vite d'une action ou d'une conduite à tenir, relever les défis, avoir plaisir à jouer avec le feu, au propre ici comme au figuré, aimer le contact des météores, être physiquement en forme pour priser pleinement ce contact, éprouver une attirance d'autant plus marquée pour les phénomènes telluriques qu'ils sont plus dynamiques, avoir acquis un minimum de connaissances pour être à la fois intrigué par un phénomène tel que celui-ci et capable d'espérer en déchiffrer les mécanismes.

Dans les quelques heures de ma très brève initiation, trois motivations s'étaient successivement imposées : la première était esthétique, la seconde sportive, la troisième scientifique. Esthétique, le choc initial. Sportive, le challenge que représentait, pour l'alpiniste que j'étais alors, l'impossibilité apparemment évidente d'approcher la colonne de feu, dynamique et rugissante. Scientifique, la sarabande des questions que me posait le spectacle auquel j'assistais, questions auxquelles je ne pouvais guère répondre. Plus de quarante années ont passé depuis cette prise de contact, qui fut somptueuse, parfois terrifiante, toujours passionnante. Quarante années à sans cesse étudier les éruptions pour essayer de trouver réponse à leurs éternelles questions. Au bout de ces quarante années, mes trois motivations initiales me mobilisent toujours autant.

L'approche de la bouche éruptive ne fut pas facile. La meilleure preuve en fut sa durée : trois ou quatre jours (j'ai oublié) pour franchir les deux lieues qui, au départ, nous séparaient du volcan. Bien sûr, on ne fait guère un kilomètre dans l'heure lorsqu'il faut se tailler le passage dans une brousse trop dense, mais cela ne nous aurait pris qu'une journée s'il n'y avait eu la succession d'obstacles nouveaux opposés par le volcan lui-même. Et tout d'abord les coulées, solidifiées déjà, que nous mettions des heures à contourner alors que nous aurions pu les traverser sans danger si mon ignorance ne m'avait fait craindre des risques plutôt imaginaires, dont ceux de nous brûler les pieds ou d'être suffoqués. Ensuite, à trois reprises, des langues de lave incandescente qui rampaient avec une célérité terrifiante et nous obligèrent à fuir dans l'instant en une fuite parfois angoissée lorsque cette haleine de dragon se rapprochait jusqu'à nous brûler les mollets. Fuites épuisantes car courir au travers des denses broussailles de cette savane tenait du cauchemar. Parmi les obstacles, toujours, la grêle inattendue de projectiles volcaniques alors que nous étions encore à plus d'un kilomètre du cratère...

Nous ne serions d'ailleurs pas parvenus au volcan si son activité n'était brusquement tombée au dixième, encore moins peut-être, de son intensité initiale : à partir du 11 mars, non seulement les paquets de lave en fusion ne furent plus lancés qu'à cent ou deux cents mètres de hauteur, mais les phases violentes étaient désormais séparées par des repos longs de quelques minutes au début et qui, trois mois plus tard, atteignaient la demi-journée.

L'éruption dura en effet un peu plus de quatre mois et son intensité alla décroissant assez régulièrement. Lorsqu'elle avait éclaté, tout le monde, moi inclus, avait parlé de la naissance d'un nouveau volcan et j'avais baptisé ce dernier Kituro, ou Gituro, nom que donnaient à ce lieu-dit les Bambuti – Pygmées –, seuls habitants, fort rares d'ailleurs, de ces savanes boisées et giboyeuses. Il me fallut quelques semaines, passées d'une part à observer tout ce que je pouvais observer, de l'autre à étudier la nature des laves vomies par ce volcan et à lire les quelques articles et livres parlant de volcanologie trouvés dans la bibliothèque du service géologique, pour comprendre qu'il ne s'agissait nullement là d'un nouveau volcan mais d'une nouvelle bouche, latérale, du puissant Nyamlagira, le plus occidental mais, avec ses 3 050 mètres d'altitude, le moins élevé des huit gigantesques volcans de la chaîne des Virunga. J'appris ainsi qu'un certain type de volcans, dont celui-ci, fait éruption tantôt par son cratère sommital, tantôt par une ou par des bouches situées sur ses flancs, voire à son pied. Un autre type, au contraire, ne fonctionne presque exclusivement qu'au travers du cratère logé dans le sommet.

La chance avait fait que, violente dans sa phase initiale, notre éruption fit place au bout de dix jours à une activité beaucoup plus modérée. Entre-temps nous avions dû battre en retraite et contourner une zone où s'abattaient des « bombes ». Alors que nous arrivions à quelques centaines de mètres à peine du cône nouveau, fait de scories accumulées en moins de deux semaines jusqu'à près de cent mètres de haut. Lorsque nous fûmes enfin arrivés à la lisière de la vaste clairière de roc tout neuf que le volcan s'était ménagée dans la brousse épaisse, je me posai des questions : Quelles sont les limites acceptables entre prudence et témérité? Pouvons-nous nous engager sur ce terrain, désormais ouvert et facile à traverser, puisque la végétation y avait disparu, pour approcher davantage du centre éruptif? Le désir de découvrir, le souci de comprendre justifient-ils le risque? Et jusqu'à quel point? Les quelques centaines de pas qui nous en séparaient se trouvaient en effet sous l'averse, sporadique certes, mais par moments impressionnante, des projectiles volcaniques retombant de la colonne de feu.

Depuis, l'expérience m'a appris que le risque est très faible d'être blessé lorsque l'on se trouve pris dans pareille averse, pour effrayante qu'elle paraisse, car les scories n'ont une densité moyenne que de l'ordre de 1 à 1.5 environ. Ce qui signifie que, lorsqu'elles ne dépassent pas la taille du poing, voire d'un double poing, elles ne sont pas très redoutables puisqu'elles ne pèsent que cent à trois cents grammes. Les plus abondantes, en lisière de l'averse, font environ un pouce au cube et moins : quelques grammes. Et, pour impressionnante que soient ces averses, elles ne peuvent guère faire de mal. Restent les grosses, celles d'un kilo ou de cinquante, ou davantage. En périphérie, elles sont très rares et le risque est donc acceptable de s'aventurer dans la zone externe de l'avalanche. Mais s'y aventurer pour quoi faire?

Ce jour-là les phénomènes intéressants se passaient dans le cratère, au sommet du nouveau cône. Et, là, il n'était pas question d'y mettre les pieds : non seulement la quantité de bombes redoutables qui s'abattaient entre cet endroit et celui où nous nous tenions était dissuasive mais, surtout, la lèvre du cratère était tout simplement incandescente. Alors, même si le risque était faible, ce qui n'était pas évident, pourquoi le prendre pour ne rien voir d'intéressant?

Faire demi-tour alors que nous étions si près du but

était dur néanmoins, mais nous ne pouvions cette fois-là demeurer à attendre – et attendre quoi ? – pour la simple raison que nous n'avions plus rien à manger. Cependant, car le spectacle était somptueux, j'hésitais encore lorsqu'une exacerbation d'activité nous arrosa soudain de scories, dont quelques-unes de taille respectable : la seule décision raisonnable était évidente et, par la piste que nous avions frayée, il ne nous fallut pas trois heures – au lieu des trois jours à l'aller – pour rejoindre la « civilisation », c'est-à-dire notre véhicule et les quelques visiteurs, planteurs pour la plupart, qui de cent kilomètres à la ronde venaient contempler la terre en gésine.

Nous rentrâmes à Bukavu prendre du matériel de campement et des vivres, fouiller la bibliothèque du service géologique à la recherche de littérature volcanologique (il n'y en avait guère hélas) et envoyer à Léopoldville-Kinshasa un télégramme au directeur de ce service, sollicitant son autorisation d'aller observer l'éruption. Le surlendemain, toujours avec Paya et Kaniepala, nous allâmes nous installer aussi près que possible du volcan. Cela nous fut infiniment facilité car, d'une part, je fis connaissance d'un couple de planteurs vraiment hors du commun, Adrien et Alyette de Munck, habitant à l'est de la coulée qui nous avait arrêtés lors de notre première visite, et qui simplifièrent dès lors toutes nos questions logistiques ; d'autre part, la violence de l'éruption, comme je l'ai dit, tomba d'un seul coup à moins du dixième de ce qu'elle avait été.

Cela nous permit de planter nos tentes à une centaine de pas seulement de la base du nouveau cône. Et, après une très attentive observation de l'activité, nous nous risquâmes, Paya et moi, jusqu'au pied même de ce tas de scories, de ce terril naturel qui n'avait pas deux semaines d'âge. Puis, précautionneusement certes mais sans traîner, car on ne sait jamais ce qui peut survenir en pareil endroit, nous entreprîmes de le gravir jusqu'au cratère. Grimpée peu plaisante car la pente de cet énorme talus de scories était, comme elles le sont toutes, aux limites de l'équilibre – trente-trois degrés environ – et le seul fait d'y poser le pied faisait glisser et rouler la caillasse. Quant à celui de transférer son poids sur ce pied... Cela me rappela l'un des aspects les moins plaisants de l'alpinisme, la marche sur les moraines. Mais celles-ci sont autrement agréables, si l'on peut dire, que les pentes de scories. Je ne savais pas, lorsque nous tentions de nous hâter de remonter celle-ci, que cela allait devenir mon ordinaire pendant plus de quarante années!

Mon nouveau métier, la volcanologie, je l'abordai donc dans une ignorance quasiment totale, sans maître aucun et, au départ du moins, sans aucun écrit de qualité ou presque auquel me référer. Je l'abordais en géologue, avec les connaissances d'un géologue de peu d'expérience – trois années d'études spécialisées et trois de travail professionnel... Géologue, en principe cela veut dire quelqu'un pour qui comptent avant tout les roches, leur nature, leur origine, leurs conditions de dépôt, leurs éventuelles tribulations. Les quelques articles parlant de volcanologie, les chapitres et même les rares bouquins que je m'étais hâté de dévorer à peine les avais-je extraits de la bibliothèque du service géologique, et ceux que peu à peu je pus me faire expédier, tous se retrouvaient dans cette même approche, pétrographique, des volcans. Ce qui me conduisit tout naturellement à m'occuper, de façon presque exclusive, des laves. Des laves qui avaient coulé et s'étaient solidifiées, des laves qui coulaient encore et des laves éjectées par la violence des « explosions » (mes guillemets, je les expliquerai plus tard), que le jargon des volcanologues appelle *ejecta, tephra* ou *pyroclastites* : les « bombes », les « scories », les « lapilli », les « cendres »...

Avec tout le soin nécessaire, je cassai donc au marteau et par centaines des bombes, des coulées massives, des coulées scoriacées, des laves cordées, des laves dites, en idiome de Hawaii et, de là, en jargon de volcanologues, *a-a*... Chaque échantillon était localisé avec autant de précision que possible – pour cela il m'avait fallu, faute de carte suffisamment précise, faire un lever topographique des divers endroits intéressants –, étiqueté, emballé, stocké au campement pour être plus tard acheminé vers le service, à Bukavu, où l'examen au microscope et l'analyse chimique de ces échantillons allaient permettre d'en connaître la nature exacte, les similitudes et les différences.

Je croyais au début que ces études pétrographiques seraient assurées par le service, où se trouvaient de très bons chimistes et un excellent pétrologue. Ils s'acquittèrent en effet vraiment très bien de cette tâche mais, hélas, pas suffisamment longtemps. D'une part à cause de la durée de l'éruption, de l'autre pour des raisons obscures liées à l'absence – plus prolongée encore que l'activité du volcan – d'un directeur responsable. La fin de cette étude pétro, il me fallut l'assurer l'année d'après à l'université de Bruxelles, au laboratoire de mon ami de Magnée.

Ces laves, pour des non-spécialistes, c'étaient des basaltes. Pour les pétrographes, c'étaient des basanites, et plus précisément des kivites (basanites du

Kivu) ou basanites leucitiques. Le volcan voisin, dont j'aurai l'occasion de vous parler souvent car il est unique en son genre, est alimenté par un magma minéralogiquement et chimiquement très semblable à celui du Nyamlagira (dont « mon » Kituro n'était qu'un satellite), donc également une basanite, mais que les spécialistes appellent une ijolite leucitique à mélilite (ouf !). Le premier contient plus de potasse que de soude et c'est l'inverse pour le second. Cela semble revêtir une grande importance pour les pétrologues...

A l'œil nu, ou plutôt à l'œil aidé de la loupe, il n'est pas facile de distinguer l'une de ces roches de l'autre. Au microscope, cela va mieux, quoique le microscope, très performant pour les roches cristallines, est souvent à quia devant les laves. Simplement parce que les laves ne sont jamais entièrement cristallisées – certaines ne le sont même pas du tout, telles, totalement vitreuses, les obsidiennes et les ponces – et parce que le microscope minéralogique ne « voit » bien que les cristaux, difficilement les microcristaux de la « pâte » et nullement la partie vitreuse devant laquelle il est aveugle. Or ce verre constitue le quart, la moitié, voire les quatre cinquièmes du volume de la roche. Or la détermination de celle-ci ne peut se faire bien que si l'on en connaît la minéralogie complète. D'où, pour la portion vitreuse, l'obligation de passer par la chimie.

Aujourd'hui, avec les prodigieux progrès technologiques de ces quarante dernières années, l'analyse d'une roche ne demande que quelques instants. Jadis cela prenait des jours. Il fallait d'abord broyer l'échantillon dans un mortier, à la main bien entendu. La poudre ainsi obtenue, il fallait la dissoudre dans les solvants *ad hoc*. Il fallait enfin procéder aux divers stades de l'analyse des silicates, des oxydes et des sulfures dissous, analyse par voie humide et non comme de nos jours par spectrographie.

Les chimistes, dont l'analyse est le métier, prenaient sans nul doute un certain plaisir, voire un plaisir certain à cette cuisine, très méticuleuse et très longue. Mais pour le géologue de terrain que j'étais, cela constituait un pensum, un long et fastidieux pensum : j'y passai plusieurs mois après mon retour en Europe, l'année suivante, dans le labo d'Ivan de Magnée. Après les analyses de roches effectuées au labo de Michot, à l'École, et celles, plus rares, que je fis à la mine au retour de certaines virées de prospection, ce fut la dernière fois de ma vie que je m'adonnai à ce passe-temps peu apprécié. Du moins de moi.

Dans les années qui suivirent, en effet, ayant peu à peu compris que la nature pétrographique des laves n'avait guère d'importance dans la succession des mécanismes éruptifs, je finis par ne plus me soucier du tout dc l'appellation exacte des roches auxquelles je pouvais avoir affaire. Nous y reviendrons car, au contraire de celui qui étudie soit les magmas, soit la succession des produits rocheux d'un volcan ou d'une région volcanique, soit la tectonique qui permet le volcanisme, soit encore la géomorphologie qui explique les formes des reliefs engendrés par le volcanisme, le volcanologue qui ne s'occupe que de l'activité éruptive ne peut la comprendre qu'au travers d'une approche non pas géologique mais physique, chimique et mécanique, essentiellement celle des fluides.

Pour arriver, progressivement, à ces conclusions, il me fallut quelques années de pratique « clinique » des éruptions. Conclusions que certains de mes collègues géologues ne m'ont toujours par pardonnées. A leurs yeux, en effet, dire d'un phénomène tellurique qu'il ne relève pas de leur discipline constitue un délit majeur, surtout lorsque, en plus, une telle affirmation est proférée par un autre géologue. Mais à leurs yeux encore, le plus grave n'est encore pas là. Le plus grave tient dans mon affirmation que l'établissement d'un diagnostic sérieux sur le déroulement d'une éruption, sur sa dangerosité éventuelle ou sur sa bénignité, ne relève guère de la géologie...

La volcanologie est devenue à la mode depuis que la télévision a révélé au grand public aussi bien la splendeur du phénomène éruptif que les tragédies provoquées parfois par les éruptions. Depuis aussi qu'elle montre des experts et leur donne la parole. Cette parole, la télévision l'accorde malheureusement aussi à des « spécialistes » qui ne le sont pas. Certains géologues se sont de la sorte sentis dotés, de façon quelque peu miraculeuse, d'un savoir d'expert en une discipline qu'ils ne connaissaient que par la lecture, le cinéma, parfois même la visite d'un volcan ou d'un autre, mais pas du tout par le travail spécialisé. Cela explique les erreurs et les délits scientifiques commis lors de l'éruption de la Soufrière de Guadeloupe en 1976 comme, *mutatis mutandis*, celles qui ont coûté la vie aux vingt-six mille personnes englouties en 1985 par les boues volcaniques descendues du Nevado el Ruiz, en Colombie. Mais revenons à 1948 et à notre petit Kituro.

Le Kituro avait en fait un jumeau, que j'avais baptisé Muhuboli, là aussi du nom du lieu-dit dans cette brousse assez dense qui couvre, sur les centaines de kilomètres carrés, les champs de laves entre Nyamlagira et Niragongo d'une part, Nyamlagira et lac Kivu de l'autre. Le Muhuboli, je ne le découvris que plusieurs jours après que nous eûmes planté notre camp au pied du Kituro. Ce volcan miniature était en effet aussi discret qu'était tonitruant son frère. Il se trouvait à près de cinq kilomètres au sud-ouest de ce dernier et, comme celui-ci, était situé à la partie amont d'une importante fracture de l'écorce terrestre, large d'un bon pas en moyenne et longue de plusieurs milliers.

Il est de règle, lorsqu'un matériau hétérogène est soumis à un effort de torsion suffisant, que les fractures qui en résultent se relaient « en échelons », c'est-à-dire que là où l'une s'amenuise et disparaît (car ces fissures se terminent toujours « en biseau », c'est-à-dire par un rétrécissement progressif qui amène à zéro l'écartement entre leurs lèvres), une autre la relaie, parallèle. Et cela peut se répéter sur de très grandes distances. Vous pouvez voir cela dans une planche de bois et aussi, mais c'est moins aisé à discerner, dans les roches. Et, encore moins évident à l'œil, sur les soixante mille kilomètres du système des rifts océaniques qui parcourent le globe...

Au Kituro, nom générique de l'éruption Kituro-Muhuboli, j'ai pu déceler, sur une distance d'une demi-douzaine de kilomètres, trois fractures ainsi disposées en échelons. Celle d'amont, sur les basses pentes du Nyamlagira, n'avait livré passage qu'à des gaz mais à aucune lave; celle qui la relayait en aval, décalée de quelques hectomètres vers l'ouest, était large d'un mètre en moyenne et avait engendré le Kituro, sa colonne de feu et ses grandes coulées d'abord, ses fontaines de lave et ses coulées plus modestes ensuite; enfin, en aval encore et à nouveau décalée vers l'ouest, celle du Muhuboli avait laissé s'échapper des coulées abondantes mais fort peu de gaz.

Ce ne fut que deux ou trois années plus tard que je

me rendis compte que cette répartition dans l'espace répondait à la physique et à la mécanique tout à fait élémentaires. Si j'avais eu quelque expérience en matière d'éruption, je n'aurais pas dû m'étonner du tout des comportements différents de ces trois fractures, non plus que de la répartition ni du volume des matières qu'elles avaient vomies. Mais, ignare, je ne comprenais pas grand-chose à la genèse du volcanisme ni aux mécanismes des éruptions. Il me faudra deux bons lustres, passés essentiellement à observer éruption sur éruption, pour y voir suffisamment clair et, de ce fait, arriver à formuler des diagnostics fiables.

A l'époque je ne savais pas que, contrairement aux schémas classiques qui, sous chaque volcan, placent, un « réservoir magmatique » de forme plus ou moins sphérique et imaginent que, depuis ce réservoir, le magma s'élève jusqu'au cratère par un tuyau qu'ils baptisent cheminée d'alimentation, ce réservoir n'existe pas, ou très exceptionnellement. Je ne savais pas non plus que le magma, tantôt ici, tantôt là, arrive « à maturité », c'est-à-dire à sursaturation en gaz, jusqu'à devenir tellement bulleux que sa densité réduite lui donne – loi d'Archimède – la force ascensionnelle nécessaire pour soulever la croûte terrestre faite de roc dur qui le surmonte.

Je savais en revanche, ou le croyais, que vraisemblablement le magma s'étend tout au long de la chaîne volcanique (les volcans, toujours, jalonnent une fracture, ou un système de fractures parallèles, de longueur allant de quelques dizaines à quelques centaines de kilomètres, voire, dans le cas des rifts océaniques, à des milliers de milles). Et je savais, ou croyais savoir, que la coquille de roc est vraisemblablement amincie, par étirement dû aux courants divergents du magma, dans les zones où se forment les fractures éruptives.

En tout cas, ce n'est pas par un tuyau cylindrique que le magma atteint la surface mais, toujours et partout, par des fissures. Il n'est pas un volcan au monde qui ne soit situé sur une fracture ou, le plus souvent, sur plusieurs. Car, au contraire des puys, tels que ceux de l'Auvergne, qui ne font jamais qu'une éruption et une seule, tous les volcans qui en produisent d'innombrables se trouvent au-dessus de l'endroit où s'entrecroisent au moins deux, souvent plusieurs fissures de directions différentes. L'éruption latérale du Nyamlagira qui a donné naissance aux deux bouches Kituro et Muhuboli, répondait bien à ce schéma : le Nyam, comme nous l'appelons familièrement, se trouve à l'intersection de plusieurs failles majeures. L'un des azimuts de cette fracturation correspond à la direction des fissures que j'avais découvertes, deux cent quarante degrés, autrement dit ouest trente degrés sud.

Le magma, qui mûrissait en profondeur depuis la fin de l'éruption précédente (1938-1940), une fois parvenu à maturité entreprit de s'élever par les fractures existantes. Les éboulis de parois et les sédiments qui les remplissaient – cailloux, sables, terre – amenés en abondance par les eaux qui ruissellent à l'occasion de chacune des fortes pluies équatoriales ne pouvaient guère faire obstacle à la formidable poussée ascensionnelle du magma, désormais moins dense que les roches qui le surmontaient.

Parmi les différentes fractures existantes, c'est-à-dire les divers itinéraires que ce magma pouvait emprunter, celui d'azimut 240 offrit cette fois-là le moins de résistance au magma et celui-ci s'éleva donc plus vite par ce parcours-là que par les autres. De surcroît, cette voie était plus courte puisqu'elle aboutissait à la surface en un endroit situé à plus de mille mètres en contrebas du cratère. La nature ne fait jamais d'efforts inutiles : lorsque des contraintes s'exercent dans le globe (ou dans l'océan, ou dans l'atmosphère), dès qu'un seuil de résistance mécanique est dépassé, les fluides – car c'est toujours de fluides qu'il s'agit – s'engouffrent dans la brèche, et cela à des vitesses d'autant plus grandes qu'est basse la viscosité. De l'air aux magmas en passant par l'eau, on constate des écarts de plusieurs ordres de grandeur. C'est, à l'évidence, le cas des éruptions, où des gaz d'une viscosité de l'ordre de quelque cent millièmes d'unité s'échappent des bouches du volcan en même temps que des laves dont la viscosité est de cent millions à un milliard de milliards de fois supérieure à celle des gaz...

Le 1er mars 1948, cela se produisit au pied méridional du Nyamlagira. Les différents types d'activité de chacune des trois fissures qui s'y relayaient s'expliquent, somme toute, aisément : de la plus haute des trois, vraisemblablement obstruée par le remplissage sédimentaire habituel que le magma n'avait pas expulsé, seuls des gaz avaient fusé, incomparablement plus légers que la lave. Par la fissure qui lui faisait suite, celle du Kituro, avaient jailli le gros de la phase gazeuse, et plus de la moitié de la phase liquide. Les gaz, très abondants, possédaient une tension de vapeur élevée, ce qui rendait compte de la colonne de feu initial. Enfin, par la fissure aval, celle du Muhuboli, peu de gaz, mais une très importante quantité de laves liquides. Je vous l'ai dit, jeunes gens, malgré la simplicité de tout cela, il m'a fallu des années pour le comprendre. Ou pour croire que je le comprends. De toute façon, en ce domaine tout n'est qu'hypothèse, car avant qu'on aille voir sous terre et transformer les théories en certitudes...

De même, il me faudra deux décennies pour formuler l'hypothèse de la maturation des magmas. Maturation qui n'est, selon moi du moins, que l'exsolution (mot scientifique pour dire qu'un corps dissous dans un liquide se libère de la solution qu'il constituait avec ce dernier) des gaz originellement dissous dans le magma en fusion. Ces gaz sont vraisemblablement tous originels, c'est-à-dire qu'ils se trouvaient dans le magma dès leur origine. En tout cas sont originels leur plus grande partie car des eaux, pures ou chargées de sels dissous et provenant de la surface, peuvent en effet descendre jusqu'au magma et être absorbées, dissoutes par lui. Or, plus la pression hydrostatique qui pèse sur le magma est élevée, plus la quantité de gaz à s'y dissoudre est forte. Ce qui veut dire que lorsque, pour une raison ou pour une autre, cette pression se met à décroître, un magma jusque-là saturé en gaz deviendra sursaturé et un magma sous-saturé arrivera à saturation. Des bulles microscopiques naîtront alors dans la masse de ce magma et davantage dans sa partie supérieure que plus bas, car, plus bas l'on se trouve, plus est forte la dite pression.

L'apparition de ces myriades de microbulles a pour effet premier de faire tomber la densité du bain de roche fondue dans lequel elles se sont formées et – loi d'Archimède toujours – ainsi naît la force ascensionnelle d'un magma. Force qui ne fera que s'affirmer au cours de l'ascension même de ce magma, puisque la pression hydrostatique qu'il supporte diminue à mesure qu'il approche de la surface, ce qui, à son tour, engendre de nouvelles microbulles et fait croître celles qui déjà existaient. Cela réduit davantage la densité du magma et accroît sa force ascensionnelle... Et vous comprendrez aussi que, plus est volumineuse la phase gazeuse ainsi engendrée, plus l'éruption risque d'être violente.

Ces idées, très simples cependant, ne me sont devenues vraiment évidentes que bien des années après. En 1948, lorsque je m'efforçais de comprendre quelque chose au fantastique branle-bas tellurique auquel j'avais le privilège d'assister, j'ignorais tout. Tout, sauf ce qu'un gars qui a le bac, et rien de plus, connaît : élémentaires mais fondamentales, quelques lois de la physique, de la chimie et de la mécanique, et quelques hypothèses crédibles de la géologie. Ainsi celles de la « dérive des continents » et de la convection des courants du manteau de magma, hypothèses qui, alors, étaient rejetées par la quasi-totalité des géologues et des géophysiciens. Lesquels n'ont « viré leur cuti » qu'après 1958, date où des océanologues anglo-saxons – américains, canadiens et anglais –, après avoir découvert le phénomène d'expansion des fonds océaniques, ont démontré la mobilité de ce qu'ils ont appelé les plaques tectoniques, donnant ainsi raison aux précurseurs géniaux, Wegener, Argand, Pekeris, Griggs...

Cette éruption du Nyamlagira dura donc plus de quatre mois, que je passai presque intégralement à en observer, d'aussi près que possible, les manifestations. Sans le savoir, je renouais là avec la tradition de la volcanologie antique, celle d'Empédocle. Laquelle a prévalu, avec Spallanzani, au XVIIIe siècle, jusqu'à Jaggar et à Perret, entre autres, dans le premier quart du XXe siècle. Tradition qui voulait qu'un volcanologue s'efforce de pousser ses investigations, mesures et observations aussi près que possible des bouches éruptives et ne se contente pas de regarder, voire de mesurer, les événements de loin, c'est-à-dire sans fatiguer sa carcasse et surtout sans l'exposer à des risques autres que ceux des moyens de transport. Ce qui, hélas, caractérise de plus en plus les volcanologues depuis que 4×4, hélicoptères et télémesures permettent à n'importe qui de se dire tel. Et les n'importe qui foisonnent.

Loin de moi le rejet du 4×4, de l'hélico et de la télémesure ! J'ai été parmi les tout premiers à les utiliser et je les utilise toujours car, pour mieux approcher ce fabuleux phénomène, ce sont des moyens véritablement miraculeux, dignes des contes des *Mille et Une Nuits*. Mais ils ne peuvent remplacer l'observation et la mesure effectuées là où les choses se passent : l'observation, car on observe d'autant mieux que l'on se trouve plus près de l'objet que l'on étudie, et la mesure parce que la télémesure, pour merveilleuse qu'elle soit, ne peut pas toujours égaler, tant en fiabilité qu'en précision réelle, la mesure directe. Méfiez-vous, jeuns gens, de la prétendue précision de beaucoup de mesures publiées, tant dans la presse destinée au grand public que dans les revues scientifiques les plus huppées qui soient, méfiez-vous...

J'en appris beaucoup durant ces classes préparatoires à la volcanologie qui me furent les mois où Kituro et Muhuboli exhalèrent leurs gaz – dont, géologue avant tout, je n'appréciais pas l'importance – et leurs laves, somptueuses à voir déferler, fascinantes à regarder se tordre, s'assombrir et se solidifier, intéressantes à analyser et à baptiser selon leur composition, minéralogique et chimique.

# 24

Mais il n'y eut pas que le Nyam. Son puissant voisin, le Niragongo, familièrement le Nira, devait intervenir dans mon existence de façon plus importante encore. Car si je dois à ma rencontre fortuite avec le Kituro en éruption d'avoir dans l'instant jeté pardessus les moulins ma carrière de géologue de la même façon que je l'avais fait, l'année d'avant, pour celle d'ingénieur des mines, c'est au Niragongo que je dois, directement ou non, certaines des plus grandes satisfactions, intellectuelles d'abord mais diverses ensuite, que mon nouveau métier devait me procurer au long des décennies qui suivirent.

Le Kituro était donc situé dans les vastes champs de lave qui, du pied des deux volcans Nyamlagira et Niragongo, s'étendent jusqu'au lac Kivu. Si « mon » éruption, comme le démontraient aussi bien la nature potassique des basanites qu'elle émettait que la direction des fractures qui l'avaient engendrée, en faisait sans guère de doutes un enfant du Nyam, le Kituro était géographiquement plus proche du cratère du Nira que de celui-là... Le plus intéressant c'était le panache de fumée qui couronnait alors ce sommet en permanence : il montrait qu'une activité importante se nichait dans le cratère. Ce panache, la nuit venue, était par-dessous illuminé de lueurs rouges, ce qui signifiait incandescence, incandescence signifiait températures de plus de huit cents degrés Celsius, et températures de cet ordre signifiaient activité subéruptive. Pour le moins. De quoi rêver. Et je rêvais!

Je rêvai durant presque trois mois car me manquait le temps nécessaire pour transformer le rêve en réalité : pour autant que la météo le permît, il faudrait trois jours au moins pour contourner le Nira et remonter la sente qui conduit au cratère, balade que j'avais déjà faite quelques mois avant la naissance du Kituro. Puis quelques heures pour essayer d'en descendre la paroi à pic que j'avais bien inspectée du regard lors de cette première visite et que j'avais jugée assez facile à franchir. Ensuite, au bord du puits central, le temps minimal que requérerait ce que je pourrais y observer. Et enfin, près d'une journée pour revenir à mon camp. Et ces quelques jours, je ne pouvais les dérober à mon travail sur l'éruption en cours. Cela peut paraître un peu paradoxal puisque je n'avais de comptes à rendre à personne, mais moins l'on dépend d'autrui, plus il faut de rigueur. Il me fallut donc attendre l'extinction, simultanée bien sûr, du Kituro et du Muhuboli.

La balade dans le cratère du Niragongo me prit d'ailleurs beaucoup moins de temps que je ne l'avais craint, puisque moins d'une journée y suffit : trois heures d'ascension, deux pour descendre la paroi, haute – ou, mieux, profonde – de cent quatre-vingts mètres, deux minutes pour traverser la terrasse horizontale circonscrivant le puits central, duquel sortaient en tourbillonnant les fumées du panache, et, avant un retour rapide, je ne sais plus combien d'heures à m'abandonner à la plus envoûtante des contemplations!

Car si, après quatre mois de sérieux apprentissage, je commençais à savoir ce que peut être l'activité éruptive, je ne m'attendais vraiment pas au spectacle exceptionnel qui m'y fut offert. Je n'imaginais pas et n'aurais jamais imaginé que le puits du Niragongo, contenait quelque chose qui n'existait plus au monde, depuis qu'en 1924 le lac de lave en fusion du Kilauea, à Hawaii, avait disparu... A son sujet, j'avais lu des pages et des chapitres car depuis sa découverte, au début du XIXe siècle, il avait été observé et étudié avec autant de soin que de passion par tous les volcanologues qui avaient pu s'offrir le très long voyage que cela représentait alors, lorsque l'avion n'avait pas encore transformé les voyages en visites de voisin à voisin. Qu'un autre lac de lave existât quelque part tenait du très peu probable. Personne d'ailleurs n'imaginait qu'il en existât. Mais qu'il se trouvât ici même...

Une fois de plus la chance, et elle seule, m'offrait un cadeau hors du commun. La chance d'être le premier à avoir réussi à mettre le pied sur la terrasse annulaire qui, au pied de la paroi entourait le puits central, d'avoir été le premier à traverser en courant cette plate-forme de quelque deux cents mètres de large, et d'avoir, du bord tranché à l'emporte-pièce de ce puits (et c'est bien d'emporte-pièce qu'il s'agit en l'occurrence, puisque les puits volcaniques résultent d'un effondrement soudain), découvert ce lac. Je n'aurais pas bénéficié de cette faveur exceptionnelle si l'une ou l'autre des diverses tentatives de descendre la paroi supérieure conduites au cours des vingt années précédentes avait pu être menée à bien. Mais il n'y en eut point, soit que les explorateurs fussent grimpeurs trop inexpérimentés pour franchir cette muraille à la descente, laquelle est toujours plus délicate que la montée surtout lorsqu'il s'agit d'une « première », soit que les quelques vrais alpinistes à s'y être essayés eussent battu en retraite lorsque, aux trois quarts de la descente, ils avaient pénétré dans la nappe de gaz plus ou moins sulfureux qui stagne parfois dans la partie inférieure du cratère : ignorant le degré de toxicité de ces gaz, ils avaient opté pour la prudence. Ce fut là ma chance !

Car la toxicité des gaz éruptifs, en ces quelques mois j'en avais acquis une certaine expérience. Celle-ci m'avait appris que les gaz sulfureux, essentiellement $SO_2$ et $H_2S$, s'ils sont déplaisants, voire irritants pour les muqueuses au-dessus d'une certaine concentration, ne sont pas redoutables. Il est facile en effet de les retenir en respirant au travers d'un filtre quelconque, ne serait-ce qu'un mouchoir, rendu plus efficace encore s'il est humecté d'eau, de n'importe quel liquide ou, mieux, d'une solution de bicarbonate de soude : basique, celle-ci neutralise les acides. Quant aux yeux, on les protège fort bien avec les très simples lunettes d'alpinistes que l'on utilisait jadis, ces « goggles » qui protégeaient non seulement de la lumière frontale mais de la lumière latérale et, du même fait, isolaient suffisamment les yeux d'une atmosphère agressive.

J'avais de surcroît fait l'expérience d'un gaz volcanique, redoutable à l'extrême parce que foudroyant au-dessus d'une certaine concentration, le dioxyde de carbone, ou $CO_2$, ou encore gaz carbonique. Mais je doutais fort qu'il pût être présent à concentration létale dans un cratère d'aussi vastes dimensions que celui du Niragongo, avec son kilomètre de largeur et ses deux cents mètres de profondeur. Ce en quoi je me trompais, comme je pus m'en convaincre à deux reprises une trentaine d'années plus tard, à Java en

1979 sur le volcan Diëng d'abord, au Cameroun en 1986 sur le volcan Nyos ensuite : le $CO_2$ avait tué cent quarante-neuf personnes sur le premier, plus de mille huit cents sur le second. Il les avait abattues en une fraction de seconde, de même que tous les animaux, de l'insecte au bœuf, de l'oiseau au buffle. Et cela sur les pentes *extérieures* du volcan...

Ma première expérience personnelle, je l'avais donc eue au Kituro. Elle m'avait d'ailleurs permis d'affirmer, tant à Java qu'au Cameroun, qu'il s'agissait de $CO_2$ concentré, et cela avant que nous n'ayons fait la moindre analyse chimique : la position seule des victimes montrait qu'elles avaient été assommées et étaient tombées sans la moindre réaction de défense ni même de peur. J'ignore si d'autres molécules sont susceptibles de produire des effets aussi instantanés, mais parmi les gaz volcaniques seul le dioxyde de carbone en est capable. Au-dessus de 25 pour cent, et sans doute à coup sûr s'il est pur ou presque, il constitue l'assommoir le plus efficace qui soit. Je l'ai appris ce jour où je pilotais deux jeunes journalistes tchécoslovaques qui me rendaient visite pour que je leur montre « mon » volcan. Ce que je fis bien volontiers car ces gars étaient vraiment très sympathiques. Et, heureusement pour moi, costauds.

Nous visitions les champs de laves fraîchement solidifiées, chaudes encore en bien des endroits, qui entouraient le cône de scories du Kituro *stricto sensu*, lorsque, passant à côté d'une cavité aux parois verticales, large d'un bon pas et profonde d'une hauteur d'homme, j'aperçus sur son fond de beaux cristaux de soufre. Ni une, ni deux, je m'accroupis sur la lèvre de ce minipuits et m'y laisse glisser. Je me réveillai quelques minutes plus tard, couché – hors du trou – à plat sur le dos, mes nouveaux amis agenouillés à mon côté me donnant taloche sur taloche... Et qui parurent soulagés de me voir revivre!

A peine dans le trou, me dirent-ils, je m'étais effondré, me ratatinant sur moi-même. Ils s'étaient aussitôt agenouillés sur la lèvre, m'avaient demandé si quelque chose n'allait pas et s'étaient rendu compte que j'étais inconscient. Le trou était tellement étroit que je l'occupais complètement, empêchant même un seul d'entre eux, chacun étant haut de six pieds et large en proportion, de s'y glisser pour me porter secours. Ce qui nous sauva tous les trois...! Ils m'avaient alors empoigné par la chemise et m'avaient retiré. Parmi tous les hasards heureux que j'ai rencontrés, à celui de n'avoir pas été seul ce jour-là s'étaient ajoutées la force athlétique de mes sauveurs et l'étroitesse du trou qui leur avait interdit d'y descendre et de s'y faire assommer...

Ce fut ainsi que j'appris sur le tas, avant de lire ce qui avait été écrit à son sujet, que le gaz carbonique concentré met hors de combat tout animal, homme inclus, qui le respire. Mais l'expérience montrait aussi que ce KO foudroyant ne signifie pas la mort instantanée : si la victime a le temps de respirer de l'air de nouveau, soit parce que la nappe de gaz l'abandonne avant que la mort ne survienne – c'est-à-dire au terme de trois ou quatre minutes sans oxygène – soit qu'on l'en sorte à temps, elle revient à la vie et ne ressent même aucun malaise. Ce qui fut mon cas.

On m'a souvent demandé pourquoi nous ne nous protégeons pas, dans l'exercice de notre métier, par un masque à gaz. Pour plusieurs raisons. La première, c'est que la présence de gaz assez concentrés pour devenir dangereux est plutôt exceptionnelle. La seconde tient à ce que le port d'un masque non seulement est peu plaisant, mais presque insupportable lorsque l'on a des efforts physiques à accomplir. La troisième, c'est qu'un masque – je ne parle pas d'un scaphandre respiratoire – ne fait jamais que filtrer l'air que l'on respire, ne fait que retenir les poisons qui s'y trouvent. Or quand ces poisons constituent la majeure partie de cet « air », ainsi que nous l'avons découvert par analyses chimiques au Dieng après la catastrophe de 1979, retenir les gaz nocifs dans le filtre du masque signifierait arrêter tout ou presque de ce qu'on inhale. Autrement dit se condamner à l'asphyxie. La leçon est que les masques suffisent largement à s'éviter inconvénients mineurs et majeurs dans l'immense majorité des cas susceptibles de se présenter sur les volcans, mais que le scaphandre est indispensable – bonbonne d'air comprimé sur le dos avec son détendeur et respirateur entre les dents – lorsque la concentration des gaz dépasse un certain seuil et que l'on doit, malgré cela, pénétrer dans cette atmosphère hostile à l'extrême.

Je m'aperçois que je ne vous ai rien dit du spectacle proprement stupéfiant que le Niragongo m'avait offert ce jour-là. Et je renonce à vous le décrire car il faudra que je vous parle de l'un ou l'autre de ceux que le même volcan a déployés et que nous avons eu la fortune non seulement de contempler mais d'étudier – ce qui est aussi passionnant, voire davantage – au long du tiers de siècle qui suivit. Car le Nira m'avait, ce jour de juillet 1948, conquis à jamais.

Dès cette première exploration, en géologue consciencieux, j'en entrepris l'étude par un échantillonnage des diverses roches auxquelles je pouvais accéder, anciennes coulées empilées les unes sur les autres, amas de projectiles d'une formidable éruption de jadis, *dyke*, c'est-à-dire muraille de magma injecté au travers d'un empilement de strates comme l'est cette paroi du Niragongo, plancher auquel cette paroi aboutissait alors... je dis « alors » parce que ce plancher a disparu, s'abîmant dans les abysses lors de l'éruption que délivra le volcan en 1977. Laquelle fut la plus brève connue – une vingtaine de minutes à peine –, ce qui ne l'empêcha pas de faire un bon millier de victimes.

La nature des roches, nature minéralogique et chimique, était donc pour moi primordiale, comme elle l'était pour tous les volcanologues expérimentés dont je lisais les écrits à mesure que, dans ma brousse perdue au centre d'un continent où les télécoms étaient plutôt primitives encore, je parvenais à me les procurer : la volcanologie, à l'époque, c'était d'une part la description, de caractère naturaliste, des événements éruptifs, de l'autre la connaissance, aussi approfondie que possible, des laves émises par les volcans et, donc, des magmas dont elles étaient issues. Le mémoire de plus de cent cinquante pages que je rédigeai sur l'éruption du Kituro reflète bien cet état d'esprit : trente-sept pages sont consacrées aux causes possibles du volcanisme (telles qu'on les imaginait en 1950), quarante-sept à la « phénoménologie » et cinquante-sept à la pétrographie...

Durant les années qui suivirent, l'observation attentive des éruptions qu'il me fut donné d'étudier – plusieurs douzaines – m'amena à inverser totalement mon jugement. Au point souvent de ne pas consacrer une seule ligne à la nature des laves dans la centaine d'articles scientifiques que j'ai publiés comme dans mes livres de vulgarisation. Ainsi, dans l'ouvrage *Le*

*Volcanisme et sa prévention*, paru en 1990, dont j'ai écrit la deuxième partie consacrée aux mécanismes des éruptions et à la prévision des événements éruptifs, je n'ai, en quatre-vingt-cinq pages, rien dit de la pétrographie. Il faut reconnaître que, dans la première partie, Max Derruau lui en attribue six sur les cent vingt-cinq de sa contribution, ce qui est encore fort peu lorsqu'on se reporte aux grands traités classiques d'Alfred Rittmann, de Howel Williams ou d'Alexander McBirney.

Du point de vue géologique, du point de vue de l'origine et de la diversité des laves – donc des magmas dont elles proviennent, donc du phénomène volcanique – l'étude pétrologique est d'importance majeure. Par contre, elle n'en présente guère pour celui qui cherche d'abord à comprendre les mécanismes éruptifs et, à partir de cette connaissance, à prévoir le déroulement des éruptions dans le but de formuler un diagnostic à l'usage des populations, en d'autres mots à leur dire soit qu'il n'y a rien à craindre, soit qu'au contraire telles ou telles mesures de prévention devraient être prises. Durant ces trente dernières années mon objectif principal fut cette élaboration d'un diagnostic fiable, mais je n'y pensai presque jamais pendant la première douzaine d'années que j'ai consacrées à la volcanologie. Et absolument pas en ces débuts, 1948, où je découvrais successivement au Kituro l'un des types d'éruptions les plus classiques qui soient et, au Nira, l'un des types d'activité les plus exceptionnels, celui du lac de lave permanent.

L'enquête que nous fîmes, Alyette (qui parlait les idiomes locaux aussi couramment que le français) et moi, nous amena à placer vers l'année 1928 l'apparition de ce lac de lave. Lac que personne d'ailleurs n'avait jamais pu apercevoir au long de ces vingt années d'activité, apparemment ininterrompue car la lueur rouge que reflétait le panache du Nira se voyait chaque nuit sauf, évidemment, lorsque les nuages l'obscurcissaient. Cette permanence fut à l'origine du désir, fatalement ardent, d'entreprendre une étude aussi poussée et aussi continue que possible de cette activité.

Un volcanologue du Kenya voisin, Jacques Richard, attiré par l'éruption du Kituro et venu me rendre visite, était devenu mon ami. Il m'avait offert un livre, *Volcanoes as Landscapes Forms*, qui devint ma bible et m'initia à l'essentiel de ce que l'on savait alors en volcanologie. C'est dans ce petit traité que j'appris qu'en 1911, à Hawaii, à l'initiative du grand volcanologue que fut Thomas Jaggar, les États-Unis avaient fait installer un observatoire près du Halemaumau, le puits au fond duquel se trouvait le lac de lave en fusion permanente du volcan Kilauea. Jaggar avait réussi à convaincre l'administration américaine, premièrement que l'on ne pourrait jamais comprendre quoi que ce soit aux éruptions si l'on ne les observait pas de près, si l'on n'en mesurait pas les divers paramètres et si l'on n'en analysait pas tous les produits – les laves bien sûr, mais également les gaz –, deuxièmement que, les éruptions « classiques » n'étant guère prévisibles et éclatant aux quatre coins du globe, les seuls endroits où les étudier étaient les quelques rares volcans à l'activité permanente.

A l'époque, il y en avait trois en Italie – Vésuve, Etna et Stromboli –, quelques-uns dans des régions alors difficilement accessibles pour les chercheurs scientifiques, et le lac de lave de Hawaii. Non seulement ce dernier se trouvait en territoire américain mais, au contraire de la demi-douzaine d'autres volcans en état d'éruption quasi ininterrompue, il était caractérisé par une activité très peu violente, quoique spectaculaire au possible, ce qui rendait accessibles les abords immédiats du lac en fusion et donc les mesures et les échantillonnages qu'il convenait de faire.

Cet observatoire fonctionna, de façon exemplaire, vu les instruments existants à l'époque, de 1912 à 1924. Il fonctionne d'ailleurs toujours fort bien, mais le lac permanent a disparu lors des formidables explosions de vapeur qui se produisirent en 1924. Heureusement pour les volcanologues de Hawaii, si le lac n'existe plus, des éruptions, plus ou moins violentes, et donc plus ou moins approchables, se produisent assez souvent au Kilauea et aussi sur son énorme voisin – 4 000 mètres d'altitude – le Mauna Loa.

Dans l'instant même où je découvrais le lac du Niragongo, surgit dans mon esprit la nécessité d'imiter Thomas Jaggar, c'est-à-dire d'installer au plus vite un observatoire dans ce cratère-ci, sur la terrasse qui encerclait son puits central, et d'entreprendre une étude aussi approfondie que possible de cette activité. J'étais persuadé que le directeur du service géologique et le président des Parcs nationaux (les volcans s'y trouvent) seraient l'un comme l'autre enchantés de cette possibilité, tout à fait unique, de relancer la volcanologie, cette discipline que la Seconde Guerre mondiale avait rendue moribonde, et de la relancer en un site aussi exceptionnel que l'avait été celui du Kilauea.

J'ignorais encore que l'intérêt général, qu'il s'agisse de science ou d'économie, de transports ou de justice, de travaux publics ou de protection de l'environnement, bref, de politique, l'intérêt général est trop souvent le cadet des soucis de ceux qui, bénéficiant des honneurs et des avantages que leur situation élevée leur procure, sont supposés l'assurer.

Je quittai le Congo belge fin 1948, fermement décidé à y revenir avec les moyens minimaux nécessaires à l'étude de l'activité du Niragongo. Car un lac de lave permanent, quelle qu'en soit la superficie, est le contraire d'un état statique : le dynamisme en est moins violent que celui d'une éruption classique, mais peut-être est-il plus intéressant encore. Le peu de temps que j'avais pu passer à regarder le Nira lors de cette première visite m'avait révélé deux aspects au moins de ce dynamisme : de puissants tourbillons circulaires de cinq à dix mètres de large épars sur la surface, et des courants, très visibles car assez rapides avant de s'engloutir sous terre, qui entraînaient la lave incandescente vers les deux cornes du large croissant que le lac dessinait alors. Je dis « alors » car, je le découvris à mesure que je l'étudiais, tout est toujours remis en question dans ce phénomène peu commun qu'est un lac de lave : sa forme, ses dimensions, son niveau, ses débits de matière, ses débits d'énergie, ses manifestations diverses, tels ces courants et ces « fontaines », comme on appelle les bouillonnements que je viens d'évoquer...

# 25

Avant de rentrer en Europe, je renouai avec les joies de l'alpinisme, au mont Kenya d'abord et plus tard au Ruwenzori, les légendaires « montagnes de la Lune », comme on les appelait jadis, où nous ouvrîmes une nouvelle voie, directe, par la face ouest. Sur le mont Kenya nous nous étions offert le plaisir de construire le premier igloo eskimo sur l'équateur. Le paradoxe m'a toujours plu, et ceci en était un qui m'amusa autant que celui que je m'offris une trentaine d'années plus tard en lisant, torse nu au soleil et à 3 600 mètres au-dessus de la mer Antarctique, alors que, à l'ombre, le thermomètre, marquait vingt-six degrés sous zéro ! Le deuxième igloo équatorial, nous l'avons bâti quelques mois plus tard sur le sommet même du Ruwenzori. Cette fois, ce n'était pas par fantaisie, mais pour nous éviter de geler durant la longue nuit que le brouillard nous obligea à passer, sans duvets, sur la cime de la pointe Margherita que nous venions de gravir.

Ces deux sommets d'Afrique centrale – 5 120 mètres pour le Ruwenzori, 5 200 mètres pour le Kenya – avaient irrésistiblement attiré l'amoureux de la montagne que j'étais, mais avec tout autant de force le géologue passionné par la tectonique que j'étais également. Le mont Kenya en effet se trouve sur la bordure orientale de cette gigantesque vallée d'effondrement qu'on appelle aujourd'hui Grand Rift de l'Afrique orientale, mais qu'on nommait alors Gregory Rift, du nom du géologue britannique qui en avait découvert l'importance scientifique. Le Ruwenzori, lui, constituait le contraire d'un rift d'effondrement : un horst. Rift est un mot anglais qui veut dire « déchirure » et, en géologie, désigne de longues et importantes fractures, béant dans l'écorce terrestre, qui permettent au magma d'atteindre la surface et d'y faire éruption. Horst est un mot allemand qui signifie « bloc d'écorce terrestre soulevé verticalement au-dessus des plaines ou des plateaux qui le flanquent ». Le horst du Ruwenzori domine de la sorte de quelque trois mille mètres les hautes terres de l'Ouganda à l'est et de l'Ituri à l'ouest, et de plus de quatre mille mètres la branche occidentale du Great Rift of East Africa. Branche occidentale effondrée jusque sous le niveau de la mer au lac Tanganyika et à moins de mille mètres d'altitude pour le fond des autres lacs qui le jalonnent, Kivu, Albert, Edouard...

Qui dit rift dit volcanisme associé, celui de « mes » Virunga en premier. Qui dit rift dit tectonique à échelle continentale, comme le savaient bien les géologues à l'époque, à l'échelle du globe comme on le sait depuis la fin des années 50. La tectonique m'intéressant depuis quelques années et le volcanisme me passionnant depuis quelques mois, il eût été impardonnable qu'avant de rentrer en Europe, je ne visite pas ce rift et surtout sa branche orientale. Car il faut se replacer quelque peu dans les rythmes de la vie des années 40, lorsque non seulement le téléphone à longue distance était, pratiquement parlant, quasi inexistant et les lignes aériennes presque autant. Où, même pour les longues distances, on voyageait encore presque exclusivement par chemin de fer et par bateau, ce qui signifiait des semaines pour des distances que l'on couvre désormais en quelques heures. Par conséquent, on n'imaginait même pas de se rendre au Kenya, ou en Ouganda, ou au Congo, ou au Tanganyika Territory pour une quelconque vérification ou même une investigation géologique comme on le fait de nos jours, pour peu qu'on en ait les moyens ou que les contribuables financent vos déplacements. En ce dernier quart de siècle, ils en ont pris l'habitude, les contribuables, de payer les voyages de plus en plus fréquents et de plus en plus nombreux que la science moderne exige prétendument, qu'il s'agisse de congrès, de colloques, de symposiums ou de « missions ». Il est assez curieux que la grande majorité de ces réunions comme de ces missions se déroule dans des régions renommées pour leur beauté ou pour leurs aspects plaisants...

En 1948, non seulement il n'était guère pensable de voyager par avion, mais le tourisme scientifique n'existait pas davantage et les voyages de recherche étaient consacrés tous, entièrement, aux objectifs de l'expédition. Cela signifiait que, profitant au maximum de la faveur que représentait alors le fait de se trouver « ailleurs », l'on s'efforçait de récolter autant d'informations originales que possible, car rien, alors, ne garantissait que l'on revînt jamais sur les lieux. Me trouvant en Afrique orientale, je me devais, et je devais au service géologique du Congo belge qui me payait pour cela, de voir et de tenter de comprendre le maximum de choses ayant trait au volcanisme.

Aussi, cette éruption terminée et l'exploration du

Niragongo effectuée, je consacrai tout le temps que je pus à faire connaissance du Grand Rift. Sa branche occidentale, je la connaissais fatalement assez bien puisque je l'étudiais, tant bien que mal, depuis bientôt une année. Sa branche orientale, qui fêle le continent de l'Éthiopie au Mozambique m'était par contre inconnue, sinon au travers des articles et des livres entiers consacrés à sa géologie. Découvert par J.W. Gregory, reconnu par lui comme étant un trait majeur de la face de la terre, le Great Rift of East Africa avait été étudié par beaucoup plus de chercheurs de haut niveau que la branche occidentale et, quasi exclusivement, par des chercheurs de langue anglaise.

Pour le débutant que j'étais, tant en volcanisme qu'en géologie des rifts, il était donc impératif, idées anglo-saxonnes en tête, d'aller sur le terrain comparer ce qu'ils avaient décrit et interprété avec ce que je pourrais voir de mes yeux. Je le fis avec d'autant plus d'entrain que le sujet me passionnait et que la beauté des paysages me rendait heureux comme seules peuvent me combler certaines splendeurs de la nature. La rudesse, voire les difficultés de certaines approches ne furent que piment supplémentaire, et combien apprécié, à ces safaris – au sens vrai du mot –, qui me permirent de vagabonder au travers de régions tout à la fois belles à l'extrême et géologiquement passionnantes.

Ce que j'en retirai ce fut, avant tout, qu'il me faudrait remonter le Great Rift jusqu'en Erythrée, où il s'évase en entonnoir ouvert sur la mer Rouge et, d'autre part, que cet élément fondamental de la croûte terrestre qu'est un rift (ou *graben*, mot allemand pour « fossé ») est plus vraisemblablement dû à un étirement ou à un bombement de l'écorce terrestre qu'à des efforts qui auraient comprimé celle-ci. Cela peut stupéfier ceux de mes lecteurs qui possèdent une culture géologique, car aujourd'hui le doute n'existe plus. Mais jusque vers 1960 les deux hypothèses, contradictoires s'il en fut, s'affrontaient. Exactement comme s'affrontaient, et avec quelle virulence parfois, « fixisme » et « mobilisme ».

Les théories scientifiques, et ceci quelles que soient les disciplines, s'efforcent d'expliquer ce qui se passe dans le monde, des particules nucléaires jusqu'à l'univers des galaxies, le minéral comme le vivant, les relations mathématiques comme les relations humaines. A partir de faits d'observations, à partir de mesures, à partir de chiffres, la science cherche des rapports de cause à effet et, à partir de ceux-ci – qu'ils soient démontrés ou simplement supposés – essaye de bâtir une théorie. Théoriser, c'est élaborer la construction d'un modèle hypothétique – autrement dit d'une représentation simplifiée des processus qui caractérisent le système impliqué. En l'occurrence il s'agissait de la genèse d'un rift continental.

A la page 140 de mon mémoire sur l'éruption du Kituro, publié en 1950 par le service géologique du Congo belge auquel j'appartenais encore, j'écrivais : « Dès 1921, E.S. Wayland, un des géologues le plus au courant de la stratigraphie et de la tectonique de l'Afrique centre-orientale, a expliqué la formation des rifts et des horsts (celui du Ruwenzori en premier lieu) par une fracturation consécutive à la compression.

« Outre la puissante surrection du Ruwenzori, deux autres faits géologiques plaident en faveur de cette hypothèse : 1) l'existence de plis dans les sédiments récents déposés sur le fond du graben, plis qui prouveraient que des pressions latérales ont continué à s'y exercer pendant et après le Pléistocène (l'avant-dernière période géologique, c'est-à-dire après le Pliocène qui achève l'ère tertiaire et avant l'Holocène, lequel va d'il y a une dizaine de milliers d'années – la fin de la dernière époque glaciaire – jusqu'à maintenant); 2) la cessation de l'activité volcanique en certains endroits pendant que les mouvements du rift étaient en cours. Si les failles n'avaient pas été inverses (failles de compression) mais normales (failles de tension), rien n'aurait bloqué l'ascension de la lave, tandis que le chevauchement aurait eu pour effet d'oblitérer les chenaux existants.

« Après ses explorations gravimétriques de l'Est Africain, E.D. Bullard (1935) se déclare de l'avis de Wayland – qui est aussi celui d'Arthur Holmes (1944), l'un des plus célèbres géologues de ce siècle, tout comme de Bailey Willis (1928)... »

L'hypothèse d'une origine « compressive » du Great Rift était ainsi défendue par certains des plus grands savants de l'époque, et cela sur la base de mesures géophysiques irréfutables (essentiellement des anomalies de la pesanteur). Alors que l'hypothèse opposée, celle d'une extension de l'écorce terrestre, était soutenue par d'autres savants d'envergure identique, tels que F.A Vening-Meinesz, W. van Waterschoot, van der Gracht et David Griggs entre autres. Et le blanc-bec que j'étais, depuis près d'une dizaine d'années inconditionnel du mobilisme wegénérien, donc des courants de convection au sein du magma terrestre, adhérait pleinement à cette deuxième hypothèse.

Aujourd'hui, celle-ci a été universellement adoptée. Ce qui ne signifie pas pour autant qu'elle représente la vérité, car en science ce n'est pas l'opinion du plus grand nombre, ni même une totale unanimité qui donne à une théorie valeur de vérité mais, seule, une démonstration rationnelle, mathématique ou non. Cette démonstration, dans les sciences de la terre, est loin d'être toujours possible, comme c'est le cas dans la plupart des sciences non expérimentales : allez donc prouver que l'hypothèse astronomique du Big Bang est autre chose qu'une belle fiction... Dans les sciences de la terre, d'ailleurs, la très grande majorité des géologues et des physiciens en ces années 40 et 50 rejetaient les théories mobilistes. Aujourd'hui, tous les portent aux nues. Parce que l'on a trouvé, à la fin de ces années 50, le mécanisme qui très vraisemblablement y préside, celui de l'expansion des fonds océaniques, alors qu'une « dérive des continents », telle que l'avait proposée Wegener, était mécaniquement impossible. Incapables d'expliquer les déplacements horizontaux cependant démontrés par la géologie, les géologues niaient un fait pourtant évident.

Ces hypothèses affrontées sont l'un des leviers qui font progresser le savoir. Il semble que sans émulation il ne puisse y avoir de progrès. C'est un peu attristant, car il serait chouette que la civilisation se développe par l'amitié plutôt que par la concurrence. Mais, apparemment, l'homme est ainsi conçu que compétition et rivalité sont nécessaires à son développement. En tout cas, elles tonifient l'existence ! Les théories scientifiques opposées en sont une jolie preuve et, à condition d'être fondées sur l'intégrité intellectuelle de leurs auteurs et de leurs tenants, c'est chose excellente. Les exemples abondent dans l'histoire de toutes les sciences où la vérité d'hier devient l'erreur d'aujourd'hui et vice versa.

Ainsi de nos jours, la majorité croit que l'ozone

atmosphérique est menacé gravement par les CFC et que le dioxyde de carbone fait monter la température de l'atmosphère terrestre. Que cet effet de serre d'une part et la destruction de l'ozone stratosphérique signifient d'imminentes et formidables catastrophes. Et nous sommes une minorité à n'ajouter aucune foi à ce catastrophisme. Je n'ai plus la place de vous expliquer dans ce bouquin pourquoi je ne crois nullement aux prédictions alarmistes qui sont de mode actuellement, mais je vous cite la chose pour illustrer combien des scientifiques honnêtes (je ne parle ni des Lyssenko ni de leurs émules en France ou ailleurs), peuvent se trouver opposés, même lorsqu'ils sont amis – et c'est en l'occurrence le cas. Comme toujours – parfois cela prend un ou deux siècles, parfois quelques décennies, parfois peu d'années –, l'une des hypothèses sera vérifiée par les faits et l'autre, du même coup, deviendra obsolète...

En ce qui regarde la genèse des rifts, je m'efforçais, quant à moi, de « coller » aux faits. Et les faits m'avaient fait écrire dès 1950 (page 143 de mon mémoire, dont personne bien sûr ne se souvient !), « il est possible, semble-t-il, de lier le volcanisme des Virunga aux tensions développées dans l'écorce terrestre par les courants de convection magmatiques ». Cette conclusion générale, des plus hérétiques qui fussent à l'époque, résultait en bonne partie des réflexions que m'avaient inspirées, tout au long des semaines que j'avais passées à courir le Grand Rift d'Afrique orientale du nord au sud et du sud au nord, les observations que j'avais pu y récolter. Me faisant ainsi plaisir autant par l'effervescence intellectuelle que ces questions et mes essais de réponse engendraient que par la splendeur des paysages dans cette partie du monde.

Mais il fallait y mettre un terme, ne fût-ce que pour mettre également fin à la trop longue attente de ma mère, sevrée de son seul rejeton vivant. Je finis donc par pointer ma traction avant vers Mombasa, le port du Kenya sur l'océan Indien, et à m'y embarquer pour Marseille. A bord, je remarquai bientôt un passager qui s'entraînait physiquement avec le sérieux le plus grand et cet entraînement était, sans doute aucun, celui d'un boxeur. C'en était bien un, professionnel de surcroît et anglais. Nous avons passé la dizaine de jours de ce voyage à nous exercer ensemble et, chaque jour, à disputer quelques rounds. Ce qui me plut vraiment beaucoup.

Cela ne m'empêcha en rien de m'émerveiller de la visite d'Aden, ville construite dans un cratère de volcan, ni à ouvrir tout grands les yeux chaque fois que nous pouvions apercevoir les côtes de la mer Rouge ou les îles volcaniques qui la parsèment. Mon attirance était extrême pour cette mer, née à l'évidence, me semblait-il, d'un rift – à l'évidence, me semblait-il aussi, cousine du Grand Rift de l'Afrique orientale comme de sa branche occidentale qui contenait les volcans Virunga. Je doutais fort cependant, vu l'époque, avoir jamais l'occasion d'y revenir. J'avais tort de douter car, une fois de plus, la chancc m'attendait.

# Table

*Normandie Roto S.A.*
*61250 Lonrai*

Achevé d'imprimer en novembre 1991
N° d'édition ES 91158 / N° d'impression R1-1091
Dépôt légal, décembre 1991
Imprimé en France

ISBN 2-73-82-0462-7
33-12-5462-01/8